LE NOUVEAU SANS FRONTIÈRES 3

MÉTHODE DE FRANÇAIS

LE LIVRE DU PROFESSEUR

JEAN-MARIE CRIDLIG
JACKY GIRARDET

 CLE INTERNATIONAL

27, rue de la Glacière. 75013 Paris.
Vente aux enseignants : 18, rue Monsieur le Prince. 75006 Paris.

SOMMAIRE

© CLE INTERNATIONAL, 1991 – ISBN 2-19-033473 X

SURVOL DE LA MÉTHODE

LE NOUVEAU SANS FRONTIÈRES III est une méthode pour l'apprentissage du français destinée aux adolescents et aux adultes ayant suivi 250 à 300 heures de français. Cette méthode comprend :

Un livre de l'élève contenant seize leçons regroupées en quatre unités. Chaque leçon est construite sur le même schéma en trois parties :

1) Des Dialogues et Documents (2 pages). La double page d'ouverture des leçons comporte entre deux et six textes de nature variée (dialogues, extraits de presse, lettres, extraits de roman, de journal intime, de guide touristique, etc.). Ces textes présentent diverses situations de communication et mettent en scène les acquisitions lexicales, grammaticales, communicatives et civilisationnelles de la méthode. Ils sont, par ailleurs, organisés autour d'un thème ou d'un problème contemporains et sont souvent liés par une trame narrative. Ils constituent un embryon d'histoire qu'il sera possible de développer. Ces pages Dialogues et Documents ont donc pour objectifs une *présentation vivante et authentique* de la langue.

2) Les deux pages Grammaire et Vocabulaire donnent, au contraire, *une vision didactique* de la langue. Les acquisitions introduites dans les dialogues y sont reprises, explicitées, élargies sous forme de listes de vocabulaire et d'expression organisées soit autour d'un thème, soit autour d'un acte de parole. On y trouvera, par ailleurs, des tableaux de grammaire et de conjugaison. Cette double page permettra :
• une révision systématique des acquisitions des niveaux I et II ;
• une présentation claire et ordonnée des nouvelles acquisitions ;
• une recherche facile et productive des moyens linguistiques nécessaires à la mise en œuvre des activités.

3) Les huit pages d'activités constituent la partie proprement active et productive de la leçon. On y trouvera une grande quantité d'exercices et d'activités qui mettent en œuvre des stratégies d'apprentissage variées (exercices structuraux - activités d'analyse, de repérage, de classement - exercices de production sur objectif limité - recherche d'idées et débats - activités mettant en jeu la créativité, etc.). En choisissant ces activités, on a veillé :
• à équilibrer les exercices de renforcement, visant à la mémorisation du lexique, des structures morphologiques et syntaxiques ainsi que des activités communicatives ;
• à ne négliger aucune des quatre compétences (compréhension orale - expression orale - compréhension écrite - expression écrite) ;
• à ce que toutes ces activités débouchent sur un enrichissement extra-linguistique (acquisition progressive de connaissances et d'attitudes socio-culturelles partagées par une majorité de Français).

A la fin de chaque unité, on trouvera deux pages de **bilan-tests** proposent un exercice de contrôle pour chacun des objectifs poursuivis.

A la fin de l'ouvrage on trouvera :
— **un bilan grammatical**, répertoire des faits grammaticaux développés dans l'ouvrage. Ce bilan rappelle, par ailleurs, certains éléments grammaticaux importants introduits dans les niveaux I ou II et non repris dans les leçons du niveau III ;
— **des tableaux de conjugaison** ;
— **un lexique** répertoriant les mots nouveaux (par rapport aux niveaux I et II) introduits dans les pages « Dialogues et Documents » et dans les pages « Grammaire et Vocabulaire ».

Pour mieux structurer la progression et l'apprentissage, chaque leçon a été divisée en deux séquences. Chacune de ces séquences correspond grosso modo à une page de la partie « Dialogues et Documents ». Dans la partie « Activités », elles commencent par un bandeau grisé comportant la découverte du texte d'appui et des exercices structuraux.

Quatre cassettes. Elles contiennent, dans leur ordre d'apparition :
— l'enregistrement des moments oraux des parties « Dialogues et Documents » ;
— les exercices d'écoute (deux par leçon) ;
— les exercices structuraux (quatre par leçon).

Un cahier d'exercices. On y trouvera :
— de nombreuses activités permettant un brassage et un enrichissèment du vocabulaire ;
— des exercices de grammaire (révision des acquisitions des niveaux I et II, renforcement des acquisitions du niveau III) ;
— des activités de productions écrites ou orales ;
— des activités ayant pour support des documents authentiques et des textes littéraires ;
— des jeux linguistiques et culturels.

NOS OBJECTIFS

Faciliter l'apprentissage

• En définissant des objectifs limités (micro-objectifs) et en les indiquant clairement à l'étudiant dans les pages « Grammaire et Vocabulaire ».
• En organisant une progression grammaticale et lexicale qui recycle les acquisitions antérieures et dose les nouveaux contenus.
• En favorisant la mémorisation du lexique et des conjugaisons, en encourageant la réflexion sur le fonctionnement de la langue.
• En mettant en jeu différentes procédures d'apprentissage et en graduant la difficulté des exercices à l'intérieur de chaque séquence.

Motiver les étudiants

• *En suscitant la curiosité et le désir de connaissance.* Chaque exercice ou activité permet la découverte d'un aspect particulier (sociologique, historique, politique, géographique, folklorique, etc.), de la France, de l'Europe ou du monde. La progression dans la langue est ainsi soutenue par le désir d'en savoir plus sur des questions diverses.
• *En provoquant des débats, en stimulant les réactions orales et écrites.*
• *En multipliant les thèmes et les sujets d'intérêt.* Chaque leçon est organisée autour d'un thème. Mais loin de chercher à traiter ce thème d'une manière exhaustive, les textes, les illustrations et les activités proposés constituent autant de pistes divergentes présentant à l'étudiant des paysages sans cesse renouvelés. Ainsi, la leçon *Les fous de l'extrême*, construite sur le thème du sport, permettra d'aborder les phénomènes de société tels l'exploit sportif, les attitudes des Français face aux sports, les snobismes de vacances, certains actes exceptionnels de dévouement, les formes du relief et les paysages, les Jeux olympiques, le rallye Paris-Dakar, le phénomène littéraire de la préciosité, certaines significations gestuelles et certains tours de magie. Cette variété thématique n'exclut pas la maîtrise des objectifs linguistiques qui restent en nombre limité.
• *En faisant appel à l'imagination et en développant la créativité verbale.* Le champ d'application utilitaire d'une langue étrangère apparaît souvent à nombre d'étudiants comme assez restreint (situations de présentation, situations à l'hôtel ou au restaurant, etc.). Le recours à l'imaginaire leur permettra d'explorer et de vivre de multiples situations langagières auxquelles ils seront peut-être un jour confronté dans la vie quotidienne. Par ailleurs, la fréquentation de personnages marquants, de situations étranges ou amusantes constitue un facteur de mémorisation et de déblocage psychologique. (On retient mieux ce qui étonne ; on entre plus facilement dans un jeu de rôle si personnages et situation s'inscrivent en marge du quotidien.) Enfin, cette mobilisation constante de l'imagination contribuera au développement d'une créativité verbale (faculté de réagir rapidement, de trouver le mot juste ou la périphrase adéquate, aptitude à illustrer, à synthétiser, à développer, etc.).
• *En variant les activités d'apprentissage.* En effet, ces dernières deviennent vite une routine (exercices de morphosyntaxe, recherche du sens des mots nouveaux). Ainsi la recherche de la structure d'un texte (les différentes parties) peut avoir pour alibi la construction d'un scénario cinématographique (les différents plans-séquences), l'illustration du texte (trouver les photos qui permettraient d'illustrer le texte), etc.

4

ORGANISATION D'UNE LEÇON
ET PROPOSITIONS D'ANIMATION

DIALOGUES ET DOCUMENTS

Nous conseillons vivement aux enseignants de travailler cette partie en deux ou trois temps selon le découpage proposé dans ce livre du professeur.

Pour chacun des éléments de la double page « Dialogues et Documents », la partie « Activités » propose quelques pistes d'exploitation (bandeaux grisés). On trouvera la plupart du temps une tâche globale pour « entrer » dans le texte et un travail précis lié à l'objectif particulier présenté dans le document.

On trouvera d'autres propositions dans le présent ouvrage.

L'illustration de ces pages a une fonction différente de celle qu'elle avait dans les manuels des niveaux I et II. Les photos ont beaucoup plus d'autonomie par rapport aux textes. Elles accompagnent les textes plus qu'elles ne les expliquent. On les traitera donc davantage comme des ouvertures sur d'autres discours que comme des éléments redondants qui permettent de situer ou de doubler les éléments du texte.

GRAMMAIRE ET VOCABULAIRE

Ces deux pages se présentent comme une succession de rubriques portant chacune un titre. Chaque rubrique correspond à un objectif de la leçon.

Les titres de ces rubriques peuvent être classés selon trois catégories :

— *grammaticales* (le subjonctif, l'expression de la durée, etc.). Ce sont des synthèses des acquisitions des niveaux I et II auxquelles on a intégré des connaissances nouvelles. Elles permettent donc de réviser les acquis antérieurs et de conceptualiser les éléments nouveaux. Ces présentations grammaticales utilisent une terminologie métalinguistique extrêmement réduite. En effet, l'objectif n'est pas d'apprendre une terminologie grammaticale (c'est-à-dire d'apprendre à nommer les composantes de la description d'une langue), mais plutôt de comprendre un fonctionnement, d'avoir la possibilité de faire des comparaisons avec sa langue maternelle, de s'approprier progressivement quelques mécanismes et règles simples. Il reste que les termes du vocabulaire grammatical utilisés devront être expliqués ou tout simplement traduits ;

— *thématiques* (les métiers, l'émigration, l'enfance, etc.). Il s'agit ici de répertoires lexicaux que l'on a voulu aussi fonctionnels que possible ;

— *communicatives* (obligation et interdiction, certitude et doute, etc.). Ce sont des inventaires de moyens linguistiques qui permettent la réalisation des actes de paroles.

Ces pages « Grammaire et Vocabulaire » sont donc des outils de conceptualisation et de classement des connaissances, des instruments de mémorisation et des réservoirs de moyens linguistiques.

Comment présenter et animer ces pages « Grammaire et Vocabulaire » ?

a) Rubriques thématiques et fonctionnelles

• Organiser une conversation dirigée sous forme de questions/réponses qui intègre progressivement chacun des éléments de la liste.

• Faire relever les mots « transparents » (ressemblant à ceux de la langue maternelle) et ceux dont on peut induire le sens par dérivation. Repérer les « faux amis », les variations de sens ou d'emploi.

• Faire une recherche collective du sens des mots dans le dictionnaire, le groupe classe se partageant le travail. Organiser la mise en commun des résultats des recherches.

• Proposer la liste comme un inventaire de mots et d'expressions à utiliser pour préparer un jeu de rôles ou un texte. Les étudiants entreprennent alors une recherche active du sens des mots en fonction de leurs besoins.

b) Rubriques grammaticales
- Observation des énoncés grammaticalement intéressants dans les dialogues et les documents.
- Réflexion collective sur ces énoncés. Formulation d'hypothèses sur les règles de fonctionnement.
- Observation des tableaux de grammaire. Vérification des hypothèses et affinement des règles.
- Renvoi à des points de grammaire étudiés antérieurement qui permettront une compréhension plus large du système.
- Renvoi à l'index grammatical en fin d'ouvrage.
- Production d'exemples.

ACTIVITÉS

Rappelons que cette partie de la leçon est divisée en séquences s'articulant sur les textes des pages « Dialogues et Documents ». Chacune de ces séquences commence par la découverte du dialogue ou du document (bandeau grisé). Cette étape de découverte est souvent suivie d'exercices structuraux, puis d'exercices signalés par un logo qui en précise le type (exercice écrit - exercice oral - exercice de compréhension orale - activité de compréhension écrite - civilisation - littérature). Ces logos servent uniquement à indiquer l'activité dominante de l'exercice. En fait, beaucoup d'activités sont polyvalentes. Elles visent à la fois écrit et oral, compréhension et expression. Nous examinerons successivement chaque type d'activité.

 ## MÉCANISMES

Nous proposons chaque fois un ou deux exercices structuraux. Ce sont, pour la plupart, des exercices sous forme de questions/réponses, mais on trouvera également quelques exercices de substitution ou de transformation.
Les phrases données dans le livre de l'élève correspondent au(x) modèle(s) stimulus(i) proposé(s) au début de l'exercice enregistré sur cassette.
La transcription complète des exercices est donnée dans ce livre du professeur.
Ces exercices peuvent se faire :
— au laboratoire ;
— en classe, selon un dialogue magnétophone → étudiant (les étudiants produisant les phrases à voix basse et effectuant eux-mêmes leur contrôle) ;
— en classe, selon un dialogue enseignant → étudiant (l'enseignant donne le stimulus, les productions étant alors collectives ou individuelles).
Nous tenons à souligner que les exercices qui suivent ces mécanismes ont été conçus en tenant compte de ce travail préalable. Croire qu'on peut en faire l'économie serait, à notre avis, sauter une étape indispensable pour certains apprenants.

 ## EXERCICES ÉCRITS

On trouvera sous le logo :
- des exercices de réemploi ou de manipulation du vocabulaire et des structures ;
- des exercices d'exploitation de documents ;
- des mises en situation d'écriture plus ou moins libres soit à partir d'un modèle, soit à partir d'indications plus larges.

 # EXERCICES ORAUX

On trouvera :
• des micro-conversations proches des dialogues ;
• des jeux de rôles à partir des images muettes de la partie « Dialogues et Documents », d'images de mise en situation, de documents écrits ou de consignes générales ;
• des propositions de conversations à partir de documents divers (photos ou documents authentiques écrits).

 # EXERCICES D'ÉCOUTE

Il y en a deux par leçon. Il s'agit de conversations ou de fragments de conversation et de monologues (commentaires de guide de musée, de présentateur de radio ou de télévision) enregistrés sur la cassette et transcrits dans ce livre du professeur. Pour chaque document oral, est proposé un travail d'analyse du sens.
L'idéal serait, bien sûr, de travailler ces documents au laboratoire de langue, l'étudiant pouvant alors se permettre de sélectionner et de réécouter à loisir les fragments qui lui paraissent difficiles.
A défaut de laboratoire, nous proposons la démarche suivante (que nous modulerons selon l'exercice) :
— écoute du document. Repérage des locuteurs, de la situation et du sujet de la conversation ;
— plusieurs écoutes sélectives, chacune ayant pour but de repérer une information particulière (travail individuel) ;
— mise en commun des résultats ;
— écoute phrase par phrase. Confrontation avec la transcription ;
— éventuellement, dictée d'un fragment.

 # EXERCICES SUR DOCUMENTS ET TEXTES

Ces documents (photos, dessins ou textes) ont pour but :
• de provoquer une demande d'information culturelle (géographie, histoire politique, histoire de l'art, etc.) ;
• de susciter des échanges langagiers (apport d'information par les étudiants, comparaison avec d'autres réalités, expression d'opinions, etc.).
La consigne du livre de l'élève propose une piste d'exploitation très générale. Ce livre du professeur en suggérera d'autres. Mais il est certain que la conduite de cette activité sera surtout guidée par les réactions des étudiants.
Nous avons dit plus haut que l'accès des connaissances extra-linguistiques nous paraissait un facteur essentiel de motivation pour l'apprentissage d'une langue. Pour le cas où l'enseignant se trouverait démuni devant certains documents, et pour lui éviter des recherches quelquefois difficiles, nous proposons, chaque fois que cela nous paraît nécessaire, de courtes notes d'information.

CIVILISATION

Chaque leçon comporte une brève synthèse sur les réalités françaises (historiques, politiques, sociales, etc.), choisies en fonction du thème dominant de la leçon.

Ces quelques pages ne sauraient prétendre à l'exhaustivité et ne remplaceront pas un manuel de civilisation (d'autant que certains aspects déjà abordés dans les niveaux I et II sont volontairement laissés dans l'ombre). Notre objectif est de proposer à l'étudiant quelques textes didactiques, de fixer et d'organiser des connaissances acquises de façon ponctuelle, de stimuler la curiosité et de susciter des comparaisons et des débats.

Voici quelques propositions d'animation :

— lecture individuelle ou par groupe pour répondre à un questionnaire proposé par l'enseignant ;

— les étudiants lisent le texte et mettent au point un questionnaire pour obtenir des informations complémentaires ;

— un groupe est chargé de faire un exposé exhaustif sur le sujet en s'aidant de manuels de civilisation et de documents fournis par l'enseignant. La lecture de la synthèse du livre par les autres étudiants sera alors considérée comme une préparation à l'écoute de l'exposé.

TEXTES LITTÉRAIRES

Un extrait d'œuvre littéraire (roman, poésie, essai, théâtre) est proposé à la fin de chaque leçon du livre de l'élève.

Ce texte a été choisi en fonction du niveau des élèves. Il donne lieu prioritairement à un travail sur la langue et accessoirement au développement d'une sensibilité littéraire et à la mise en place de points de repères pour une histoire de la littérature.

LES PAGES BILAN

Ces pages proposent un exercice de contrôle pour les objectifs principaux traités dans l'unité. Il ne s'agit pas à proprement parler d'un matériel construit d'évaluation. L'enseignant pourra élaborer son propre matériel d'évaluation en puisant dans les nombreux exercices du cahier d'exercices.

LEÇON 1

❏ PREMIÈRE SÉQUENCE

OBJECTIFS

Vocabulaire	Grammaire
• Les métiers (p. 11) • *le manœuvre, le carrossier, la faune, la sandale,* *la lanière* • *réservé, distant, aimable* • *s'abattre, séduire, acquitter une trait*	• Les temps du passé : le passé récent, le passé composé, l'imparfait.

Communication	Civilisation
• Raconter le passé proche • la sympathie / l'antipathie (p. 11)	• Les jeunes dans les années 70 • le festival d'Avignon

DIALOGUES ET DOCUMENTS

• *Découverte de l'article de presse : « Ils se sentent bien chez nous » (p. 8).*
1. Itinéraire de Hans et Flaminia

Faire des hypothèses. Exemples :

	Hans	Flaminia
enfance	Il est né dans une famille très modeste. C'est le fils d'un marin et d'une femme de ménage hollandais. Il a eu une enfance difficile. Il rêvait de suivre son père absent et de découvrir le monde.	Elle est née dans une riche famille de la bourgeoisie romaine. Son père occupe un poste important chez Fiat. Sa mère a fondé une société de distribution cinématographique. Elle a eu une enfance heureuse.
adolescence	A 16 ans, il a fait, seul, le tour de l'Europe en auto-stop. Il a travaillé pour se payer ses études d'architecte. Il rêve de voyages lointains. Il aimerait remonter l'Amazone. A 23 ans, il s'est embarqué pour l'Amérique du Sud.	Elle a reçu une éducation sévère et très classique dans un collège privé. Cette éducation s'accorde mal avec son besoin de liberté et d'aventure.
rencontre	Au Brésil, il a mené une vie d'aventurier. Il a travaillé dans une mine. Il a participé à une expédition en Amazonie. Avant de rencontrer Flaminia, il travaillait sur un chantier hydro-électrique.	Par réaction contre son milieu familial et l'éducation qu'elle a reçue, elle a décidé de suivre un homme d'affaires brésilien à Rio de Janeiro. Ils se sont séparés après un an de vie commune.
	Hans et Flaminia se sont rencontrés chez des amis brésiliens communs. Ils ont décidé de rentrer en Europe. Flaminia pensait déjà se lancer dans l'artisanat du cuir. Ils ont rapporté un modèle de sandale réglable. Ils ont choisi de vivre en France...	

2. Étude des verbes conjugués du premier paragraphe

• Insister sur l'opposition passé composé/imparfait :
  — le passé composé marque une action principale passée et qui n'est pas envisagée dans sa durée.
  — l'imparfait marque une action secondaire passée qui dure ou se répète.

Présent	Passé composé	Imparfait
	sont arrivés	s'abattaient, étaient, faisait, portait, chantait, laissaient, venaient
époque actuelle	retour en arrière (flash-back)	

3. Recherche et classement des noms de métiers en fonction de leur suffixe

Suffixes	Sens	Exemples
- œuvre	- travail	- manœuvre (du latin *manu operare*, travailler avec les mains)
- on	- ø	- maçon (du francique *makio*, faire ; voir l'allemand *machen*, l'anglais *to make*
- ier	- agent	- vitrier, carrossier
- ø	- ø	- peintre (du latin *pinctor*, peintre)

4. Difficultés rencontrées par les jeunes gens

• Exercice collectif au tableau.
  — manque d'argent   — difficultés de communication
  — difficultés à se loger   — difficultés à trouver un emploi
  — absence de relations   — hostilité, réserve, distance des gens.

• Avignon : *chef-lieu du département du Vaucluse, situé sur le Rhône. L'agglomération compte plus de 170 000 habitants. C'est une ville d'art et de culture. Elle fut le siège de la papauté au XIVe siècle.*
• Le palais des Papes : *c'est à la fois une forteresse colossale et un palais que firent construire les papes. Spécimen de l'architecture gothique du XIVe siècle.*
• La place de l'Horloge : *le théâtre et l'hôtel de ville donnent sur cette place ombragée de platanes qui est en partie occupée par des terrasses de cafés.*
• Le festival d'Avignon. *Il a été lancé en 1947 par Jean Vilar et son but était au départ d'initier au théâtre un vaste public populaire. Le festival d'Avignon devint alors le lieu privilégié d'expression et de réflexion du TNP (Théâtre National Populaire) que dirigea Vilar. Depuis 1966, le festival accueille d'autres troupes françaises et étrangères. Il s'est par ailleurs ouvert à la danse, à la musique et au cinéma. Outre Vilar, parmi les metteurs en scène connus, on peut citer Roger Planchon et Antoine Vitez. Planchon est resté célèbre pour avoir réinterprété le répertoire classique (Molière) dans une perspective politique et sociale. Vitez, quant à lui, a surtout contribué à renouveler la formation et le travail de l'acteur.*
• Le mouvement hippie *est né à San Francisco dans les années 1960. Il s'est répandu en Europe vers la fin des années 60 et au début des années 70. Ses adeptes se réclamaient d'une morale fondée sur la non-violence (« Faites l'amour, pas la guerre ! ») et l'hostilité à la société de consommation. Ils prônaient aussi la liberté dans tous les domaines de la vie en communauté.*
• Bob Dylan *est un chanteur-compositeur et guitariste américain. Il fut l'un des porte-paroles du mouvement contestataire des années 60.*

• *Illustration : « Festival d'Avignon : animation de rues » (p. 8)*

— Décrire les personnages.
— Faire des hypothèses sur les événements qui se déroulent, sur les réactions des gens.

GRAMMAIRE ET VOCABULAIRE

• **Les métiers (p. 11)**
— Faire mimer les métiers connus, proposer la traduction en langue maternelle pour les mots inconnus.
— Faire l'exercice n° 2 p. 12.
• **Sympathie / antipathie (p. 11)**
— Introduire le vocabulaire p. 11 en opposant deux personnages imaginaires ou réels (ex. : l'avare toujours de mauvaise humeur / le généreux souriant).

— L'un est rejeté, l'autre est accepté.
— Faire l'exercice n° 3, p. 12.

• **Vocabulaire complémentaire (article de journal p. 8)**

• **Le passé composé / l'imparfait. Faire composer à partir d'un schéma.**

— Utiliser un exemple tiré de l'article p. 8 : « Ils venaient pour se retrouver. Ils ne sont pas repartis. Avignon les a séduits. Ils ont décidé de s'y installer. Mais il fallait vivre. »

ils venaient			il fallait vivre
Ils ne sont pas repartis	Avignon les a séduits		Ils ont décidé

— *Le passé composé* est utilisé pour présenter des faits récents et achevés. Il permet de raconter une succession d'actions principales dans un récit vécu par le narrateur. On l'emploie surtout dans la langue courante : conversations, lettres, articles de journaux.
— Rappel de la formation du passé composé et révision systématique (p. 224 et suivantes).
— *L'imparfait* est utilisé pour présenter des actions en cours d'accomplissement. Il indique une durée, une habitude ou une répétition. On ne voit ni le début, ni la fin de l'action. Les actions à l'imparfait sont secondaires, simultanées et non pas successives. C'est le temps de la description.
— Faire produire d'autres exemples aux élèves à partir des situations où l'on retrouve des actions principales qui s'opposent à des circonstances secondaires (un accident, un incident de classe, récit de vacances, etc.).
— Faire l'exercice n° 1 p. 12.
— *Le passé immédiat* s'exprime à l'aide de la tournure *venir de* + infinitif. Le verbe *venir* joue dans ce cas le rôle d'un auxiliaire.

ACTIVITÉS

MÉCANISMES A

• Exercice de transformation : utilisation du passé composé + pronom personnel COD.

• Exercice de transformation : utilisation du passé composé + négation + pronom personnel COD.

■ *EXERCICE 1. — Écoutez !*	■ *EXERCICE 2. — Écoutez !*
• Est-ce que vous appelez Hans aujourd'hui ?	• Est-ce que vous avez vu Flaminia aujourd'hui ?
— Non, je l'ai appelé hier.	— Non, je ne l'ai pas vue.
■ *A vous !*	■ *A vous !*
• Est-ce que Michel rapporte les livres à la bibliothèque aujourd'hui ?	• Est-ce que Florence a déjà vu la boutique d'artisanat de Hans et de Flaminia ?
— Non, il les a rapportés hier.	— Non, elle ne l'a jamais vue.
• Est-ce que le maçon commence le travail aujourd'hui ?	• Est-ce qu'Odile a reçu ses cartes postales ?
— Non, il l'a commencé hier.	— Non, elle ne les a pas reçues.
• Est-ce que le médecin te reçoit aujourd'hui ?	• Est-ce qu'on vous a déjà pris en photo ?
— Non, il m'a reçu hier.	— Non, on ne nous a jamais pris en photo.
• Est-ce qu'elle visite l'exposition de poteries aujourd'hui ?	• Est-ce qu'il t'a aidé à porter tes valises ?
— Non, elle l'a visitée hier.	— Non, il ne m'a pas aidé à les porter.
• Est-ce que le directeur vous réunit aujourd'hui ?	• Est-ce que vous avez déjà lu *Le Camion* de Marguerite Duras ?
— Non, il nous a réunis hier.	— Non, je ne l'ai jamais lu.

EXERCICES

EX. 1, p. 12
Exercice d'apprentissage. Faire conjuguer certaines formes verbales à toutes les personnes.
« J'étais orpheline ... J'élevais ... Un vieil ami de mon père m'a demandé ... Il était riche et j'ai accepté ... Mon frère était malade et sa santé réclamait les plus gros soins. J'ai vécu six ans ... Il y a deux ans j'ai rencontré ... Nous nous sommes reconnus tout de suite. Il voulait que je parte avec lui et j'ai refusé. Après cela j'ai eu ma pneumonie ... »

EX. 2, p. 12
Faire utiliser le dictionnaire si possible. Bien mettre en évidence le radical et le suffixe de chaque mot. On montrera le caractère productif de certains suffixes : *-aire* (secrétaire), *-iste* (artiste, standardiste), *-ien*

(pharmacien, technicien, informaticien), *-ateur* (organisateur, réparateur), *-eur* (chanteur), *-euse* (vendeuse, danseuse).

antiquaire	—	animateur
violoniste	—	laveur de vitres
charcutière	—	maquilleuse
électricien	—	vérificatrice
dentiste	—	fabricant.

EX. 3, p. 12

Travail par deux. Avant de faire commenter les situations, on fera rédiger et jouer un ou deux petits dialogues correspondant aux situations proposées. Faire réemployer le vocabulaire du tableau p. 11.

EX. 4, p. 13

On traitera deux situations sous forme d'exercice collectif.
— Veiller à l'utilisation correcte de l'opposition passé composé / imparfait.
— La troisième situation pourra être traitée comme un exercice de production libre, les élèves travaillant par deux. Exemples :
• Jeunesse à la ferme : on vivait dans une grande ferme. Mes parents étaient pauvres. Ils travaillaient beaucoup. La vie n'était pas facile. Mais j'ai fait des études. Et je suis devenue ...
• Enfance à Sarcelles : c'était triste. C'était laid. Il y avait beaucoup de bruit. Les gens ne se connaissaient pas. Ils ne se parlaient pas. On se sentait étranger. C'était ennuyeux. Heureusement on a déménagé ...
• Les années de captivité : c'était trop long. Je comptais les jours. Le temps ne passait pas. Je pensais à ma fiancée Mercédès. J'étais triste et découragé. Mais un jour j'ai entendu du bruit ...

Exercice d'écoute à faire avec la cassette

EX. 5, p. 13

• Pour faciliter la compréhension du dialogue, on précisera bien la situation de certains jeunes contestataires des années 60 et 70. Ils voulaient être libres. Ils refusaient les conseils de leurs parents. Ils abandonnaient leurs études pour vivre en communauté. Ils vivaient d'artisanat (bijoux, émaux, cuir, poterie).
• Écoute globale et repérage des composantes de la situation de communication (personnages, lieu, époque, sujets de conversation). Mise en commun.
• Explication de quelques difficultés lexicales.
• Écoute fractionnée et sélective : faire remplir la grille de la page 13.
• Mise en commun.

Le journaliste : Pourquoi avez-vous quitté la région parisienne pour venir à Elze ?
Véronique : Eh bien, il faut remonter aux années 70. Je venais de rencontrer Michel, après un gros chagrin d'amour. Il m'a proposé de partir en vacances dans le Midi. Je ne voulais plus entendre parler de ma famille. J'étouffais... On m'interdisait de voir mes copains. De lire des romans. De porter des pantalons. Parce que... ça ne se faisait pas ! Vous voyez le genre ! Ils étaient très vieux jeu. Et moi, je voulais vivre ma vie...
Le journaliste : Et vous Michel ?
Michel : Ben, il faut dire que le hasard a peut-être bien fait les choses ! Oui, c'était l'été, en 70. On avait pris un auto-stoppeur très sympa. On l'avait accompagné ici même. Et puis ses amis nous ont invités à rester. Et vous savez, on était très attiré par le retour à la terre. Et la vie communautaire, moi, ça me fascinait. Et... j'avais, personnellement, été très déçu par mon premier travail dans une usine de plastique. Oui, je travaillais sous les ordres d'un directeur complètement fou ! Le vrai petit dictateur ! Et en banlieue, c'était pas facile ! On manquait d'espace et d'arbres. C'était « métro-boulot-dodo » !... Je me disais : « Si tu ne fais rien de ta vie à vingt-cinq ans, tu n'en feras jamais rien ! » Voilà !... Ici, je découvrais un paysage fabuleux, les montagnes, l'air ! Le rêve, quoi !
Le journaliste : Mais cette communauté qui s'installait, comment était-elle perçue par les villageois ?
Michel : Euh, au début ce n'était pas simple. On nous considérait un peu comme des Martiens ! Quand on entrait au café, les conversations s'arrêtaient ! Les regards étaient méfiants... Il faut dire que notre allure ne les rassurait pas. Les garçons avaient les cheveux longs. Les hommes portaient parfois les enfants. Et nos vêtements étaient différents et très colorés. C'était pas rassurant pour eux !
Le journaliste : Et qu'est-ce qui vous a rapproché des villageois ?

Véronique : En fait, très vite la glace a été brisée. Vous savez, le village n'a pas cessé de se dépeupler. Et d'une certaine façon, nous avons empêché le village de mourir... Et dans la vie, il y a aussi des gestes qui comptent. Par exemple, il y a une quinzaine d'années, le fils de notre voisine Fanou est tombé d'une échelle. C'est Michel qui l'a secouru. C'est lui qui l'a conduit jusqu'à Marseille. C'est comme ça qu'il s'en est tiré ! Sinon, c'était la paralysie à vie. Des histoires pareilles, ça crée des liens, vous savez...
Le journaliste : Alors, finalement, vous vous êtes assez facilement adaptés à cette nouvelle vie ?
Michel : D'une certaine façon, oui. Pourtant, au départ, tout était contre nous. À l'époque, on était plusieurs à occuper une ancienne bergerie. L'été, tout s'était très bien passé. Par la suite, on a déchanté. En montagne, l'hiver est rude. Et la maison qu'on occupait n'était pas restaurée ! Le toit était percé ! Et il pleuvait dans la pièce principale ! Et par-dessus le marché, pas de chauffage ? On a tenu deux hivers comme ça. Puis il y a eu des disputes, des disputes graves même. Beaucoup sont partis ailleurs. C'est à ce moment-là que Véronique et moi, on a acheté la bergerie.
Le journaliste : Mais, c'est une très belle maison !
Véronique : Oh ! Mais ça, c'est le résultat de dix ans de travail ! Il a fallu tout réparer. Michel et moi, on avait de très belles idées ! Mais on ne savait rien faire de nos dix doigts ! Il a fallu apprendre à planter un clou, à scier le bois, à faire du ciment.
Le journaliste : Et vingt ans après, comment voyez-vous les choses ?
Michel : Tout a bien changé, à commencer par nous. On a un beau troupeau de chèvres. Ça rapporte bien. On est devenu de vrais éleveurs. On fabrique un fromage de qualité. On exporte dans toute l'Europe. Et puis, avec les enfants, on a redécouvert la vie familiale et la sécurité qu'elle offre.

❏ DEUXIÈME SÉQUENCE

▓ *OBJECTIFS*

Vocabulaire	*Grammaire*
• L'immigration (p. 11) • *un remontant, une agression, les vendanges, le refuge,* *la civilisation, la cité, le territoire, l'imprimerie* • *naturalisé, prospère, médiocre* • *braquer, tailler, rivaliser, décliner, imiter* • *résolument* • tournures familières (p. 9)	• Situer dans le temps • le passé simple / le passé composé • le passé simple / l'imparfait
Communication	*Civilisation*
• Raconter le passé éloigné • article de guide touristique • commentaire historique • récit biographique	• L'immigration • histoire d'Avignon • la vigne et le vin • le château d'Amboise • Molière • mentalité provençale

▓ *DIALOGUES ET DOCUMENTS*

• *Écoute et découverte de la conversation : « Dans un bar d'Avignon » (p. 9).*

1. Profession et statut social des personnages

	Gérard	**Louis**	**Bébert**	**François**
profession	employé	commerçant aisé	patron du café	artisan
statut social	- position sociale peu élevée - il habite un quartier où règne l'insécurité	- il appelle le patron en utilisant le diminutif correspondant à son prénom (Albert) - il offre à boire	position sociale moyenne - il connaît le conseiller général - il est peut-être conseiller municipal	la famille de François possède une propriété agricole. François habite la ville

2. Problèmes de société évoqués

• L'insécurité (délinquance, agression, vol).
• L'immigration, le travail clandestin.
• Le manque de main-d'œuvre française pour effectuer les travaux peu rémunérés.
• Le chômage, parfois prolongé en raison des indemnités versées aux chômeurs.

3. Travail sur la transcription (p. 9) : identification des tournures familières et recherche de l'équivalent courant.

Tournures familières	**Équivalents courants**
- C'est pas le tout	- Ce n'est pas tout
- Il y a pas le feu !	- Nous ne sommes pas pressés
- Tu nous remets ça !	- Tu nous ressers la même chose
- Tu as besoin d'un petit remontant	- Tu as besoin d'un verre de vin pour te remonter le moral
- braquer	- menacer d'une arme
- faire tourner	- faire fonctionner

• *Illustration : « Intérieur d'un café à Marseille » (p. 9).*

C'est l'heure de l'apéritif (17-19 h.). Dans le Midi, les consommateurs boivent surtout du pastis. C'est une boisson alcoolisée, de couleur jaune, parfumée à l'anis. On y ajoute de l'eau.

• Le café *est une véritable institution en France. C'est un lieu de rendez-vous et de rencontre. On peut y boire du café, des boissons alcoolisées (bière, vin ou eau-de-vie) ou non alcoolisées (jus de fruits, limonade, boissons gazeuses, eaux minérales). Les cafés sont souvent équipés d'un billard, d'un billard électronique (flipper), d'un jeu de football de table (baby-foot) et d'un électrophone automatique (juke-box) qui permettent d'attirer les jeunes. Parfois, on peut y acheter des cigarettes.*
On désigne aussi le café par les noms de « bar », « bistrot », « brasserie ».

— Imaginer une conversation à propos de thèmes d'actualité dans un lieu de rencontre ou de rendez-vous de votre pays.

• *Découverte de l'extrait du guide touristique (p. 15)*

1. Relevé des verbes. Étude de l'emploi des temps

Temps	Verbes	Infinitif	Emploi
passé simple	servit construisirent s'agrandit occupèrent donna devint furent réemployées envahirent déclina dut se produisit quitta vint imitèrent fut parvint	servir construire s'agrandir occuper donner devenir être réemployé envahir décliner devoir se produire quitter venir imiter être parvenir	Le passé simple indique une succession d'actions de premier plan situées dans un passé lointain par rapport à la situation actuelle.
imparfait	pouvait allait	pouvoir aller	L'imparfait traduit des précisions secondaires. Il est employé dans des propositions subordonnées relatives qui peuvent être effacées sans altérer le sens du texte.
présent	reste	rester	Présent exprimant l'actualité
	entoure	entourer	Présent exprimant la permanence dans le temps.
P.C.	s'est tournée	se tourner	Le passé composé indique un passé récent par rapport à la situation actuelle.
futur	restera	rester	Futur de narration : dans un texte au passé, le narrateur peut employer le futur pour évoquer des faits passés par rapport à lui (la papauté) mais qui étaient à venir par rapport au moment où se situe l'action (la Révolution).

2. Avignon : périodes d'expansion et périodes de déclin

expansion	déclin
- la préhistoire - l'époque romaine - à partir de 1309, pendant un siècle : la papauté en Avignon - du XVIIIe au XIXe siècle - aujourd'hui	du IIIe siècle jusqu'au Moyen Âge du XVIIIe siècle à la Révolution

3. Résumé de l'histoire de votre ville

Recherche collective d'idées au tableau.
Veiller à l'emploi du temps :

passé lointain	passé simple	Succession des événements de premier plan
	imparfait	Description ou événements de second plan
époque actuelle	présent	
—— ou —— passé récent	passé composé	Événements passés ayant une conséquence dans le présent

• Les papes et les antipapes. *En 1378, une crise grave éclata dans l'Église. Les cardinaux italiens élirent l'un des leurs. Les non-Italiens choisirent un Français, Clément VII. Celui-ci s'installa à Avignon. La chrétienté se divisa. Ce fut le début du grand schisme d'Occident. La crise ne fut résolue qu'en 1417.*

GRAMMAIRE ET VOCABULAIRE

• **Vocabulaire de l'immigration (p. 11)**

Conservation dirigée sur l'immigration ou l'émigration dans le pays des élèves.

• **Vocabulaire complémentaire** (voir « **Dans un bar d'Avignon** » p. 9. « **Histoire de la ville** » p. 9)

• **Situer dans le temps (p. 11)**

Introduire les différents moyens linguistiques en posant des questions sur des événements importants connus des élèves. Faire utiliser les moyens linguistiques du tableau (p. 11) dans les réponses.

• **Passé simple / imparfait**

— Découverte et analyse de l'opposition à partir de l'extrait du guide touristique (p. 9). Utiliser un schéma. Exemple : « Cette occupation donna naissance à une riche civilisation et Avignon devint une cité prospère qui pouvait rivaliser avec ses puissantes voisines... »

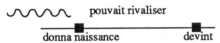

— Le passé simple s'emploie essentiellement à l'écrit pour exprimer des faits passés éloignés, sans rapport avec la personne qui parle. Il marque la succession des actions principales. On l'utilise surtout dans les romans, les contes et les récits historiques.

— Apprentissage systématique de la conjugaison du passé simple (voir Ex. 7, p. 15) et de ses formes verbales (voir tableaux pp. 224 à 229).

— La valeur de l'imparfait ne change pas. Il exprime une durée, une habitude, une répétition. Il indique les actions secondaires. C'est le temps de la description.

• **Passé composé / passé simple.** Découverte et analyse à partir de l'extrait du guide p. 9.

— Le passé composé permet de présenter des faits passés récents, en rapport avec celui qui parle ou vécus par lui. On l'emploie dans la conversation, dans les lettres, les récits personnels ou vécus.

— Le passé simple permet de présenter des faits passés éloignés sans rapport avec celui qui parle. On l'emploie dans les romans, les contes, les récits historiques.

— Faire l'exercice 8, p. 16.

ACTIVITÉS

MÉCANISMES B

• Exercice de transformation : utilisation du passé composé + pronom personnel C.O.I.

• Exercice de transformation : utilisation du passé composé + négation + pronom personnel C.O.I.

■ **EXERCICE 1. — Écoutez !** • Est-ce que Gérard a parlé à François ? — Oui, il lui a parlé. ■ *A vous !* • Est-ce que vous avez écrit au directeur ? — Oui, nous lui avons écrit. • Est-ce que nous avons répondu à François et Céline ? — Oui, nous leur avons répondu. • Est-ce que tes chiens t'obéissent facilement ? — Oui, ils m'obéissent facilement. • Est-ce qu'elles ont présenté leur projet aux étudiantes ? — Oui, elles leur ont présenté leur projet. • Est-ce que le médecin t'a communiqué les résultats de l'examen ? — Oui, il m'a communiqué les résultats de l'examen.	■ **EXERCICE 2. — Écoutez !** • Est-ce que vous avez écrit à M. Martin ? — Non, je ne lui ai pas encore écrit. ■ *A vous !* • Est-ce qu'il vous a téléphoné ? — Non, il ne m'a pas encore téléphoné. • Est-ce qu'elle t'a présenté ses nouvelles amies ? — Non, elle ne m'a pas encore présenté ses nouvelles amies. • Est-ce que tu as montré ton invention à tes professeurs ? — Non, je ne leur ai pas encore montré mon invention. • Est-ce qu'on a offert à boire à Julie et Marie ? — Non, on ne leur a pas encore offert à boire. • Est-ce qu'on vous a fait visiter vos chambres ? — Non, on ne nous a pas encore fait visiter nos chambres.

EXERCICES

EX. 6, p. 14

Travail de groupe.

1. Lire le premier paragraphe de l'article *Immigration : le parler vrai*. Faire établir la liste des questions. Mise en commun. 2. Répartir les questions et faire rechercher les éléments de réponse dans la suite de l'article.
3. Recherche des problèmes associés ou posés par l'immigration (concentration, difficultés d'intégration, différences culturelles et linguistiques, analphabétisme, désavantages économiques, pauvreté, conditions de logement, racisme, hostilité, etc.).
4. Déracialiser la question immigrée et la socialiser : il faut traiter les problèmes liés à l'immigration comme des problèmes sociaux et ne pas en faire un problème racial.

> • Le Front National : *un parti politique d'extrême-droite. Il a fait de la lutte contre l'immigration son principal cheval de bataille. Il la juge responsable en grande partie de l'insécurité montante et du chômage. Les résultats électoraux de ce parti, longtemps limité à plus ou moins 1 % des voix, oscillent actuellement entre 10 et 15 %.*

EX. 7, p. 15

Exercice d'apprentissage des principales formes verbales du passé simple. Travail de classement à faire de façon collective au tableau. Utiliser la grille de classement de la page 15. Vérifier l'acquisition de la conjugaison complète des formes relevées.

terminaisons -ai, -as, -a ...	terminaisons -is, -is, -it ...	terminaisons -us, -us, -ut ...	autres cas
freiner (il freina) arrêter (il arrêta) ramasser (il ramassa) manger (il mangea) danser (il dansa) déchirer (je déchirai) inviter (il invita)	voir (il vit) ouvrir (il ouvrit) faire (il fit) rire (il rit) dormir (il dormit) descendre (je descendis)	boire (il but) avoir (il eut) apercevoir (j'aperçus) lire (je lus)	tenir (elle tint) venir (elle vint)

EX. 8, p. 16

Exercice de reformulation et de transformation. On passera donc du passé simple (temps du récit folklorique ou du conte) au passé composé (temps de la conversation). Dans le premier cas, le narrateur est un auteur anonyme qui rapporte une histoire très ancienne à la troisième personne. Dans le second cas, le narrateur sera le paysan qui racontera son histoire vécue.
1. Lecture silencieuse. 2. Travail préparatoire : faire produire quelques phrases dites par le paysan. Les verbes au passé composé remplaceront les verbes au passé simple. Faire comparer et faire justifier.
3. Travail par deux : faire rédiger le récit personnel du paysan.

Exercice d'écoute à faire avec la cassette

EX. 9, p. 18

1. Travail préparatoire : faire rechercher des informations sur Louis XI, Charles VIII, François Ier, les guerres de religions, Abd-el-Kader.
2. Écoute globale et identification de la situation de communication (lieu, locuteur, sujet, éléments chronologiques et thématiques).
3. Écoute fractionnée et repérage des informations nécessaires pour remplir la grille de la page 18.

> • Le château fort *est un château fortifié où réside le seigneur au Moyen Âge.*
> • Le poste de péage : *les ponts étant rares au Moyen Âge, il fallait payer pour avoir le droit de les emprunter.*
> • Le gothique : *forme d'architecture qui s'est épanouie en France puis en Europe de la fin du XIIe siècle à la Renaissance. Le gothique flamboyant constitue la période ultime de ce courant. Il est caractérisé par l'exagération et la surcharge des formes courbes qui suggèrent des flammes dansantes.*
> • Louis XI *(1423-1483), roi de France. Il mena la lutte contre le duc de Bourgogne. Il rattacha la Bourgogne, l'Anjou, le Maine et la Provence au domaine royal. Il est connu pour son réalisme et ses ruses.*
> • Charles VIII *(1470-1498). Il est à l'origine des guerres d'Italie. Son expédition en Italie fut un échec. Mais il introduisit l'influence de la Renaissance italienne en France.*
> • François Ier *(1494-1547), roi de France. Il poursuivit les guerres d'Italie qui se terminèrent par un échec. Il se heurta à Charles Quint, empereur d'Allemagne. Il contribua aussi à introduire la Renaissance italienne en France. Il invita notamment Léonard de Vinci, le grand savant et artiste, à Amboise où il resta jusqu'à sa mort.*

• Les guerres de religions *opposèrent de 1562 à 1598 les catholiques aux protestants. Ces guerres furent la consé-quence d'un état de tension dû au progrès de la religion réformée et à sa répression systématique. Henri IV mit fin à la guerre par des mesures de tolérance.*
• Abd-el-Kader : *émir arabe qui dirigea la résistance à la conquête française en Algérie au XIXe siècle. Il dut se rendre et fut exilé en France pendant cinq ans.*

Un guide (voix masculine)
• C'est à l'époque gallo-romaine qu'on a construit une forteresse sur les collines pour défendre la ville. Plus tard, au Moyen Âge, un pont a été jeté sur la Loire. La forteresse est devenue un château fort. Il servait alors à protéger la ville et son commerce. Et surtout à contrôler le pont, c'est-à-dire un lieu de passage important et son poste de péage...
• Aux XVe et XVIe siècles, Amboise a connu son âge d'or. Le château était devenu l'une des rési-dences des rois de France. Il a été agrandi et embelli par les rois Louis XI, Charles VIII et François Ier. Vous verrez la chapelle Saint-Hubert, c'est un véri-table bijou du gothique flamboyant et puis le logis du roi qui se trouve dans l'aile gothique. Tout ça a été édifié sous le règne de Charles VIII, à la fin du XVe. François Ier, lui, a terminé l'aile Renaissance...
• C'est sous son règne qu'on organise des fêtes somptueuses. Les festins, les bals, les tournois s'y succèdent. Mais, le château d'Amboise est aussi devenu un haut-lieu politique. Et c'est en effet au château que François Ier a reçu, avec éclat, son vieil adversaire Charles Quint, en 1539. Et c'est encore à Amboise qu'il avait fait venir Léonard de Vinci...
• Les guerres de religions ont marqué un tournant dans la vie du château, parce qu'une suite d'événe-ments dramatiques s'y sont déroulés. En 1534, c'est l'affaire des placards qui a éclaté. De quoi s'agis-sait-il ? Eh bien, on avait affiché sur la porte de la chambre de François Ier le texte d'une violente cri-tique de la religion catholique. Le roi a très mal pris la chose. Des protestants ont été châtiés. Et bien sûr, la querelle religieuse s'est aggravée...
Il y a un autre fait marquant, toujours lié aux guerres de religion : il s'agit de la conjuration d'Amboise. En 1560, un groupe de protestants voulait faire assassiner les chefs catholiques, les Guise. Mais le complot a été découvert. Les conjurés ont été arrê-tés. Et puis on les a pendus au grand balcon...
• Au XVIIe siècle, le château a servi de prison d'État. Et c'est notamment ici qu'on a fait enfermer, plus tard, de 1848 à 1852, l'émir Abd-el-Kader. Il avait organisé la résistance du Maghreb à la coloni-sation française.
• Du XVIIe au XIXe siècle, malheureusement, une grande partie du château a été détruite. Louis XIII avait déjà fait raser les fortifications extérieures pour punir son frère révolté contre lui. Et puis, par la suite, d'autres parties en ruine ont dû être abattues. Et voilà ce qu'il en reste aujourd'hui...

EX. 10, p. 18

Travail par deux. Utilisation du passé simple et de l'imparfait. Faire utiliser les éléments chronologiques (voir p. 11).
1. Repérage des éléments lexicaux qui subiront la transformation verbale. Exemples :
   — *la naissance* → *naître* → *il naquit*
   — *la mort* → *mourir* → *il mourut*
2. Recherche des verbes d'appui. Exemples :
   — *J.B. Poquelin, directeur* → *J.B. Poquelin devint directeur*
   — *Tournées en province* → *ils firent des tournées en province*
   — *Succès de la troupe* → *la troupe connut le succès*
3. Transformation de la chronologie en récit biographique.
4. Lecture de quelques productions.

CIVILISATION

• *La civilisation de la vigne et du vin*

Travail de groupe :
1. Faire situer sur une carte de France les principales régions productrices de vin, les grands crus.
2. Faire comparer la culture de la vigne, la production de vin, son usage dans le pays des élèves et en France : la pro-duction, la consommation, les appellations, la dégustation, le code et l'usage des vins, l'alcoolisme, etc.
3. Illustration p. 17 : « Les Chevaliers du Tastevin ». Faire formuler des hypothèses d'explication.

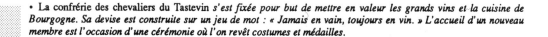

• La confrérie des chevaliers du Tastevin *s'est fixée pour but de mettre en valeur les grands vins et la cuisine de Bourgogne. Sa devise est construite sur un jeu de mot : « Jamais en vain, toujours en vin. » L'accueil d'un nouveau membre est l'occasion d'une cérémonie où l'on revêt costumes et médailles.*

LITTÉRATURE

Paris. Exercice collectif d'interprétation

1. Lecture magistrale du poème.

2. Relecture de chaque paragraphe par le professeur. Interprétation par les élèves qui formulent des hypothèses. Le professeur se charge d'animer la classe. Il distribue la parole. Il fait comparer des hypothèses, il les confronte. Il fait reformuler, préciser, approfondir. Il explique un mot. Mais surtout il évite dans cette démarche de proposer une explication qui risquerait d'être paralysante..

Un village de Provence dans les années 30
Travail par deux :
1. Recherche des habitudes et des traits de mentalité des gens du village.
2. Mise en commun au tableau sous forme de diagrammes.

3. Conversation dirigée :
— Faire des comparaisons
avec le pays des élèves.
— Les changements dans le monde rural : ce qui a changé. Ce qui perdure.

LEÇON 2

❑ PREMIÈRE SÉQUENCE

OBJECTIFS

Vocabulaire	Grammaire
• La règle, l'obligation, l'interdiction, la volonté (p. 23) • l'enfance (p. 23) • *le cartable, la discipline, le maquis, le rayon, le répit,* *la crèche, la tâche, la potion, une algue, l'effronté,* *l'anorak, l'autorité, la bicyclette* • *suspendu, rude, diabolique, embrouillé* • *s'écouler, se plier à, se soumettre à, effectuer, s'exécuter* • *à sa guise*	• Le subjonctif présent
Communication	Civilisation
• Exprimer l'obligation ou la nécessité • exprimer l'interdiction • exprimer la volonté	• La Sologne • la cuisine gastronomique • l'enfant : psychologie et éducation

DIALOGUES ET DOCUMENTS

• Découverte de la première partie du conte (p. 20)

1. Écoute de la cassette : repérage des lieux, des personnages et des situations de l'histoire.

lieux	personnages	situations
- une petite ville de Sologne, - devant la porte d'entrée d'une maison	- Alice Cendrillon	- 5 heures du soir : retour de l'école
- le collège Jules-Vallès	- Alice Cendrillon - les professeurs	- les contraintes de l'école (obligations et interdictions) - le bonheur en cours de dessin
- la maison	- Alice - absence des parents - le petit frère cadet	- la participation aux tâches ménagères - les devoirs

• La Sologne *(voir illustration p. 21) est une région située au sud de la Loire dans la boucle du fleuve. C'était une région très marécageuse. Depuis le XIXe siècle, on a desséché les étangs, amélioré les terres et planté des pins. On y cultive le maïs et on y pratique l'élevage. Mais la Sologne reste une terre de landes, de forêts et d'étangs. Elle est réputée pour la chasse et la pêche.*

2. Lecture du texte

Infinitif des verbes au passé simple :
- — posa   →   poser
- — prit   →   prendre
- — ouvrit   →   ouvrir

Deuxième paragraphe : mots signifiant « obéir » et « interdire ».
- — *obéir* :   — se plier à, se soumettre à, obéir à.
- — la discipline, les règles, les directives militaires, un ordre.
- — *interdire* :   — défendre, (table) réservée, l'interdiction.

Troisième paragraphe : mots signifiant « devoir ».
- — elle avait la charge de   — il fallait que
- — elle devait   — elle avait à

Dialogue : mots signifiant « vouloir ».
- — je voudrais que   — j'exige que
- — j'ai décidé de   — je tiens à ce que
- — (elle) avait de l'autorité   — elle décida
- — j'ai (pas) envie de   — Pas de discussion !

3. Imaginer. Dialogue entre Alice et sa mère. Exemple :

Alice :   Je n'ai pas envie d'aller à l'école. Il faut toujours aller à l'école.

La mère :   Les enfants sont tenus d'aller à l'école. Ils ont beaucoup de choses à apprendre. Ça te permettra d'avoir un beau métier. Moi, j'aimerais bien aller à l'école.

Alice :   Oh ! Mais on ne peut pas faire ce qu'on veut ! On doit obéir aux professeurs. Ils sont très sévères. Il est interdit de se déplacer en classe. On n'a pas le droit de parler. Et on est obligé de faire ses devoirs !...

La mère :   Allez, il faut y aller ! Dépêche-toi, tu vas être en retard. N'oublie pas ton sandwich pour dix heures. Et surtout, mets ton anorak ! Il fait froid ce matin.

4. Les pensées d'Alice sur le chemin de l'école. Exemple :

Je n'ai pas envie d'aller à l'école. Je n'aime pas les professeurs. Ils sont sérieux et tristes. Je n'aime pas les mathématiques. Le professeur de mathématiques est méchant. Il crie toujours. Ses gros yeux en forme de zéro me font peur. Je ne vais pas aller à l'école. Je vais aller jouer au parc...

• *Illustrations p. 20*

- — **L'oiseau bleu :** - Décrire l'image. Époque. Lieu. Personnages.
  -                 - Faire des hypothèses sur la situation de la jeune fille.
- — **L'enfant pédalant sur son tricycle :** c'est une photo de votre enfant ou de votre neveu. Vous commentez la photo à un ami : prénom de l'enfant, âge, santé, frères et sœurs, langage, croissance, caractère, jeux, intérêts, garderie, crèche, etc..

░ GRAMMAIRE ET VOCABULAIRE

• Le subjonctif présent (p. 22)

1. Travail par deux. Faire relever les phrases comportant des verbes exprimant l'obligation et la nécessité. Analyser leur construction. Temps et mode des verbes subordonnés (*Il fallait qu'elle aille..., qu'elle prépare..., qu'elle le fasse... ; je voudrais que tu apportes... ; j'exige que tu sois...*).

2. Emploi : les verbes exprimant l'obligation, la nécessité ou la volonté sont suivis du subjonctif. Les autres emplois du subjonctif seront examinés par la suite.

3. Formation : conjugaison du subjonctif présent (p. 22)
- — être, avoir et verbes courants.
- — Programmer un apprentissage systématique des formes du subjonctif présent (voir pp. 224 à 225).

4. Réemploi à partir de situations familières (*Que doit faire Alice le matin ? Que doit faire une mère le matin ?* etc.).

5. Faire l'exercice I, p. 24 et l'exercice structural (Mécanisme A, p. 24) en utilisant la cassette.

• Vocabulaire de l'obligation (p. 23).
Animation lexicale. Partir d'une situation en rapport avec la première partie du conte. Alice n'aime pas l'école. Mais on l'oblige à aller à l'école. Procéder par substitution lexicale (*obliger à = forcer à = contraindre à = astreindre à = imposer de*).

• Vocabulaire de l'interdiction (p. 23).
Animation lexicale à partir des interdictions que les parents imposent à Alice.

• Vocabulaire de la volonté (p. 23).
Faire le portrait de l'autoritaire Madame Cendrillon. Faire imaginer à l'inverse une mère qui n'a aucune autorité.

• **Vocabulaire de la règle (p. 23).** Alice n'aime pas l'école et ses interdictions. Sur le chemin de l'école, elle pense au règlement et à sa sévérité.

• **Exprimer l'obligation, la nécessité (p. 23).** Conversation dirigée à partir des thèmes suivants : les obligations du bon conducteur, le code de la route.

• **Exprimer la volonté (p. 23).** Animation grammaticale à partir d'une phrase extraite du conte : « J'exige que tu sois polie. »

Faire paraphraser (comment peut-on dire autrement ?)

— Réemploi de l'ensemble des structures : travail par deux.

Alice est une fillette désobéissante, turbulente et effrontée.

Faire rédiger le dialogue entre Alice et sa mère avant le départ pour l'école.

— Faire l'exercice 5, p. 25.

• **Vocabulaire de l'enfance (p. 23)**

— Animation lexicale à partir des thèmes suivants : l'histoire d'un nouveau-né (dessiner au tableau les mots représentant les objets) ; l'enfant surdoué ; Alice, enfant turbulente.

— Faire l'exercice 3, p. 25.

— Réemploi du vocabulaire de l'enfance (p. 23).

Faire imaginer l'enfance d'un personnage réel ou imaginaire célèbre (le petit Poucet, Alice, les sept nains, etc.).

— Faire les exercices 6 p. 26, 4 p. 25, 7 p. 27.

ACTIVITÉS

MÉCANISME A

• Exercice de transformation : utilisation de *il faut que* + subjonctif présent

• Exercice de transformation : utilisation des verbes de volonté suivis du subjonctif présent

■ *EXERCICE 1. — Écoutez !*
• Tu dois te préparer. Il le faut.
—Il faut que tu te prépares.

■ *A vous !*
• Nous devons partir. Il le faut.
—Il faut que nous partions.
• Vous devez connaître le règlement de l'établissement. Il le faut.
—Il faut que vous connaissiez le règlement de l'établissement.
• Elles doivent savoir utiliser cet ordinateur. Il le faut.
— Il faut qu'elles sachent utiliser cet ordinateur.
• On doit obéir à la loi.
—Il faut qu'on obéisse à la loi.
• Tu dois te soumettre à la discipline collective.
—Il faut que tu te soumettes à la discipline collective.

■ *EXERCICE 2. — Écoutez !*
• Marie doit me téléphoner. J'y tiens.
—Je tiens à ce que Marie me téléphone.

■ *A vous !*
• Nous devons aller voir ce film. J'y tiens.
—Je tiens à ce que nous allions voir ce film.
• Les enfants doivent dormir neuf heures par nuit. Les éducateurs y tiennent.
—Les éducateurs tiennent à ce que les enfants dorment neuf heures par nuit.
• Les parents doivent suivre la scolarité de leurs enfants. Nous y tenons.
—Nous tenons à ce que les parents suivent la scolarité de leurs enfants.
• Cet enfant doit voir un psychologue. Je le veux.
—Je veux que cet enfant voie un psychologue.
• Ces enfants doivent être moins turbulents. Nous l'exigeons.
—Nous exigeons que ces enfants soient moins turbulents.

EXERCICES

EX. 1, p. 24

Utiliser les tableaux de conjugaison en fin de volume (pp. 224 à 229) pour faire l'exercice. Vérifier la maîtrise des verbes à radical variable au subjonctif présent (venir, comprendre, avoir, apprendre).

« ... il voudrait que je vienne ... il faudrait que j'y sois ... il faut qu'il comprenne ... j'ai à m'occuper ... il faut que je les conduise ... Il veut que nous nous mettions ... il faut que nous sachions ... il exige qu'on fasse des sourires aux clients, qu'on ait toujours l'air de bonne humeur ... il ne tient pas à ce que tu apprennes ... il faut que nous suivions ... »

EX. 2, p. 24

« A 22 ans, je tiens à ce qu'il ait passé une licence. Je veux qu'il soit entré dans une grande école et qu'il ait fait un stage dans une entreprise. Je souhaite aussi qu'il ait passé un an aux États-Unis. »

« Dans cinq minutes j'exige que tous les curieux soient partis, que quelqu'un soit allé me chercher de l'aspirine et que ce projecteur ait été déplacé. »

« Demain, il faut que vos soldats aient nettoyé la caserne, qu'ils soient partis faire une marche de 30 km, qu'ils soient revenus avant 3 h. et qu'ils se soient entraînés au tir. »

EX. 3, p. 25

L'enfant fait ses premiers pas (12/15 mois) — peut construire une tour (2 ans) — referme la main sur un objet (3 mois) — peut visser un couvercle (3 ans) — peut rester debout sans soutien (12 mois) — a sa première réaction de timidité (7/8 mois) — se reconnaît dans un miroir (18 mois) — peut saisir un objet (8 mois).

Exercice d'écoute à faire avec la cassette

EX. 4, p. 25

1. Écoute globale : faire repérer les personnages, le lieu, le sujet de l'entretien.
2. Compréhension des mots ou expressions inconnus :
— *infernal, j'ai éclaté, qui faisait la grasse matinée, une fessée, catastrophique, sévère, il le corrige, nous avons divorcé, je me suis remariée, parler ouvertement, sérieusement.*
— Écrire ces mots ou expressions au tableau.
— Écoute sélective : repasser la cassette. Faire trouver des équivalents de ces expressions (ex. : *infernal = insupportable ; j'ai éclaté = je me suis mise en colère ; faire la grasse matinée = dormir tard le matin*).
3. Troisième écoute : faire remplir la grille (p. 25) par groupes de deux. Mise en commun.

Le psychologue : Asseyez-vous et racontez-moi, Madame Charles.	*La mère :* C'est devenu catastrophique. Il est très très sévère avec lui. Il le corrige souvent. Euh... C'est-à-dire que... son père et moi, nous avons divorcé il y a deux ans et... je me suis remariée... Et, Nicolas ne s'entend pas du tout avec mon... mon mari ! C'est-à-dire, il lui reproche sans cesse ses mauvais résultats scolaires. Il le traite constamment d'idiot et d'incapable. C'est vrai que ce n'est pas très encourageant pour le petit !
La mère : C'est à propos de mon fils Nicolas qui a sept ans. Il est insupportable. Et avec le temps, c'est de pire en pire. Ça s'arrange pas. Mon mari et moi, nous ne savons plus quoi faire. Et la vie à la maison est devenue infernale...	
Le psy : Vous pourriez donner quelques exemples ?	
La mère : Vous savez, il y a de quoi écrire un roman. Tenez, hier matin, il nous a fait une de ces scènes ! Il s'est mis à crier et à pleurer. Il voulait qu'on lui prépare son petit déjeuner. Et quand tout était prêt, il a refusé de manger ! Rendez-vous compte ! Il voulait absolument que je me lève ! J'avais mal dormi la nuit. J'ai éclaté. Mon mari qui faisait la grasse matinée s'est réveillé et lui a interdit la télévision pour la semaine. Vous imaginez la suite. Les cris, les pleurs ! Évidemment, tout s'est terminé par une fessée. Et au lit ! Oh, si vous saviez l'atmosphère qui règne à la maison...	*Le psy :* Et vous parlez de ce problème avec votre mari ?
	La mère : C'est qu'il refuse d'en parler. Les paroles, ça ne sert à rien, qu'il dit !
	Le psy : Il faudrait absolument en parler ouvertement. Et sérieusement. C'est indispensable pour avancer vers une solution... Et votre fils a des rapports difficiles avec toute la famille ?
Le psy : Mais peut-être fallait-il simplement que vous preniez le petit déjeuner en famille ?	*La mère :* Oui, il ne s'entend pas non plus avec sa petite sœur... Mais il s'entend... oui, plutôt bien, avec sa grand-mère paternelle... Ah, ça ! Elle joue aux échecs avec lui pendant des heures... Et, le soir, elle lui raconte des histoires ! ... Nous n'aimons pas trop qu'il la voie... Mais il y est très attaché... Et c'est peut-être à cause d'elle que...
La mère : Eh bien, justement ! Quand mon mari et moi nous sommes à table avec lui, c'est pire encore. Lui qui avait bon appétit, il refuse très souvent de manger... Il a perdu cinq kilos. Et, ça m'inquiète...	
Le psy : Et... quels sont ses rapports avec votre mari ?	*Le psy :* Voilà peut-être un exemple à suivre ? Vous savez, les enfants adorent qu'on s'intéresse à leurs jeux. Et ils adorent aussi les histoires...

EX. 5, p. 25

Travail de groupes à l'écrit. Chaque groupe choisit une situation.
— *Première situation :* le chef d'un restaurant donne des consignes à ses aides pour la réalisation d'une recette. Faire utiliser une recette simple connue des élèves. Faire imaginer les propos du chef. Veiller à faire utiliser le futur à valeur impérative. (Ex. : *vous ferez..., vous préparerez...*)
— *Deuxième situation.* Faire imaginer un règlement militaire. (Ex. : *Le soldat doit..., est tenu de...*)
— *Troisième situation.* Faire imaginer un règlement de prison. (Ex. : *Il est interdit, défendu de ...*)
— Lecture des productions.

EX. 6, p. 26

Travail en équipes
1. *Portraits de quatre enfants difficiles*
— Lecture individuelle.
— Recherche des informations à partir de la grille suivante reproduite au tableau. Solutions proposées par les étudiants.

	Adrien	Marine	Xavier	Émilie
Comportement				
Causes				
Solutions proposées				

— Mise en commun au tableau.
— Faire présenter d'autres cas d'enfants difficiles.

2. *Les solutions de l'école*
— Lecture individuelle.
— Recherche des informations demandées (p. 26) sous forme de diagramme.

— Mise en commun au tableau.
— Faire expliquer la réaction des parents (dans les deux derniers paragraphes).
— Discussion sur les solutions de l'école.

EX. 7, p. 7
Cet exercice constituera un prolongement écrit à l'exercice précédent. Travail de groupes.
— Indiquer le cadre général de la lettre au tableau.

Yves MAROT   Clermont, le 5 mai 1990
2, rue B. Pascal
63000 CLERMONT-FERRAND

   Cher Monsieur,
Vous allez accueillir prochainement mon jeune frère dans votre famille. Sébastien est certes un enfant charmant, plein d'humour et généreux qui se réjouit de faire un séjour à l'étranger. Toutefois, les « petits derniers » sont souvent des enfants élevés avec moins de sévérité par les parents et il me semble utile de vous parler de quelques-uns de ses comportements susceptibles de surprendre quand on ne le connaît pas.
....
....

— Les élèves développeront le corps de la lettre et en imagineront la conclusion.
— Lecture de quelques productions.

> • L'enfant. *Il est de plus en plus protégé. Il est interdit à un professeur de frapper un enfant. Les enfants maltraités en famille ont la possibilité d'appeler un numéro de secours. On s'occupe aujourd'hui beaucoup des enfants. Ils peuvent être confiés à une crèche par les parents qui travaillent. L'école maternelle les accueille dès deux ans (à condition, bien entendu, qu'ils soient propres et qu'il y ait de la place). Les familles ayant au moins deux enfants à charge perçoivent des allocations familiales chaque mois. Les ministres de l'Éducation nationale mènent une politique active de lutte contre l'échec scolaire et les inégalités.*

OBJECTIFS

Vocabulaire	Grammaire
• Verbes exprimant la vue (p. 27) • *la galère, le crissement, un insecte, le sauveur, le poudroiement, le bouleau, la touffe* • *fébrile* • *zigzaguer, contempler, scruter, trébucher* • *confusément*	• Le subjonctif passé • l'expression de la durée
Communication	Civilisation
• Décrire un lieu, un tableau • comparer • exprimer sa préférence	• Le conte • la peinture française • l'abbaye de Thélème • *Le Petit Prince*

DIALOGUES ET DOCUMENTS

• *Découverte de la deuxième partie du conte (p. 21)*

1. Écoute de la cassette : repérage des lieux, des personnages et des situations de l'histoire.

Lieux	Personnages	Situations
• sur le chemin, dans la forêt	• Alice	• la panne de vélo : le pneu crevé. L'attente.
• sur le bord du chemin, dans la forêt, la nuit	• Alice	• Alice se réveille (?), elle distingue une lumière
• la ferme Belogre	• Alice • Olga Belogre • Paul Belogre • les enfants	• le bonheur à la ferme Belogre
• l'atelier de peinture	• les enfants • Alice • Paul Belogre	• les activités des enfants à la ferme Belogre

2. Lecture

— **Première partie : mots signifiant « voir » :** s'aperçut, observer, contempler, scruter, apparaître (= être vu).
— **Deuxième partie : expression indiquant la durée.**

Adverbes ou locutions adverbiales	Expressions
• Depuis trois jours... • Durant des heures... • En l'espace de quelques heures...	• Il y avait trois jours que... • Tous les matins,... • Cela faisait deux jours que...

— **Emploi du temps des enfants à la ferme Belogre.**
a) *Faire composer l'emploi du temps. Travail par deux. Exemple :*

- 7 h   - 8 h 30 : Lever et petit déjeuner dans la grande salle.
- 8 h 30 - 9 h   : Toilette. Faire son lit. Ménage collectif.
- 9 h   - 12 h   : Atelier de peinture.
- 12 h   - 12 h 30 : Chansons.
- 12 h 30 - 13 h 30 : Déjeuner collectif.
- 13 h 30 - 16 h 30 : Activités libres.
- 16 h 30 - 17 h   : Goûter.

- 17 h   - 18 h 30 : Jeux collectifs.
- 18 h 30 - 19 h   : Chansons.
- 19 h   - 19 h 30 : Dîner.
- 19 h 30 - 20 h 30 : Veillée : histoires ou jeux.
- 20 h 30 - 21 h   : Toilette.
- 21 h   : Extinction des feux.

b) *Faire présenter quelques emplois du temps oralement.*
Veiller à l'expression de la situation dans le temps :
- le matin, à midi, l'après-midi, le soir, chaque jour, tous les jours ;
- à huit heures, vers neuf heures, jusqu'à dix heures, pendant trois heures.
— **Imaginer la fin de l'histoire.**
a) Lancement de l'activité : introduire un événement perturbateur, un danger, une menace. Faire la liste des suggestions des élèves au tableau. Faire imaginer diverses possibilités.
b) Rédiger. Lecture des productions.
c) Exemple :
Paul Belogre recueille des enfants fugueurs. Il leur offre le gîte et le couvert. Même de l'affection. Mais... les enfants disparaissent les uns après les autres. Alice a repéré des traces de petits pas qui s'arrêtent à l'entrée d'un petit cabanon au fond de l'immense propriété en jouant à cache-cache. Elle a remarqué que Paul Belogre ne mangeait jamais de légumes. Mais il adore la viande crue... Une nuit, alors qu'elle ne dormait pas, elle suit Paul Belogre emportant un enfant endormi. Elle remarque dans un rayon de lune qu'il a retrouvé une apparence primitive. Ses habits n'ont pas changé, mais il s'est transformé (c'est la pleine lune) en ogre aux dents très longues. Alice réussira à libérer sa petite camarade. En effet, elle a préparé un rôti aux herbes sauvages en y ajoutant des champignons vénéneux. L'ogre ne résiste pas au fumet du rôti encore saignant. Il ne survivra pas à son repas. Grâce à la ruse d'Alice, les enfants échapperont aux dents de l'ogre et Olga sera soulagée de son terrible mari.

• *Illustrations (pp. 20-21).* Travail de groupes.

— Recherche d'idées : trouver le plus grand nombre d'idées. La forêt (p. 21) est un lieu mystérieux. Que peut-il s'y passer ?
— Après avoir fait l'exercice 10 p. 27, faire raconter l'histoire de Cendrillon, du petit Chaperon rouge.

GRAMMAIRE ET VOCABULAIRE

• **Verbes exprimant la vue** (voir exercice 8, p. 27).

• **Le subjonctif passé.** Pour éviter la surcharge de la première partie, on traitera le subjonctif passé dans la deuxième partie.

1. Emploi. Faire comparer :
Il faut que tu fasses à manger.
Il faut que tu aies fait à manger avant midi.
— Le subjonctif présent marque une action en cours d'accomplissement.
— Le subjonctif passé marque une action accomplie.
Faire proposer d'autres exemples par les élèves.

2. Formation (p. 22) :
— verbes transitifs   (que j'aie mangé)
— verbes instransitifs   (que je sois allé(e))
— verbes pronominaux   (que je me sois lavé(e)).

3. Faire l'exercice 2 p. 24, puis l'exercice structural (Mécanisme B) p. 27. Programmer l'apprentissage systématique de la conjugaison des verbes courants à partir des pages 224 à 229.

• **L'expression de la durée :** animation grammaticale.

1. *Pendant / durant / en / en l'espace de / pour* (p. 22)
— Faire comparer. Utiliser les schémas.
a) *Il a travaillé pendant deux mois. Il a travaillé durant deux mois.*
b) *Il a fait ce travail en deux mois. Il a fait ce travail en l'espace de deux mois.*
c) *Il partira pour deux mois.*

a)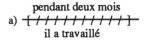
pendant deux mois
il a travaillé

• Cette vision privilégie
le déroulement de l'action.
Son travail dura deux mois.

b) en deux mois   il a fait ce travail

• Cette vision privilégie
l'accomplissement de l'action.
Elle indique une durée nécessaire
pour aboutir à un résultat. La durée
est orientée vers le passé. *En l'espace de* est synonyme de *en.*

c) il partira —[/ / / / / / / / / /]—   • Cette vision indique une **durée envisageable**. La durée est orientée vers le futur.

— Faire produire d'autres exemples aux élèves.

2. *Il y a / cela fait / voilà ... que* (p. 22)

— Il y a
Cela fait } un an qu'il est marié.
Voilà

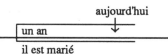

La durée dont l'origine se situe dans le passé se prolonge dans le présent.

3. *Il y a / depuis* (p. 22)

— Il est parti / il y a / deux jours.
/ depuis /

Ces constructions indiquent un écart entre le passé et le présent.

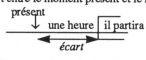

4. *Dans / d'ici* (p. 22)

— Ces deux constructions marquent un écart entre le moment présent et le moment de l'action.

Il est partira { dans une heure.
{ d'ici une heure.

présent
↓ une heure | il partira
←— écart —→

5. *Il y avait, cela faisait ... que, depuis* (p. 22) peuvent également indiquer une durée par rapport à un moment passé.
6. *Au bout de* (p. 22) correspond à *après*.
Le spectacle l'ennuyait. Elle est partie au bout d'une heure.
Le spectacle l'ennuyait. Elle est partie après une heure (de spectacle).
7. Faire les exercices 9 p. 28, 11 p. 30.

ACTIVITÉS

MÉCANISMES B

• Exercice de transformation : utilisation de *il faut que* + subjonctif passé (verbes construits avec l'auxiliaire être)

• Exercice de transformation : utilisation de *il faut que* + subjonctif passé verbes avec l'auxiliaire avoir)

■ *EXERCICE 1. — Écoutez !*
• Tu dois être parti(e) à 8 heures.
— Il faut que tu sois parti(e) à 8 heures.
■ *A vous !*
• Nous devons être rentré(e)s avant la nuit.
— Il faut que nous soyons rentré(e)s avant la nuit.
• On doit être arrivé avant le début du spectacle.
— Il faut qu'on soit arrivé avant le début du spectacle.
• Vous devez être passé(e)s à la banque avant la fermeture.
— Il faut que vous soyez passé(e)s à la banque avant la fermeture.
• Elle doit s'être inscrite au club avant la fin du mois.
— Il faut qu'elle se soit inscrite avant la fin du mois.
• Je dois m'être présenté au directeur avant midi.
— Il faut que je me sois présenté au directeur avant midi.

■ *EXERCICE 2. — Écoutez !*
• Mireille doit avoir fini ce travail ce soir.
— Il faut qu'elle ait fini ce soir.
■ *A vous !*
• Je dois lui avoir téléphoné avant 5 heures.
— Il faut que je lui aie téléphoné avant 5 heures.
• Vous devez avoir trouvé la solution avant demain.
— Il faut que vous ayez trouvé la solution avant demain.
• Ils doivent avoir appris à lire avant 8 ans.
— Il faut qu'ils aient appris à lire avant 8 ans.
• Tu dois avoir répondu avant la fin de la semaine.
— Il faut que tu aies répondu avant la fin de la semaine.
• Nous devons avoir atteint l'âge de 18 ans pour voter.
— Il faut que nous ayons atteint l'âge de 18 ans pour voter.

EXERCICES

EX. 8, p. 27
Verbes exprimant la vue. Avant de faire l'exercice, faire une découverte collective du sens des verbes de la liste.

« L'expert observa (considéra) ... Il s'aperçut ... Lorsqu'il posa les yeux sur les mains et les visages ... il remarqua que l'exécution ... Pendant des heures au musée du Louvre, il avait contemplé (admiré) ... L'expert entrevoyait déjà le scandale ... Il fixa (le regarda) dans les yeux ... Il guettait les réactions de l'expert ... des journalistes en quête de sensationnel les épiaient ... »

EX. 9, p. 27

Faire distinguer entre les questions portant sur des dates (*quand, depuis quand ?*) et celles portant sur une durée (*combien de temps, depuis combien de temps ?*).
1. Depuis quand a-t-elle quitté la maison familiale ?
2. Depuis combien de temps vit-elle à la ferme Belogre ?
3. En combien de temps s'est-elle adaptée à sa nouvelle vie ? Combien de temps lui a-t-il fallu pour s'adapter à sa nouvelle vie ?
4. Quand aura-t-elle terminé la reproduction ?
5. Combien de temps restera-t-elle encore à la ferme Belogre.

Exercice d'écoute à faire avec la cassette

EX. 10, p. 27

— Travail préparatoire : écrire au tableau l'infinitif des verbes utilisés au passé simple dans le conte. Faire trouver le passé simple.
— Écoute globale : faire repérer les personnages, les lieux.
— Écoute fractionnée : relever les informations (voir p. 27).

- Charles Perrault (1628-1703) *a publié des contes, connus aussi sous le titre de* Contes de ma mère l'Oye. *On retrouve dans son ouvrage des récits en vers et en prose très inspirés de la tradition populaire. Parmi les plus connus, il faut citer* La Belle au bois dormant, Le Petit Chaperon rouge, Barbe-Bleue, Le Chat botté, Cendrillon, Riquet à la houppe,
- Le Petit Poucet *et* Les Fées. *Il a inauguré le genre littéraire des contes de fées.*
- Contes de fées : *récit merveilleux dans lequel interviennent des fées.*

Il était une fois un homme très riche qui possédait une très grande maison, de beaux meubles remplis de vaisselle d'or et d'argent et un carrosse tout doré ! Mais par malheur, cet homme avait la barbe bleue. Cela effrayait toutes les femmes qu'il voyait... et dans la région tout de monde l'appelait « Barbe Bleue »...

Une de ses voisines avait deux très belles filles. Il voulait épouser l'une de ces filles. Mais elles, elles ne voulaient pas épouser un homme qui avait la barbe bleue. Et puis, cet homme avait déjà épousé plusieurs jeunes. Et personne ne savait ce qu'elles étaient devenues. C'était très inquiétant. Alors, voilà ce que fit Barbe Bleue : il organisa une grande fête qui dura huit jours et pendant huit jours, il fut très gentil avec les deux jeunes filles, surtout avec la cadette. Il fut si gentil avec elle qu'à la fin, elle accepta de l'épouser.

Un mois plus tard, Barbe Bleue dut partir en voyage pour s'occuper de ses affaires, il dit à son épouse :

— « Voilà les clés de la maison. Celles des armoires, celles des coffres où sont mes trésors. Et voilà la clé de tous les appartements. Mais... voici une petite clé ! Elle ouvre la petite pièce de l'appartement du bas qui est toujours fermée... Tu peux ouvrir toutes les pièces sauf cette petite pièce du bas... Je te défends d'y entrer. Si tu l'ouvres, ma colère sera terrible... » Et, il partit. Une fois seule, la jeune femme visita la maison, les chambres magnifiques, les garde-robes luxueuses. Elle découvrit la splendeur des tapisseries et la beauté des meubles. Tout était merveilleux... Mais... mais la jeune épouse n'était pas satisfaite de toutes ces richesses, parce qu'elle était curieuse. Elle avait envie d'ouvrir la porte de la pièce interdite ! Alors, tout doucement, elle descendit l'escalier secret qui conduisait à l'appartement du bas... Une fois arrivée devant la porte, elle se rappela sa promesse. Mais sa curiosité était trop forte... Elle prit la petite clé et ouvrit la porte... D'abord, elle ne vit rien, parce que les fenêtres étaient fermées. Et puis, avec la lumière, elle remarqua des taches de sang ! Du sang ! Le sol était cou-

vert de sang ! Elle vit aussi le corps de plusieurs femmes mortes et attachées le long des murs. C'étaient les femmes de Barbe Bleue. Il les avait tuées... La jeune femme était terrifiée, à tel point qu'elle laissa tomber la clé. Vite, elle la ramassa, puis elle referma la porte et monta dans sa chambre. Alors elle s'aperçut que la clé était tachée de sang. Elle l'essuya mais la tache ne partait pas. Elle la lava, la frotta, mais la clé restait tachée de sang... C'était une clé magique.

Le soir même, Barbe Bleue revint de voyage. La jeune femme l'accueillit avec le sourire mais elle était morte de peur. Barbe Bleue lui demanda les clés. Elle les lui donna en tremblant. Alors, il lui dit :

« Pourquoi la petite clé n'est-elle pas avec les autres ?

— Je l'ai oubliée dans ma chambre, lui répondit sa femme.

— Alors, tu me la donneras demain », dit Barbe Bleue.

Quand, après plusieurs jours, la jeune femme rendit la clé, Barbe Bleue la regarda et demanda :

« Pourquoi cette tache ?

— Je n'en sais rien, répondit son épouse, pâle comme la mort.

— Tu n'en sais rien, dit Barbe Bleue. Mais mois, je sais que tu es entrée dans la pièce. Et tu seras bientôt avec les autres ! »

Alors, elle pleura. Elle demanda pardon à son mari. Mais Barbe Bleue avait un cœur de pierre. Et il lui dit :

« Je te laisse un quart d'heure pour te préparer à mourir ! »

Quand la jeune femme fut seule, elle appela sa sœur. Et elle lui dit :

« Ma sœur Anne, monte au sommet de la tour pour voir si mes frères arrivent. Fais leur signe pour qu'ils se dépêchent. »

La sœur Anne monta au sommet de la tour. Mais elle ne vit rien.

Barbe Bleue tenait un grand couteau. Il cria à sa femme de descendre.

Et elle lui dit :

« Encore un moment ! » Et sa sœur : « Anne ma sœur, tu ne vois rien venir ? ». Et la sœur répondit :

« Je ne vois rien que le soleil qui poudroie et l'herbe qui verdoie. »

« Descends vite ! ou je monte là-haut ! » cria Barbe Bleue, impatient.

« J'arrive », répondit la pauvre femme, et elle ajouta :

« Anne, ma sœur, tu ne vois toujours rien venir ? »

« Je vois un gros nuage de poussière au loin... Mais c'est un troupeau de moutons », répondit la sœur Anne.

« Tu ne veux donc pas descendre ! » criait Barbe Bleue en colère.

« Encore un moment », répondit sa femme. Et puis :

« Anne, ma sœur, tu ne vois rien venir ? »

« Je vois deux cavaliers qui viennent. Ils sont loin encore... Mais, je les reconnais. Ce sont nos frères » dit Anne. Et elle leur fit signe de se dépêcher.

Alors Barbe Bleue se mit dans une colère noire. Ses cris firent trembler toute la maison. Et sa pauvre femme descendit.

« Maintenant, il faut mourir ! » dit Barbe Bleue. Il la tenait par les cheveux. Et il levait son grand couteau. Il allait lui trancher la gorge. Et juste à ce moment-là, les deux frères, qui étaient soldats du roi, entrèrent en courant et tuèrent Barbe Bleue avec leur épée. La jeune femme n'avait rien vu. Elle s'était évanouie.

A la mort de Barbe Bleue, la jeune femme devint riche. Elle maria sa sœur. Ses frères devinrent capitaines dans l'armée du roi. Elle se remaria avec un beau jeune homme, et Barbe Bleue fut vite oublié.

EX. 11, p. 30

Travail par deux.

1. Préparation : choisir l'une des situations et relever au tableau les questions proposées par les étudiants. Insister sur les questions en rapport avec l'idée de *durée* et de *date*. (Quand as-tu... ? Depuis quand est-tu... ? Depuis combien de temps... ? Combien d'années... ? Pendant combien de temps resteras-tu... ?)

EX. 12, p. 30

1. Lecture silencieuse.
2. Faire raconter *Le Petit Chaperon rouge* et *Les Trois Petits Cochons*.
3. Faire expliquer qui sont le *Père Noël* et le *Père Fouettard*. A quels personnages correspondent-ils dans la culture des élèves ?
4. Faire expliquer :

— « C'est *grâce à eux [aux contes, aux rites et aux fêtes] que l'enfant pouvait progressivement trouver sa place dans le chaos du monde.* »

— « *La télévision a déplacé, mais n'a pas remplacé l'imaginaire ; elle prive l'enfant de tout effort de créativité et ne lui permet pas de s'identifier aux héros, parce que ceux-ci sont devenus trop réels.* »

— « *L'effet le plus nocif de la télévision est qu'elle apporte des réponses trop simples à des questions complexes. Or, dans la vraie vie, les solutions simples n'existent pas.* »

5. Discussion : la télévision appauvrit-elle la créativité des enfants ? Faire donner des exemples. Faire justifier les opinions.

D'après B. Bettelheim, la société actuelle prive l'enfant de rites de passage. La télévision déplace l'imagination de l'enfant sur des personnages trop simples. Le bon gagne toujours. La télévision développe ainsi chez l'enfant une vision du monde et des modèles d'action très simplistes. Les contes et les fêtes traditionnelles préservent le caractère contradictoire, ambigu et complexe du monde. (Les contes sont souvent cruels.) Par ailleurs, sous des aspects enfantins, ils proposent des modèles d'action élaborés. Ainsi *Les Trois Petits Cochons* font-ils l'éloge du réalisme. Leur valeur formatrice était donc supérieure. D'autre part, en représentant des personnages de rêve, la télévision leur fait perdre leur charme, leur mystère et donc leur force.

• Bruno Bettelheim *(1903-1990), psychiatre américain. Il s'est beaucoup intéressé aux enfants victimes de troubles psychologiques graves et aux problèmes de l'enfant en général.*
• Le Petit Chaperon rouge *est un conte célèbre de Perrault. Une fillette doit apporter à sa grand-mère une galette et un pot de beurre. C'est sa mère qui le lui a demandé. En traversant la forêt, la fillette rencontre le loup qui apprend où elle va et lui indique pour s'y rendre un chemin très long. Pendant que la fillette (le petit Chaperon rouge) s'attarde sur le chemin, le loup s'empresse de se rendre à la maison de la grand-mère. Il parvient à y pénétrer en se faisant passer pour le petit Chaperon rouge et dévore la vieille femme. Puis, prenant sa place dans le lit, il attend la fillette qu'il dévorera elle aussi.*
• Le Père Noël *est un personnage légendaire dont le rôle est de distribuer des cadeaux aux enfants la nuit de Noël.*
• Le Père Fouettard *est un personnage légendaire muni d'un fouet. On se servait de lui pour menacer les enfants fautifs.*

EX. 13, p. 30

Travail par deux. Faire rédiger aux élèves leur vision du lieu idéal. Lancer l'exercice par une recherche d'idées collectives en remplissant la grille suivante au tableau.

Description des lieux	Personnes physique caractère	Mode de vie	Activités	Sentiments

• L'abbaye de Thélème *est un lieu utopique qui rassemble, en une communauté, des hommes et des femmes qui correspondent à l'idéal de la Renaissance du XVIᵉ siècle. Sa devise est : «* Fais ce que voudras *». Elle était donc à l'opposé des règles ascétiques présentées par les monastères de l'époque.*

CIVILISATION

• *La peinture française en huit tableaux (pp. 28-29)*

— Faire comparer les peintres français à ceux du pays des élèves. Faire apporter des reproductions. Faire noter les points communs, les différences, les influences.
— Faire les questions pp. 28-29. Travail de groupes. Mise en commun après chaque activité.

• A. Dubois *(1543-1614). Peintre et décorateur flamand appartenant à l'école de Fontainebleau. On sent chez lui l'influence du maniérisme italien. Il privilégie les sujets antiques. Sa composition (p. 28) est très centrée. On remarquera aussi l'élégance du dessin.*
• La Tour *(1593-1652). Peintre français. Il a laissé diverses toiles où il utilise l'éclairage nocturne provenant d'une chandelle. On devine l'influence du Caravage. Les scènes de La Tour sont très dépouillées et très simples. La lumière enveloppée de nuit transfigure la scène ordinaire et lui donne une dimension mystique.*
• Poussin *(1594-1665). Peintre français qui passa la plus grande partie de sa vie à Rome. Il a surtout traité des sujets mythologiques. Les Bergers d'Arcadie constitue une méditation sur la destinée humaine. Ces derniers déchiffrent une inscription latine sur le tombeau : «* Et in Arcadia ego *» (Et moi aussi en Arcadie, j'ai vécu). L'Arcadie était considérée comme un lieu de bonheur. Et pourtant, la mort vint... On remarquera la disposition presque symétrique des personnage et la qualité du dessin.*
• Watteau *(1684-1721). Peintre français. Il a subi l'influence de Rubens et des Vénitiens. C'est le peintre des scènes de comédies, «* des fêtes galantes *», de la comédie de l'amour avec ses variations : refus, audaces, abandons, échecs. Il s'affirme par la qualité de son dessin, ses coloris raffinés et l'atmosphère de gaieté plaisante qui se dégage de ses tableaux.*
• Sysley *(1839-1899). Peintre anglais de l'école impressioniste française. C'est avant tout un paysagiste. Il a surtout rendu les effets de brouillard, de pluie et de neige. Il peint par touches juxtaposées pour rendre l'aspect fugitif de la lumière. On retrouve dans ses tableaux simplicité et unité.*
• Derain *(1880-1954). Il a participé au courant fauve avant d'évoluer vers d'autres conceptions.* Trois personnages assis sur l'herbe *est représentatif de cette période par la ligne rapide du dessin, les couleurs crues. La forme est suggérée par les couleurs. Mais le souci de la composition demeure. Le groupe des personnages constitue un ensemble construit et équilibré.*
• Braque *(1882-1963). Avec le cubisme introduit par Picasso et Braque, les paysages se réduisent à des formes simplifiées. La perspective disparaît. L'artiste juxtapose des éléments différents ou différents aspects d'un même élément. Le tableau devient un jeu d'indications formelles.*
• Delaunay (Sonia) *(1885-1979). Épouse du peintre Robert Delaunay. Elle participe à ses recherches picturales. Sa peinture combine le jeu des formes avec le contraste harmonieux des couleurs. La perspective a disparu. C'est le début de l'art abstrait.*

LITTÉRATURE

Le Petit Prince (p. 31). Travail par deux.

1. Lecture silencieuse.
2. Demander à chaque groupe de proposer un titre au passage. Faire justifier.
3. Faire rechercher dans le dictionnaire le sens des mots : *apprivoiser, voir, cœur, invisible, responsable.*
Comparer avec le sens que leur attribue Saint-Exupéry.
4. Faire rechercher les deux phrases les plus importantes. Faire expliquer.

• Antoine de Saint-Exupéry *(1900-1944) est un écrivain et aviatieur français. Il fut pilote de ligne et accomplit des missions importantes comme pilote militaire. Dans ses ouvrages, il essaie de donner un sens à l'action des hommes et à définir des valeurs morales et spirituelles. Dans* Terre des homme, *il affirme que «* la grandeur d'un métier est avant tout d'unir les hommes *».* Le Petit Prince *est un conte symbolique et philosophique. On y trouve des vérités simples et profondes sur l'amitié. Pour apprivoiser (créer des liens importants), il faut de la patience, du temps et savoir se taire. L'amitié se mérite, se conquiert. Par ailleurs, la véritable intelligence est celle du cœur qui nous permet la communion avec les autres. Seuls les sentiments profonds nous font comprendre les autres, nous enrichissent. L'intelligence cérébrale, froide et rationnelle ne suffit pas.*

LEÇON 3

❑ PREMIÈRE SÉQUENCE

OBJECTIFS

Vocabulaire	Communication
• La demande (p. 34)	• Demander
• le projet (p. 35)	
• la fonction publique (p. 36)	**Civilisation**
• *la bienveillance, la disponibilité, la convenance,*	• Saint-Malo
le solitaire, le voilier, le parrainage, la compréhension	• le Garde des sceaux
• *respectueux, dévoué*	• la fonction publique
• *solliciter, envisager, agréer*	• l'École polytechnique.

DIALOGUES ET DOCUMENTS

• *Découverte de la lettre de Loïc (p. 32)*

— Mots et expressions qui permettent de demander

- J'ai l'honneur de solliciter de votre bienveillance l'autorisation de ...
- Je souhaiterais que ...
- J'effectue cette demande avec l'intention de ...
- Je vous serais très reconnaissant de prendre en compte ...
- Je souhaiterais pouvoir ...
- Qu'il me soit permis de vous rappeler que ...
- Je n'ai demandé aucun congé ...

— Argumentation de la lettre

a) Demande de mise en disponibilité + Précision de durée et de date.
b) Explication du motif de la demande : le projet.
c) Argument fondé sur le sérieux du projet : le parrainage.
d) Argument de droit en rapport avec le statut du fonctionnaire (droit à la mise en disponibilité ou congé exceptionnel).
e) Remerciements anticipés + Marque de respect.

— Autres raisons pouvant expliquer le désir de partir de Loïc

changer de vie ; rompre avec un métier ennuyeux ; réfléchir, méditer sur sa vie ; installer une pause dans sa vie professionnelle ; découvrir le monde.

— L'année sabbatique. Faire la liste au tableau

Exemple : construire une maison ; écrire un livre ; prendre le temps de vivre ; faire des études de psychologie, de littérature ; aller vivre dans le pays de ses rêves : l'Italie, le Brésil, ... ; aller vivre sur une île déserte dans le Pacifique ; organiser la traversée de l'Afrique ; suivre une formation professionnelle pour être promu ; etc.

> • Saint-Malo. *Port de pêche et de commerce situé au nord de la Bretagne. C'est aussi un centre touristique. Au XVIe siècle, Saint-Malo fut le point de départ des expéditions vers le Nouveau Monde. Par ailleurs, de nombreux corsaires (Duguay-Trouin, Surcouf) sont originaires de la ville.*

• La navigation en voilier, *même si elle n'est pas un sport populaire, séduit de plus en plus de gens. Ce phénomène est dû, en grande partie, aux exploits réalisés par les aventuriers des temps modernes que sont Alain Colas, Philippe Jeantot et Olivier de Kersauson ou Éric Tabarly, qui ont remporté des courses prestigieuses ou effectué le tour du monde en solitaire.*
• Le Garde des sceaux *est le ministre de la Justice en France. Le sceau était autrefois le cachet officiel du roi ou de l'État. On s'en servait pour marquer les documents authentiques ou pour les fermer de façon inviolable.*

• Illustration p. 32.

C'est une carte postale. Vous l'envoyez à l'un de vos amis. Rédigez.

GRAMMAIRE ET VOCABULAIRE

1. Vocabulaire complémentaire (p. 32) : animation lexicale du professeur à partir des situations du texte.

2. Le projet (p. 35) : conversation dirigée autour du thème de l'organisation d'un voyage. Animation lexicale. Loïc a construit son bateau.

3. Le vocabulaire de la demande (p. 34)

Animation lexicale à partir de diverses situations de demande (faire varier l'auteur de la demande : condamné, mendiant, syndiqué, le voisin curieux, le destinataire, l'université, le ministre des mécontents, etc.).

4. L'expression de la demande (p. 34)

Introduire les diverses formules à partir des situations précédentes. Faire dire autrement.

5. Faire les exercices 1, 2 et 3, p. 36.

6. Prolongement écrit : Vous êtes un(e) remarquable représentant(e) ou un ingénieur de valeur. Vous écrivez à votre supérieur hiérarchique pour lui demander une augmentation de salaire, une promotion, un congé-formation ou une année sabbatique.

ACTIVITÉS

EXERCICES

EX. 1, p. 36 : b, d, a, c, e.

EX. 2, p. 36 : exercice d'écoute à faire individuellement.
a) Écoute globale.
b) Écoute fractionnée : faire remplir la grille.
c) Mise en commun. Vérifier la compréhension. Faire répéter les séquences.

1. *Voix masculine* : Monsieur Rivière, je vous ai convoqué ce matin, ce matin parce que la situation est vraiment préoccupante. Nos ventes sont encore en baisse. Je souhaiterais revoir toute la question. Vos services pourraient-ils me faire parvenir un rapport détaillé ?
2. *Voix féminine* : Il est chouette ce disque ! Il est vraiment pas mal du tout ! I'faudrait qu'tu m'le prêtes !
3. *Voix masculine* : A l'occasion de votre visite, Monsieur le Président du Conseil Régional, tous nos concitoyens, le Conseil Municipal et moi-même tenons à vous rappeler vos promesses. Vous connaissez l'objet de notre requête. Je tiens, au nom de tous, à la renouveler solennellement en ce jour. Monsieur le Président, nous sollicitons votre appui afin que les crédits nécessaires à la restauration de notre collège puissent enfin être accordés.
4. *Voix féminine* : Ah, je crois que nous ne pourrons pas soulever cette caisse, nous autres petites mortelles... Pff ! Elle est trop lourde. Mais Raymond qui paresse au soleil va se faire un plaisir de mettre sa force herculéenne à notre service ! N'est-ce pas mon petit Raymond ?
5. *Voix masculine* : Tu s'rais vachement sympa si tu pouvais me r'filer ta bagnole ! Sinon, j'vais encore me taper un d'ces retards ! Bon, tu'décides ! Ça urge !

EX. 3, p. 36. Travail par deux.

— Est-ce que tu pourrais me prêter ta voiture ?

— Alors, tu me dis ce qui ne va pas ?

— Allô, bonjour Monsieur, c'est bien le service d'information de la gare ? Est-ce que vous pourriez me dire à quelle heure part le prochain train pour Paris ?

— Allô, Henri, c'est toi. Tu m'excuseras de t'appeler à cette heure. Je ne pouvais pas faire autrement. Est-ce que tu pourrais venir me chercher à la gare ?

— Paul, pourrais-tu me remplacer lundi ? Le directeur est d'accord. Je n'ai pas pu te joindre par téléphone. Merci d'avance.

— Monsieur le directeur, je vous serais très reconnaissant de bien vouloir prendre en considération ma demande d'augmentation. En effet, celle-ci est justifiée pour diverses raisons... (compétence, expérience, résultat de l'entreprise, ancienneté, promesses, autres offres d'emploi).

EX. 4, p. 36. La fonction publique

• Introduire le vocabulaire de l'administration :

- recherche des mots transparents ;

- explication ou traduction des autres mots.

• Faire comparer la composition de la fonction publique, le statut du fonctionnaire (p. 37) dans le pays des élèves et en France. Travail de groupe.

• *Analyse globale de la fonction publique française :* travail de groupes.

1. Lecture du texte de G. Mermet (p. 37).

2. Faire remplir la grille suivante représentée au tableau.

Création du secteur public	Part de la population active	Coût global	Causes de la croissance du secteur public

3. *Les illustrations* (p. 37)

— *Distribution de courrier à la campagne :* exercice oral.

Vous êtes facteur : lors de votre tournée, vous rencontrez des gens très différents. Qui sont-ils ? Que demandent-ils ? Que leur apportez-vous ? Que leur dites-vous ? Racontez.

> • Les P. et T. (Postes et Télécommunications). *Administration chargée du service des postes. Elle assure aussi divers services financiers tels la Caisse Nationale d'Épargne et le service des chèques postaux. D'autre part, les P. et T. gèrent le réseau téléphonique et le service Minitel qui permet, grâce à un écran et à un clavier placé sur le récepteur téléphonique, de communiquer ou de recevoir des informations.*
> • Élèves de l'École polytechnique. *C'est l'une des très grandes écoles françaises. Elle est familièrement appelée l'X. Elle relève du ministère de la Défense. Elle prépare à des emplois civils ou militaires de très haut niveau. Les jeunes filles peuvent y entrer depuis 1972, comme les garçons, sur concours. Il existe d'autres grandes écoles.*

— Faites le portrait de cette jeune fille. Imaginez son passé, son itinéraire (efforts, études, obstacles, etc.) pour atteindre son but, ses projets et ses rêves d'avenir.

❏ DEUXIÈME SÉQUENCE

OBJECTIFS

Vocabulaire	*Grammaire*
• La mer (p. 35) • l'authentique et l'artifice • *la lutte, la manœuvre, le récif, l'écueil, la lame, le craquement, la barre, le confort, le dauphin, le paradis, l'artifice, l'illusion, la brise, le lagon.* • *incessant, exténuant, épuisé, crevé, naïf* • *éviter, déferler, engloutir, s'accrocher, périr*	• L'expression du futur (p. 34) • l'expression de la certitude, du doute (p. 34)
	Civilisation
	• Moorea (p. 33) • La Corse (pp. 40-41) • Nostradamus (p. 37)
Communication	
• Décrire, raconter	

DIALOGUES ET DOCUMENTS

• Écoute du dialogue entre Loïc et Marc (p. 33)

—*Le problème de Loïc*

La B.C.P. (Banque Commerciale de Paris) n'est pas sûre de pouvoir financer son projet. L'absence de financement l'empêcherait de partir.

—*Relevé et classement de tous les verbes exprimant le futur*

Verbes	Construction / mode / temps	Emploi
j'étais sur le point de tout laisser tomber	*être sur le point de* (à l'imparfait) + infinitif	futur proche dans le passé
pouvoir me financer (= qu'ils pourront me	infinitif présent	l'infinitif présent peut exprimer une idée future en remplaçant un verbe au futur quand les sujets de la proposition principale et subordonnée sont identiques.
tu y seras parvenu	futur antérieur	Marc situe dans l'avenir un fait présenté comme accompli. Il donne donc une apparence de certitude à un fait encore très incertain à un fait encore très incertain (obtenir le financement)
qu'ils rappelleraient	conditionnel présent	futur du passé. Comparer : - Ils me disent qu'ils rappelleront. - Ils m'ont dit qu'ils rappelleraient.
tu pars - je pars	présent de l'indicatif	futur proche considéré comme appartenant au présent

—*Conversation avec un agent de la B.C.P.*

La B.C.P. : Allô, M. Le Dantec ? Je vous appelle à propos du financement de votre projet. Eh bien, c'est d'accord. C'est accepté. Nous vous envoyons le contrat pour la publicité demain. Vous le signerez.
Loïc : C'est vraiment sûr ? Ne me causez pas une fausse joie.
La B.C.P. : Je vous assure que c'est sûr et certain. Nous avons eu l'autorisation du siège de Paris.
Loïc : Eh bien, je vous remercie. Je vous remercie beaucoup de m'avoir prévenu.

—*Conversation avec Florence*

Florence : Allô, Loïc. Dis-moi, la banque t'a rappelé ? Tu as obtenu une réponse ?
Loïc : Non, pas encore. J'attends un coup de fil.
Florence : Tu es toujours décidé à partir seul ? Tu ne veux pas m'emmener ?
Loïc : Non, tu sais bien que ce serait une erreur. Tu as le mal de mer. Tu n'aimes pas le vent. Tu n'aimes pas les vagues.
Florence : Alors, tu veux m'oublier ...
Loïc : Mais non. Tu sais bien que je t'aime et qu'on se retrouvera.

• Découverte du journal de Loïc (p. 33)

—*Relevé du vocabulaire de la mer*

Noms		Adjectifs	Verbes
- la tempête	- la barre	- immense	- déferler
- le récif	- une île	- inquiétant	- recouvrir
- les écueils	- le dauphin	- calme	- engloutir
- l'océan	- Robinson	- douce	
- la lame	- la brise		
- le craquement	- le lagon		
- le bateau	- la plage		

— *Titre de chaque partie.*

a) La tempête. Lutte contre l'océan.
b) La vraie vie ? Le paradis perdu.
c) Moorea. Douceur de Moorea.

— *« Le sage se contente de ce qu'il a. »*

Le sage est parvenu à la maîtrise de ses désirs et de ses passions. Il n'a pas de rêves insensés. Il ne recherche pas les situations dangereuses ou l'aventure. Il ne provoque pas le destin. Il se satisfait d'une existence quotidienne banale et s'efforce de l'apprécier. Toute forme d'insatisfaction (de soi, des autres, de ce qu'on possède, du monde) perturbe la simplicité et l'harmonie des choses.

— Conversation avec un habitant

Loïc	:	Alors, cette île est habitée ? Je n'ai rencontré personne.
L'habitant	:	Oui, mais seulement par deux familles. Nous habitons derrière la forêt, de l'autre côté.
Loïc	:	Comment êtes-vous arrivés ici ?
L'habitant	:	Je suis marin et je connaissais l'existence de cette île. Nous sommes venus vivre ici avec un couple d'amis et nos enfants pour retrouver une forme de vie naturelle et authentique.
Loïc	:	Mais ce doit être difficile parfois ?
L'habitant	:	Ici nous avons l'essentiel : l'espace, le soleil, la mer, le vent. Et nous prenons le temps de vivre ...

• *Illustration : Moorea (p. 33)*

Moorea est une île de la Polynésie française, située à l'ouest de Tahiti. Ses paysages sont d'une grande beauté. Le relief de l'île est constitué de vallées profondes et de pics volcaniques. L'île est entourée d'un lagon protégé de la mer par des récifs et une barrière de corail.

GRAMMAIRE ET VOCABULAIRE

• **Expression du futur** (p. 34)

1. *Futur simple / futur proche.* Faire comparer :
- *Loïc partira bientôt.*
- *Loïc va partir.*
- *Loïc est sur le point de partir.*

— *Emploi :* le futur simple exprime les faits à venir. Le futur proche indique une action imminente. Il peut être rendu par : *être sur le point de* + infinitif ou *aller* + infinitif. *Aller* + infinitif et le futur simple peuvent être suivis d'expressions adverbiales (voir p. 34).

— *Micro-conversation* à partir de la situation : les préparatifs de Loïc.

| *Tu as téléphoné à Florence ?* | → | *Non, je vais lui téléphoner.* |
| *Il a rencontré le responsable de la B.C.P. ?* → | | *Non, il va le rencontrer.* |

— *Formation du futur simple.* Révision systématique des verbes (voir tableau pp. 224 à 229).

— *Exercice :* vous présentez un itinéraire de visite de votre ville ou de votre région à des amis. (*Tout de suite, nous allons visiter ... Dans un instant vous verrez aussi ... Tout à l'heure vous passerez ...*)

2. *Futur simple / futur antérieur.* Faire comparer en utilisant un schéma.

Quand Loïc reviendra, sa mère se sera remariée.

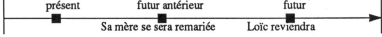

— *Emploi :* le futur antérieur représente une action qui se passe avant une autre action au futur simple.

— *Formation du futur antérieur :* cas des verbes transitifs, intransitifs et pronominaux. Programme d'apprentissage systématique des formes des verbes courants (voir tableaux pp. 224 à 229).

— *Micro-conversation :* Qu'arrivera-t-il quand Loïc aura fait le tour du monde ?

— Faire la deuxième partie de l'exercice d'écoute (Mécanismes p. 38).

— Faire l'exercice 5 p. 38.

3. Futur simple / conditionnel présent. Faire comparer en utilisant un schéma.

Marc pense que Loïc partira.

Marc pensait que Loïc partirait.

— *Emploi du conditionnel présent :* quand le verbe principal est au passé, le conditionnel présent remplace le futur simple. Il exprime le futur du passé.

— *Formation :* mettre la formation du conditionnel présent en rapport avec son rôle. Conditionnel présent = radical du futur + terminaison de l'imparfait.

— *Exercice de transformation improvisé :* ex. : *Je pense qu'il viendra* → *je pensais qu'il viendrait.*

— Exercice 6 p. 38

• **Expression du doute et de la certitude.**

1. Faire relever et classer les verbes et expressions traduisant le doute et la certitude dans la conversation entre Loïc et Marc (p. 33).

On emploie l'indicatif après les verbes ou expressions exprimant la certitude. L'information est sûre. On emploie le subjonctif après les verbes ou expressions exprimant le doute. L'information est alors incertaine.

2. Exercice de transformation : mécanisme, première partie, p. 38. Utilisation de la cassette.

3. Faire les exercices 7, 8, 9, p. 39.

• **Vocabulaire de la mer** (p. 35). Animation lexicale. Utiliser le dessin au tableau, des images.
Faire les exercices 12, 13 p. 42 et 14, p. 43.

• **L'authentique et l'artifice** (p. 35). Animation lexicale à partir des situations suivantes : « le goût de la solitude de Loïc », « le trésor caché », « le maquillage ».
Faire l'exercice 10, p. 39.

ACTIVITÉS

MÉCANISMES

• Exercice de transformation : utilisation des verbes de certitude suivis de l'indicatif, des verbes exprimant le doute suivis du subjonctif.

• Exercice de transformation : utilisation du futur antérieur.

■ *EXERCICE 1. — Écoutez !*
• Elle se marierait bientôt ? Je n'en suis pas sûr.
—Je ne suis pas sûre qu'elle se marie bientôt.
■ *A vous !*
• Il partira bientôt. J'en suis convaincu.
—Je suis convaincue qu'il partira bientôt.
• Vous mèneriez à bien ce projet ! Ce n'est pas évident !
—Il n'est pas évident que vous meniez à bien ce projet.
• Il s'agit de vases grecs authentiques. Elle en est persuadée.
—Elle est persuadée qu'il s'agit de vases grecs authentiques.
• Elle a dissimulé sa véritable identité. C'est clair !
—Il est clair qu'elle a dissimulé sa véritable identité.
• Tu pourrais concevoir les plans de ton voilier tout seul ? Je n'en suis pas sûr.
—Je ne suis pas sûre que tu puisses concevoir les plans de ton voilier tout seul.

■ *EXERCICE 2. — Écoutez !*
• Nous dînerons, puis nous irons chez Loïc.
—Nous irons chez Loïc quand nous aurons dîné.
■ *A vous !*
• Je finis ma lettre, puis je sortirai.
—Je sortirai quand j'aurai fini ma lettre.
• Nous réparerons la voile, puis nous quitterons le port.
—Nous quitterons le port quand nous aurons réparé la voile.
• Vous hisserez les voiles, puis le bateau filera.
—Le bateau filera quand vous aurez hissez les voiles.
• Tu apercevras le lagon. Tu feras attention à la barrière de corail.
—Tu feras attention à la barrière de corail quand tu auras aperçu le lagon.
• La tempête se lèvera. Nous serons à l'abri au port.
—Nous serons à l'abri au port quand la tempête se sera levée.

EXERCICES

EX. 5, p. 38
a) Dans 30 ans, j'aurai passé le concours de l'ENA, je me serai inscrite à un grand parti politique, je serai devenue député, je me serai installée à Paris et j'aurai posé ma candidature à la présidence de la République.
b) Dans un milliard d'années les montagnes auront été rabotées par l'érosion...
c) Dans deux jours nous aurons attaqué la banque...

EX. 6, p. 38
« Nostradamus avait prévu que le roi de France Henri II *mourrait* dans un tournoi ... que les Anglais *exécuteraient* Charles Ier ... que la ville de Londres *serait détruite* ... qu'une révolution *éclaterait* ... qu'on *persécuterait* ... que le roi *serait exécuté* ... qu'au XXe siècle nous *connaîtrions* de terribles dictatures et que nous *vivrions* des guerres ...

EX. 7, p. 39
contribueront - attireront - déclencheront - puissent - fleurisse.

EX. 8, p. 39
Après l'exercice, faire proposer d'autres phrases aux étudiants. Leur proposer des phrases à l'infinitif (ex. : construire un autre aéroport à Paris → Ça m'étonnerait qu'on construise un autre aéroport à Paris).

EX. 9, p. 39
Exercice de transformation par nominalisation. Certains verbes exprimant la certitude et le doute peuvent se construire avec de + nom.
« Son élection a été triomphale - Je suis convaincu de son honnêteté et de son intelligence - Je ne suis pas sûr de sa capacité à comprendre ... Je doute aussi de sa compétence. Je ne suis pas certain de son maintien à ce poste. »

EX. 10, p. 39
— Ses racines authentiques, une existence artificielle, je me faisais des illusions, ces mots ne sont que des mirages.
— Elle dissimule la dureté, elle camoufle son ignorance, elle arrive à faire illusion, pour que le masque tombe.
— Il m'a fait croire que, je me suis laissée bernée, j'ai été trompée par, je suis trop naïve.

EX. 11, p. 42
Faire relire les extraits du journal (p. 33). Montrer le style rapide et haché du journal. Omission du sujet. Phrases nominales. Vérités d'expérience. Travail de groupes. Mise en commun.

EX. 12, p. 42
1. Travail de recherche à mener avec le dictionnaire. Travail par deux. Mise en commun collective au tableau.
2. Faire proposer des exemples pour illustrer la devise de Paris. Faire proposer d'autres devises. Les faire expliquer. Faire proposer à chacun sa devise personnelle. Faire justifier.

Exercice d'écoute à faire avec la cassette
EX. 13, p. 42
1. Travail préparatoire avant écoute. Faire rechercher par groupes les arguments probables de l'une et de l'autre.
2. Faire l'exercice en deux temps. Écoute globale. Puis écoute fractionnée.

Marie-Laure : Au fait, tu as réfléchi à ma proposition ?
Jacqueline : Eh bien, écoute, je me demande si je dois partir... Il faut reconnaître que c'est tentant. Mais,... j'hésite, c'est vrai...
M.L. : Bon ben, évidemment je te comprends. Mais je suis persuadée que tu risques de manquer une belle occasion de vacances !
J. : Peut-être bien, mais la mer, c'est quand même pas la terre ferme. Il me semble que...
M.L. : Non, écoute, tu verras, après quelques sorties en mer, tu changeras d'avis. Surtout quand tu connaîtras le reste de l'équipage ! Marc, Pierre et Xavier sont vraiment des gars très bien ! Tu les trouveras formidables, j'en suis sûre !
J. : J'en doute pas un instant. Mais... la mer, c'est pas mon élément. Tu sais, je crois que je suis pas faite pour les vagues, pour le vent... C'est dangereux !
M.L. : Tu veux rire ! Avec notre super voilier, ce sera une véritable partie de plaisir !
J. : Tu t'imagines toujours que tout est facile. Parfois la mer ne fait pas de cadeaux, tu sais !

M.L. : Mais non, Jacqueline, tu grossis le danger. En été, au large de la Corse, il n'y a jamais de tempêtes.
J. : Écoute, vraiment ça ne me dit trop rien. Au bout de quelques jours, on va s'ennuyer sur ce rafiot !
M.L. : Mais pas du tout ! On aura le soleil. On s'installera dans les criques inaccessibles. On fera de la plongée. De la pêche. Tu verras, tu regretteras rien.
J. : Eh oui, tout ça c'est bien beau. Ça fait rêver. Mais j'ai aussi mon scénario de film à terminer. Et ça, qui le fera ?
M.L. : Si ce n'est que ça ! Tu auras tout le temps pour toi. Personne ne te dérangera. Et toi qui adore le silence et la nature, tu seras comblée !
J. : Non vraiment, tu sais, je ne me sens pas le pied marin. Et puis pour parler franchement, je crois que j'en ai pas vraiment envie... Un séjour à la montagne me conviendra mieux...
M.L. : Alors, tu laisses tout tomber. Tes grandes idées d'aventure, tes rêves, tout ça, ça n'existe plus ! Je t'imaginais plus décidée. Moins farouche. Ah, vraiment, je ne m'attendais pas à ça ! Je ne te reconnais plus !

EX. 14, p. 43

Exercice à faire après le travail sur la Corse. Travail de groupes. Mise en commun après chaque activité.
a) Faire utiliser le vocabulaire de l'île (p. 35).
b) Procéder par ordre :   1. Établir la liste des tâches.   2. Les répartir.
c) Même remarque :   1. Établir la liste des événements.   2. Les organiser en une chronologie.

CIVILISATION

• *La Corse*. Travail de groupes. Mise en commun après chaque activité.

1. Lire les textes   a) « La Corse est une île ... terrorisme » p. 40.
                      b) « Informations pratiques » p. 41.
2. Remplir la grille suivante, puis présenter oralement la Corse sans regarder les notes.

situation géographique	histoire	situation politique actuelle	paysage	faune	flore	arbres

3. Faire lire le texte « **Le peuple corse** », p. 40. Répondre aux questions.
4. Composez une histoire en associant les trois illustrations des pages 40 et 41.
5. Quelles images choisiriez-vous pour présenter votre pays ?

LITTÉRATURE

• *« L'Homme et la mer »*

Éléments de comparaison (à expliquer et à développer)

— âme de l'homme : déroulement infini des vagues — esprit : souffle amer (évoque le mouvement continu de la pensée, mouvement agité, torturé, etc.) ;
— le bruit de la mer : plainte indomptable et sauvage du cœur ;
— homme et mer sont ténébreux, discrets, insondables, pleins de secrets et de richesses intimes, tous deux aiment le carnage et la mort.

Autres éléments de ressemblance. On pourra attribuer à la mer un caractère (calme, enjoué, colérique), une personnalité (timide, majestueuse). On pourra aussi y voir une image de certaines activités répétitives, des guerres et des catastrophes, etc.

• *Illustration :* Le promeneur. G.D. Friedrich, p. 43.

Faire imaginer les sentiments et les réflexions du promeneur face à la mer.

• G.D. Friedrich : *peintre allemand de l'époque romantique. Il a représenté l'homme solitaire face à la nature..*

LEÇON 4

❑ PREMIÈRE SÉQUENCE

OBJECTIFS

Vocabulaire	Grammaire
• Le régime politique (p. 47) • le parti politique (p. 47) • une colonie (p. 47) • la condition ouvrière (p. 47) • un syndicat (p. 47) • *la crise, la planification, le dirigisme, le libéralisme,* *l'indépendance, l'épisode, la querelle, les biens,* *la tombe, l'indemnité, la clémentine, le moral* • *légitime* • *subir, s'accroître, s'avérer, parvenir, regagner, défricher*	• L'antériorité (p. 46) : emploi des temps
	Communication
	• Raconter un événement historique (p. 49) • faire référence à soi, à quelqu'un (p. 47)
	Civilisation
	• Charles de Gaulle (pp. 44, 50 52) • la guerre d'Indochine (p. 44) • la guerre d'Algérie (pp. 44-45) • les rapatriés (p. 45)

DIALOGUES ET DOCUMENTS

• Découverte du texte « 1958 » (p. 44)

— *Chronologie des principaux événements de 1945 à 1962*

1945-58	:	— Fin de la Deuxième Guerre mondiale.
		— Reconstruction avec l'aide américaine.
		— Modernisation de l'agriculture et de l'industrie.
		— Volonté d'indépendance des peuples de l'empire colonial.
		— Guerre d'Indochine.
		— Guerre d'Algérie.
		— Crises gouvernementales.
1958	:	— Retour de De Gaulle au pouvoir.
		— Nouvelle Constitution - Renforcement du rôle du président.
1960	:	— Indépendance de la plupart des anciennes colonies (décolonisation).
1962	:	— Signature des accords d'Évian : indépendance de l'Algérie.
		— Un million de « Pieds noirs » regagnent la France.

— *Cause principale de l'arrivée de De Gaulle au pouvoir*

En 1958, la France est paralysée par les querelles internes. Elle se montre incapable de résoudre le problème algérien. Le conflit s'aggrave et la tension monte dans les milieux militaires et politiques. Une campagne se développe alors pour le retour du général au pouvoir afin qu'il mette fin à la crise.

— *Verbes exprimant l'antériorité*

Action principale	Action antérieure	
1958. L'Assemblée *donne* les pleins pouvoirs (*présent de narration :* - il fait revivre l'événement « en direct » - il est l'équivalent d'un verbe au passé)	- *avaient entrepris* - *s'étaient accrue* - *avaient dû faire face*	*Action durable :* plus-que-parfait
fit	- *après qu'il eut pris...*	*Action ponctuelle :* passé antérieur

(Voir dans la partie GRAMMAIRE ET VOCABULAIRE.)

• L'Assemblée nationale *est l'assemblée législative. Elle constitue, avec le Sénat, le Parlement français. Ses membres sont les députés. Ils sont élus pour cinq ans au suffrage universel.*
• La Résistance : *on désignait ainsi l'ensemble des mouvements qui ont lutté clandestinement en France contre l'occupation allemande pendant la dernière Guerre mondiale.*
• La guerre d'Indochine *(1946-1954). Elle fut menée par le Viet-minh (organisation politico-militaire vietnamienne) contre la présence française au Viet-Nam. Elle se termina par le désastre de Diên Biên Phu où l'armée française dut capituler et qui entraîna le retrait des troupes françaises.*
• La guerre d'Algérie *(1954-1962). Elle fut menée par le F.L.N. contre la présence française en Algérie. Elle se termina par les* accords d'Évian en 1962 *qui accordaient l'indépendance à l'Algérie. Une situation tendue entraîna l'exode vers la France de plus d'un million de Français d'Algérie* (Pieds noirs).

• Illustrations p. 44

1. Extrait de la « une » du Figaro : résultats du référendum

— Expliquer : *référendum.*
— Faire formuler des hypothèses sur les raisons de l'organisation du référendum.
— Faire commenter les résultats.

• En 1958, *les tensions s'aggravent en Algérie. Le gouvernement veut négocier avec le F.L.N. (Front de Libération Nationale). Les Européens d'Algérie inquiets se révoltent. Une partie de l'armée se rebelle. La France risque la guerre civile et la dictature militaire. Le président R. Coty fait appel au général de Gaulle pour résoudre la crise. Ce dernier devient président du Conseil et obtient les pleins pouvoirs de l'Assemblée nationale malgré l'opposition de la gauche. De Gaulle donne à la France une nouvelle constitution où le rôle du président de la République est renforcé. La constitution est approuvée par référendum le 28 septembre 1958.*

2. Faire l'exercice 6, p. 50 (« l'idée de la France » chez de Gaulle).

• Écoute de l'interview de M. Fernandez (p. 45)

— *Difficultés rencontrées par M. Fernandez lors de son installation en France*

- il avait perdu tous ses biens.
- il avait laissé sa jeunesse, la tombe de ses parents, sa vie passée : il était déraciné.
- il a dû attendre les indemnités (aide financière) pour se réinstaller.
- il a dû défricher sa nouvelle propriété.
- il a dû affronter l'hostilité de certains Français.

— *Raisons des réactions hostiles à l'égard des rapatriés d'Algérie*

De nombreux Français considéraient les « Pieds noirs » (Français installés en Algérie) comme des étrangers, des exploiteurs de peuples, des colonisateurs.

• Certains « Pieds noirs » *s'étaient appropriés des domaines considérables en Algérie. Mais la majorité (artisans, commerçants, cadres, professeurs, professions libérales, agriculteurs) faisaient modestement leur travail.*

— *Autres situations d'exode forcé*

• *Un exode* est l'émigration en masse d'un peuple.

• *L'Exode* est un épisode célèbre de l'histoire des Hébreux, contenu dans la Bible. Il raconte comment Moïse fit sortir les Hébreux d'Égypte pour les faire échapper à l'asservissement du pharaon (vers 1250 avant Jésus-Christ).

• *Histoire de France*
- En 1661, *Louis XIV révoque (supprime) l'édit de Nantes* qui accordait aux protestants le droit de pratiquer librement leur religion. Deux cent mille d'entre eux quittent la France pour aller s'installer en Allemagne, en Hollande ou en Angleterre.
- En 1871, après sa victoire sur la France, l'Allemagne annexe l'Alsace et la Lorraine. On assiste à *l'exode de nombreux Alsaciens-Lorrains* qui veulent rester fidèles à la France.
- En 1940 (Deuxième Guerre mondiale), l'armée allemande avance. Les populations françaises fuient vers le sud. On parle aussi de *l'évacuation.*

- Souvent l'exode est provoqué par une mauvaise situation économique. De nombreuses personnes quittent massivement les campagnes pour trouver du travail en ville (*exode rural*) ou leur pays pour un autre (*exode des Irlandais* pour les États-Unis au XIXe siècle).

— *Verbes marquant l'antériorité.*

Action principale	Action antérieure	
- je me *suis senti* complètement désorienté	- quand le bateau *a eu quitté* le port	*Action ponctuelle :* passé sur composé
- j'*ai pu* acheter cette propriété	- quand j'*ai eu reçu* les indemnités	
- le départ (événement de référence)	- j'*avais* tout *laissé*	*Action durable :* plus-que-parfait
- je *suis venu* en Corse	- parce que mon frère s'y *était installé*	

(Voir démarche dans la partie GRAMMAIRE ET VOCABULAIRE.)

GRAMMAIRE ET VOCABULAIRE

• **Vocabulaire politique** (*régime, parti, colonie, condition ouvrière, syndicat*, p. 47).

Ce vocabulaire sera introduit progressivement en fonction des situations.
Conversation dirigée à partir des thèmes suivants :
  - les institutions et la vie politique du pays des étudiants ;
  - la vie d'un ouvrier (voir ex. 3 p. 48) ;
  - la lutte syndicale (voir ex. 3 p. 48).

• **L'expression de l'antériorité : l'emploi des temps** (p. 47)

1. Faire relever et classer les verbes exprimant l'antériorité dans les deux textes de la première partie. Travail de groupes. Lors de la mise en commun, insister sur les oppositions suivantes :
  - verbe de l'action principale / verbe de l'action antérieure ;
  - action antérieure ponctuelle (ou achevée) / action antérieure durable.
2. Apprentissage systématique des formes du plus-que-parfait et du passé antérieur.
3. *Le passé surcomposé*
  - *Formation :* on le forme en conjuguant le *participé passé* du verbe avec la forme composée de l'auxiliaire *avoir*. Présenter la conjugaison.
  - *Emploi :* il marque l'antériorité par rapport à un passé composé.
4. Faire les exercices : mécanismes A, p. 48 en utilisant la cassette, 1, 2, 3 p. 48.

• **Faire référence à soi, à quelqu'un** (p. 47). Partir de l'exemple de l'interview (« Pour ma part, je n'ai pas trop à me plaindre »). Employer les autres expressions à partir de la situation suivante : une grève éclate et vous empêche de partir en vacances.

ACTIVITÉS

MÉCANISMES A

• Exercice de transformation : utilisation du plus-que-parfait pour marquer une action antérieure par rapport à un verbe au passé composé.

• Exercice de transformation : utilisation du plus-que-parfait + pronom complément

	■ *EXERCICE 1. — Écoutez !* • J'ai dîné, puis je suis allé au cinéma. — Quand je suis allée au cinéma, j'avais dîné. ■ *A vous !* • Michel est sorti, puis Annie est arrivée. — Quand Annie est arrivée, Michel était sorti.	■ *EXERCICE 2. — Écoutez !* • Tu lui avais indiqué le chemin ? — Oui, je le lui avais indiqué. ■ *A vous !* • Tu lui avais parlé du raccourci à travers la forêt ? — Oui, je lui en avais parlé.

- Le gouvernement a été très critiqué, puis il a démissionné.
— Quand il a démissionné, le gouvernement avait été très critiqué.
- Les ouvriers ont fait grève, puis ils ont négocié avec leur patron.
— Quand ils ont négocié avec leur patron, les ouvriers avaient fait grève.
- En 1973, le prix du pétrole a augmenté, puis une crise a éclaté.
— Quand la crise a éclaté en 1973, le prix du pétrole avait augmenté.
- La direction a licencié les ouvriers, puis le personnel a occupé l'usine.
— Quand le personnel a occupé l'usine, la direction avait licencié les ouvriers.

- Vous leur aviez offert les fleurs ?
— Oui, nous les leur avions offertes.
- On a envoyé la lettre à Viviane ?
— Oui, on la lui a envoyée.
- Le gouvernement a accordé des avantages aux entreprises ?
— Oui, il leur en a accordé.
- Elle lui a réservé une place de cinéma ?
— Oui, elle lui en a réservé une.

EXERCICES

EX. 1, p. 48
Exercice d'apprentissage : le plus-que-parfait à valeur d'antériorité. Faire varier les pronoms personnels de quelques formes verbales pour s'assurer de la maîtrise de la conjugaison.
« ... J'étais sortie avec Arlette ... Pourquoi tu ne me l'avais pas dit (ne me l'avais-tu pas dit) ? ... Elle avait décidé d'aller voir ... Tu étais sorti ... Non, il était allé à la télévision pour une interview ... C'est toi qui m'avait conseillée ... nous avions prévu d'y aller ensemble. »

EX. 2, p. 48
- Quand le Premier ministre eut formé le gouvernement, il fit une déclaration solennelle.
- Quand les lois sur le travail eurent été promulguées, des ouvriers se mirent en grève.
- Quand la grève se fut généralisée, le pays fut paralysé.
- Quand des révoltes eurent éclaté, le Premier ministre démissionna.
- Une fois que le Président eut démissionné, les ouvriers reprirent le travail.

EX. 3, p. 48
1. Expliquer le vocabulaire de la condition ouvrière et du syndicat (p. 47) avant de faire l'exercice.
2. Faire utiliser le plus-que-parfait exprimant l'antériorité par rapport au passé composé.

EX. 4, p. 49
Travail par deux.
1. Lecture des deux passages.
2. Chaque étudiant donne son avis sur ces deux événements et sur les tableaux qui les illustrent. Faire utiliser les marques du point de vue (pour ma part... pour sa part...). Mise en commun.
3. Faire raconter un événement historique devenu légendaire.

- David *(1798-1825). Peintre néoclassique français auteur de grandes fresques historiques. C'était le peintre de Napoléon 1er.*

EX. 5, p. 49
1. Faire décrire la scène du dessin humoristique : personnages, tenues, propos, chiffres.
2. Faire évoquer les événements survenus en Nouvelle-Calédonie. Rapprocher la situation calédonienne avec la situation en Algérie avant 1962.
3. Faire expliquer l'humour.

- La Nouvelle-Calédonie *est un territoire français d'outre-mer (16 750 km^2) situé dans l'océan Pacifique à environ 1 000 km au nord-est de l'Australie. C'est une île allongée et montagneuse. Les Mélanésiens (Canaques) qui sont originaires de l'île représentent environ la moitié de la population. Certains réclament l'indépendance. Les Européens et d'autres minorités préfèrent le rattachement à la France. De 1986 à 1989 ont éclaté des troubles graves. Et le gouvernement français a donné un statut particulier à la Nouvelle-Calédonie. Les Français ont été consultés par référendum sur les mesures prises en 1988. Mais ils sont restés indifférents dans leur majorité au problème calédonien puisque 53 % n'ont pas pris part au vote. En 1998, les Calédoniens devront se prononcer pour choisir leur avenir : avec ou sans la France.*
- Le dessin humoristique *de la p. 49 montre le Premier ministre, M. Rocard, en tenue de sergent, incapable de réveiller la France (Marianne : la jeune fille au bonnet phrygien) pour l'intéresser à la question calédonienne. Le président Mitterrand essaie, face au problème calédonien, de se comparer au général De Gaulle face au problème algérien en 1962. Certains reprochent à F. Mitterrand d'imiter De Gaulle après avoir été l'un de ses principaux adversaires.*

EX. 6, p. 50

Expliquer : *la Providence, une anomalie, le génie, susceptibles, compenser, le ferment, la dispersion.*
1. Faire rechercher les idées qui relèvent de la vision sentimentale et de la vision raisonnée.
2. Discussion sur la conception de la France de De Gaulle.

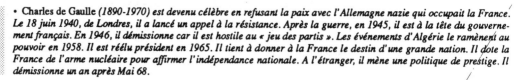

• Charles de Gaulle *(1890-1970) est devenu célèbre en refusant la paix avec l'Allemagne nazie qui occupait la France. Le 18 juin 1940, de Londres, il a lancé un appel à la résistance. Après la guerre, en 1945, il est à la tête du gouvernement français. En 1946, il démissionne car il est hostile au « jeu des partis ». Les événements d'Algérie le ramènent au pouvoir en 1958. Il est réélu président en 1965. Il tient à donner à la France le destin d'une grande nation. Il dote la France de l'arme nucléaire pour affirmer l'indépendance nationale. A l'étranger, il mène une politique de prestige. Il démissionne un an après Mai 68.*

Exercice d'écoute à faire avec la cassette

EX. 7, p. 50

1. Préparation : découverte du contexte historique. Faire lire la chronologie des événements historiques (de 1968 à 1981).
2. Écoute : faire compléter la grille page 50.

> *Un ancien ministre :* Croyez-moi, je m'en souviendrai de cette phrase du général de Gaulle quand il a dit qu'il démissionnait : « Je cesse d'exercer mes fonctions de Président de la République. » Ça m'a fait une drôle d'impression... Je me rappelle c'était en 1969, au mois d'avril. De Gaulle avait organisé un référendum pour la régionalisation et la transformation du Sénat. Et les Français avaient dit non. Alors, il a démissionné. C'était brusquement une partie de notre passé qui disparaissait. C'est qu'on s'y était habitué au Général... Enfin, moi, parce que je l'aimais bien.
>
> *Un ancien militant :* C'était en 1972. Le Parti socialiste, le Mouvement des Radicaux de gauche et le Parti communiste avaient signé le Programme commun de la gauche. A l'époque, on vendait le Programme commun, un petit livre orange, à la sortie de l'Université, devant les resto U. et sur les marchés. On discutait avec les gens. On essayait de les convaincre. Et les gens qu'on abordait réagissaient
>
> de façons très différentes. Certains montaient sur leurs grands chevaux. Ils n'admettaient pas ce qu'ils appelaient de la propagande ! D'autres accueillaient notre démarche avec bonne humeur. Un jour, je suis tombé sur un sympathisant qui m'a commandé 50 exemplaires du Programme commun ! Naïvement, je suis allé au lieu du rendez-vous avec ma cargaison. Évidemment, il n'y avait personne.
>
> *Une jeune femme :* C'était formidable ! Formidable ! Tout le monde chantait : « On a gagné ! On a gagné ! » Vous savez, c'est une sacrée date, ce 10 mai 1981. Y'avait plus de deux cent mille personnes qui se pressaient, se bousculaient place de la Bastille. Ça chantait. Ça dansait... Ça a duré une partie de la nuit. Malgré un orage très violent qui a éclaté... vers minuit comme pour saluer l'événement historique ! Oui, avec Mitterrand comme Président, tout allait enfin changer. Rien ne serait plus comme avant. On quittait l'ombre pour la lumière. On en était tous persuadé. On y croyait dur comme fer...

❑ DEUXIÈME SÉQUENCE

OBJECTIFS

Vocabulaire	Grammaire
• L'agitation politique (p. 47) • la colère, l'indignation (p. 47) • *le flic, la bagarre, le graffiti, la barricade, le boulot, la poubelle*	• Les constructions avec *avant* et *après* (p. 46) • l'expression de la simultanéité (p. 46)
Communication	*Civilisation*
• critiquer • exprimer son indignation	• Mai 68 (pp. 45, 54) • la Nouvelle-Calédonie (p. 49) • l'histoire depuis 1945 (p. 52) • les élections présidentielles de 1988 (p. 53)

DIALOGUES ET DOCUMENTS

• Illustration p. 45

— Utiliser l'illustration pour introduire le vocabulaire de l'agitation. (p. 45).

> • Mai 68. *La contestation est née dans le milieu étudiant et gauchiste. Elle a gagné par la suite le monde ouvrier et la fonction publique. Le pays a été paralysé par une dizaine de millions de grévistes. De Gaulle était sur le point de démissionner. Il s'est ressaisi. L'ensemble de l'opinion, inquiète, n'approuvait pas tous les aspects du mouvement. Et les élections législatives de juin 68 ont abouti à un renforcement du régime après la victoire écrasante des partis au pouvoir. Mais l'esprit de 68 marquera profondément les mœurs et la mentalité des Français.*

• Découverte du dialogue : « Dans une famille française ... » (p. 45)

1. **Travail préalable :** faire imaginer un dialogue entre un fils contestataire et un père conformiste et prudent.
2. **Introduire le vocabulaire :** *le flic, la bagarre, la barricade, le graffiti, le boulot, la poubelle.*
3. **Écoute du dialogue.**
4. **Réponses aux questions** (p. 51).
— Plan du quartier. Itinéraire de l'étudiant. Obstacles rencontrés.

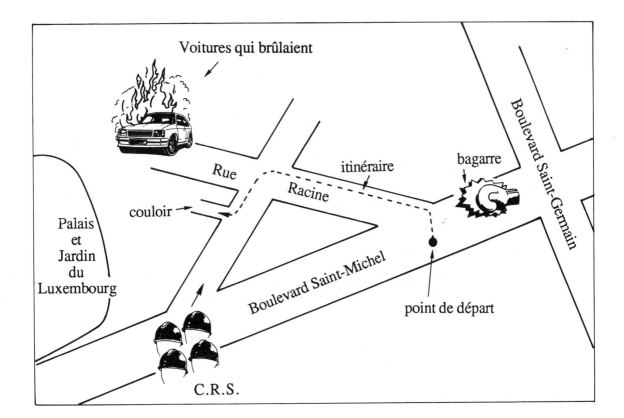

(Plan simplifié du quartier.)

> • C.R.S. *est un sigle qui désigne un membre d'une compagnie républicaine de sécurité. Les C.R.S. sont chargés d'assurer le maintien de l'ordre public. Pour les étudiants de 1968, le C.R.S. était le symbole de la répression. Il faut signaler que malgré une situation explosive (10 millions de grévistes, déchaînement des passions politiques), Mai 68 n'a fait qu'un mort !*

— *Deux conceptions différentes de l'action politique :*

le père	le fils
- il est modéré - il est sceptique - il n'aime pas le désordre (graffiti) - il désapprouve les actions politiques spontanées et non organisées - il avait des revendications raisonnables - il est réaliste.	- il est enthousiaste - il est révolutionnaire - il souhaite un changement radical (une société sans patrons, sans police) - il rêve d'une société idéale, de liberté et de solidarité - il exige une révolution sociale - il est idéaliste.

GRAMMAIRE ET VOCABULAIRE

• **L'agitation** (p. 47) : voir DIALOGUES et DOCUMENTS.

• **Critiquer :**
1. introduire le vocabulaire à partir des situations suivantes :
    — un jeune remet en question la société ;
    — le père désapprouve son fils.
2. Faire l'exercice 5, p. 49.

• **La simultanéité** (p. 46)
1. Faire relever dans le texte du dialogue (**Dans une famille française...**, p. 45) les tournures exprimant la simultanéité.
2. Introduire les autres moyens grammaticaux.
— « au fur et à mesure que » traduit l'idée d'une variation graduelle, ex. : Au fur et à mesure qu'on descend sous l'eau, la pression augmente.
— La construction « en + gérondif » exige un sujet unique pour les deux verbes de la phrase.
3. Introduire les moyens lexicaux.
4. Faire l'exercice 9, p. 51.

• **Les constructions avec *avant* et *après*** (p. 46)
1. Faire relever dans le texte du dialogue (**Dans une famille française...**, p. 45) les constructions avec *avant que*. Faire remarquer l'emploi du subjonctif après *avant que* et de *ne* sans valeur négative.
2. Commenter les exemples p. 46. Faire remarquer les similitudes et les différences de construction. *Après* est suivi de l'infinitif passé.
3. Faire l'exercice Mécanismes B, p. 51. Utiliser la cassette.
4. Utiliser les illustrations : exercice de réemploi des constructions avec *avant* et *après*.
    - Les rapatriés d'Algérie (p. 44). Faire imaginer la vie des rapatriés avant leur arrivée en France.
    - Mai 68 (p. 45). Faire imaginer l'itinéraire des étudiants après la révolte.
5. Faire l'exercice 10 p. 54.

• **La colère, l'indignation** (p. 47)
1. Animation lexicale à partir des situations suivantes :
a) la colère : la note du restaurant est exagérée. Le restaurateur refuse de reconnaître son erreur ;
b) l'exaspération : les réactions d'une personne stressée, énervée :
c) l'indignation : une personne est injustement accusée.
2. Faire l'exercice 8 p. 51.

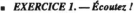

ACTIVITÉS

MÉCANISMES B

- Exercice de transformation : utilisation de *après* + infinitif passé.
- Exercice de transformation : utilisation de *avant que* + subjonctif + *ne* (sans valeur négative).

■ *EXERCICE 1. — Écoutez !*
- Elle a terminé son travail, puis elle s'est couchée.
— Elle s'est couchée après avoir terminé son travail.
■ *A vous !*
- Nous sommes allés au cinéma, puis nous avons dîné.
— Nous avons dîné après être allés au cinéma.
- L'opposition s'est unie, puis elle a gagné les élections.
— L'opposition a gagné les élections après s'être unie.
- Les agriculteurs ont défilé dans les rues, puis ils ont rencontré le ministre.
— Les agriculteurs ont rencontré le ministre après avoir défilé dans les rues.
- Le ministre a discuté les mesures avec les syndicats, puis il les a appliquées.
— Le ministre a appliqué les mesures après les avoir discutées avec les syndicats.
- Les voleurs ont été arrêtés, puis ils ont été condamnés à la prison.
— Les voleurs ont été condamnés à la prison après avoir été arrêtés.

■ *EXERCICE 2. — Écoutez !*
- Tu dois monter. Le train va partir.
— Monte avant qu'il ne parte !
■ *A vous !*
- Tu dois partir. Il va être trop tard.
— Pars avant qu'il ne soit trop tard !
- Vous devez appeler le médecin. Son état va s'aggraver.
— Appelez le médecin avant que son état ne s'aggrave.
- Nous devons le calmer. Il va se mettre en colère.
— Calmons-le avant qu'il ne se mette en colère !
- Vous devez leur donner des explications. Ils vont recommencer à râler.
— Donnez-leur des explications avant qu'ils ne recommencent à râler.
- Tu dois l'aider. Elle va s'énerver.
— Aide-la avant qu'elle ne s'énerve !

EXERCICES

EX. 8, p. 51
1. Construction collective de deux petits dialogues au tableau. Faire jouer les scènes.
2. Travail par deux. Chaque groupe choisit un exercice écrit. Mise en commun. Lecture des productions.

EX. 9, p. 51
Transformation de texte. Faire utiliser les conjonctions proposées.
Au moment où je rentrais chez moi, deux individus masqués m'ont attaquée. *Quand* ils ont constaté que je leur résistais, ils se sont énervés. *Comme* les gens m'ont entendu crier, ils ont ouvert leur fenêtre... *Lorsqu*'ils ont aperçu votre voiture, ils se sont enfuis.

EX. 10, p. 54
b) Les hommes ont découvert le feu après avoir commencé à parler.
c) Les Chinois inventèrent leur écriture après que les Sumériens eurent gravé leurs premiers signes.
d) C. Colomb découvrit l'Amérique à l'époque où Isabelle de Castille régnait en Espagne.
e) Amundsen découvrit le pôle Sud après que Peary eut atteint le pôle Nord.
f) On a cultivé la pomme de terre en Amérique avant de la cultiver en France.
g) La culture de la vigne s'est développée en Gaule à l'époque où les Romains l'occupaient.

Exercice d'écoute à faire avec la cassette
EX. 11, p. 54
1. Diviser l'interview en trois parties correspondant aux trois personnages (Gérard, Jacinthe et Françoise).
2. Procéder ainsi pour chacune des trois parties de l'interview :
a) écoute globale de l'extrait ;
b) écoute sélective correspondant aux directions de recherche proposées (itinéraire, raisons, opinion sur 68).

Le journaliste : Gérard, quel a été votre itinéraire depuis 1968 ?
Gérard : A l'époque je militais dans un mouvement libertaire. J'étais étudiant en sociologie. Depuis, j'ai passé un doctorat et j'ai réussi à obtenir un poste à l'Université. Je voyage beaucoup et j'écris. Vous savez l'écriture est un peu un refuge... Mon prochain livre est consacré aux utopies sociales.

Le j. : Et vous avez beaucoup changé depuis 68 ?
G. : Eh bien, il n'y a que les imbéciles qui ne changent pas. J'ai surtout gagné en maturité. Je suis moins simpliste. Par exemple, l'an dernier j'ai fini par acheter un appartement. Mais je vis très simplement. Je reste fidèle à l'esprit de 68.
Le j. : Et c'est quoi, l'esprit de 68 pour vous ?

G. : C'est une vie plus humaine. La joie de vivre au quotidien. Des relations sociales détendues. Faire preuve d'imagination et puis... le refus, oui c'est ça, c'est très important. Le refus de l'autoritarisme, de l'autorité non fondée, si vous voulez...

Le j. : Et vous Jacinthe ?

Jacinthe : Je pense être très loin de 68, maintenant. Pourtant, j'ai vécu cette période passionnément. Après 68, pendant six/sept ans, j'ai continué à m'occuper d'un journal féministe. Ça me prenait tout mon temps. Ça me plaisait. Et j'étais persuadée qu'on avait raison.

Le j. : Alors, vous ne voyez plus les choses de la même façon ?

J. : Non, c'est plus compliqué. Il y avait pas mal d'excès dans nos propos. Pourtant c'était souvent justifié. Mais le message est quand même plus ou moins passé. Regardez la France d'aujourd'hui, elle a beaucoup évolué.

Le j. : Et qu'est-ce qui vous a éloigné de 68 ?

J. : Je crois que ce sont, tout simplement les réalités de la vie. J'étais jeune. Je voulais changer le monde. C'était peut-être prétentieux. Mais c'était comme ça... C'est ma rencontre avec Paul qui a été décisive. Notre premier enfant m'a transformée. J'ai arrêté de travailler pour m'en occuper. Ça a été une grande découverte. Avant d'avoir un enfant, je vivais sans souci du lendemain. Maintenant, c'est plus pareil. Ce qui compte ce ne sont plus les grandes idées, ce sont les sentiments profonds que je vis...

Le j. : Et vous Françoise, vous n'avez rien dit encore !

Françoise : Eh bien, mon parcours a été simple, au fond. J'ai fait les Beaux-Arts. Et puis 68 a été une coupure. J'ai adhéré à un mouvement politique. Mais j'ai été très rapidement déçue... Alors, pendant une année entière, j'ai fait le tour du monde. Je faisais de la photo et des petits boulots pour survivre. C'était une période difficile. Des copains m'ont lâchée. Mais ça m'a ouvert les yeux. Et croyez-moi, j'ai perdu toute ma naïveté... Un jour, mon père est venu me voir et nous avons eu une discussion très sérieuse. Il avait changé. Moi aussi. Il m'a proposé de m'aider à créer une petite agence de voyages. J'y songeais depuis longtemps. Mais, je n'avais pas les moyens. Et aujourd'hui, la petite agence a grandi... Finalement, je m'en suis plutôt bien tirée.

Le j. : Et 68 dans tout ça ?

F. : C'était une belle erreur de jeunesse... Une erreur avec des airs de fête...

EX. 12, p. 54

1. Discussion de chaque proposition. Faire utiliser les outils linguistiques permettant de « faire référence ».
2. Faire dégager le plan commun aux diverses propositions de réformes :
   a) titre ou domaine ;
   b) énoncé général de la proposition ;
   c) explications.
3. Faire classer les premières phrases d'après leur construction :
   — phrase nominale : revalorisation des salaires, suppression de l'impôt, taxe sur les chiens, etc.
   — phrase infinitive : réduire le temps de travail, développer l'enseignement artistique, etc.
   — phrase verbale avec verbe au futur : l'aide au Tiers Monde sera fixée à 1 % du PNB.
4. Faire transformer les phrases nominales en phrases verbales :
   ex. : Revalorisation des salaires ⟶ les salaires seront revalorisés.
5. Faire rédiger cinq propositions de réformes jugées prioritaires. Utiliser la rubrique « Critiquer » p. 47. Travail d'équipes. Mise en commun : lecture des productions.

CIVILISATION

• *Chronologie de l'histoire de France depuis 1945*

1. Organisation d'un jeu-concours par équipes. Chaque équipe prépare deux questions écrites sur chaque période historique. Plier les questions et les rassembler. Tirer les questions au sort. Faire donner les réponses oralement et à livres fermés. Les gagnants seront ceux qui auront le plus de points.
2. Faire retracer les grandes phases de l'histoire du pays des étudiants depuis 1945. Faire comparer avec la France.

• *Trois candidats à la présidence de la République*

Travail d'équipes. Mise en commun après chaque activité.

1. Comparaison des stratégies des trois candidats (dates, lieux, mise en scène, déclarations, publics visés). Faire utiliser une grille..

	dates	lieux	mise en scène	déclarations	publics visés
J. Chirac					
R. Barre					
F. Mitterrand					

• Les élections présidentielles de 1988. *François Mitterrand avait entretenu un suspens savant avant d'annoncer officiellement sa candidature qui tiendra en un mot : « Oui ». La droite traditionnelle présentait deux candidats : J. Chirac et R. Barre. Elle apparaissait donc divisée aux yeux des électeurs.*

2. Comparaison des affiches (image - texte - couleurs). Même démarche.

	texte	image	couleurs
J. Chirac	- propose l'énergie, l'action, l'efficacité - disposition classique	- portrait classique, visage souriant - cherche l'approbation	- fond vert : évoque la nature, le monde rural, l'écologie
R. Barre	- propose ses qualités morales - disposition classique	- gros plan, visage sérieux - cherche l'approbation	- fond bleu, classique : évoque le ciel, la pureté, l'idéal
F. Mitterrand	- propose le rassemblement, l'union - disposition originale (créativité)	- pas de visage du candidat - un visage d'enfant (avenir, confiance) une main tendue → sécurité) - cherche à créer l'identification	- image et texte sont confondus (union, synthèse)

LITTÉRATURE

• *La Guerre de Troie n'aura pas lieu*, pièce de Jean Giraudoux (1935)

Giraudoux situe sa pièce dans le contexte historique du conflit entre les Grecs et les Troyens. Hector (chef troyen) revient de guerre victorieux mais apprend que son frère Pâris a enlevé la Grecque Hélène et que les Grecs ont pris les armes pour venir la réclamer.

1. Dialogue Andromaque / Hector

Analyser la fascination que les hommes éprouvent pour la guerre (sensation de liberté, d'invulnérabilité, tendresse envers le monde et envers les autres...)

La sensation du guerrier face à son adversaire (pitié, compassion, amour).

Montrer le côté absurde du geste d'agressivité envers l'ennemi « On l'aime ... Mais il insiste ... Alors on le tue ».

Discussion : ce qu'il y a de juste dans l'évocation de la guerre par Giraudoux.

2. Dialogue Ulysse / Hector

Recherchez les différentes causes de la guerre.

a) Les causes économiques (c'est l'analyse de l'ensemble des Grecs).

b) D'après Ulysse les causes sont plus subtiles. D'abord il introduit une nuance entre ennemis et adversaires (à expliquer).

La cause principale de la guerre semble alors résider dans une sorte de fatalité qui pousse inéluctablement les adversaires les uns contre les autres.

Commenter les réflexions de Giraudoux à partir des connaissances historiques des étudiants.

BILAN

■ 1. Le récit au passé

C'est en 1883 que Gauguin a abandonné sa famille et son travail pour se consacrer uniquement à la peinture. Alors, il a voyagé en Bretagne, à Panama et en Martinique avant de rencontrer Van Gogh. Gauguin était né en 1848 à Paris. Il avait passé cinq ans au Pérou, de 1850 à 1855, avant de revenir en France. Par la suite, après avoir abandonné ses études, il s'était engagé dans la marine pour quatre ans. Avant de participer à l'exposition des impressionnistes de 1880, il avait travaillé comme agent de change depuis 1871 et s'était marié. En 1888, il a séjourné à Arles avec Van Gogh. Mais les deux hommes se sont séparés au bout de trois mois. Vers 1890, il est parti pour Tahiti en quête de simplicité, de beauté et de pureté. Il y a peint des œuvres d'inspiration exotique avant de tomber malade. Il est alors revenu à Paris où le public n'a pas compris ses œuvres d'inspiration primitive. Autour de 1896, il est retourné à Tahiti où il a mené une vie solitaire. Il a d'ailleurs tenté de se suicider. En 1903, il est mort aux îles Marquises.

■ 2. L'expression de la durée : les questions.

• A partir de quand s'est-il intéressé à la peinture ?
• Il y avait combien de temps qu'il était dans la marine quand il a commencé à travailler comme agent de change ?
• Pendant combien de temps s'est-il consacré à la peinture ?
• Jusqu'à quand est-il resté dans les îles ?
• Pour combien de temps s'était-il engagé dans la marine ?

■ 3. Passé composé et imparfait

« Quand nous avons eu traversé le bois, la chaleur s'est faite accablante. Il était midi. Paul est allé remplir nos gourdes au puits d'une ferme. Une heure après, nous avons aperçu le village de Corconne, dans un vallon. A ce moment-là, un cavalier nous a dépassé au grand galop. Je l'ai vu arriver sur la place et parler aux habitants. Alors, il s'est passé une chose extraordinaire. Les gens sont rentrés chez eux et ont fermé leurs portes et leurs volets. En quelques minutes, le village a été désert. Le cavalier est revenu vers nous et s'est arrêté. Je lui ai demandé ce qui se passait. Il a répondu : "Quittez le plus vite possible cette région, étrangers ! Dix cas de peste ont été signalés ce matin dans la ville voisine." »

■ 4. Subjonctif ou indicatif

• je doute qu'il soit de bonne humeur
• je suis certain qu'il pleuvra
• avant qu'il (ne) fasse nuit
• nous souhaitons que vous veniez
• j'espère que tu seras bientôt guérie
• il faut que tu prennes de l'essence
• elle est allée en Italie
• j'ai envie que nous allions au restaurant.

■ 5. L'antériorité et la postériorité

• Au moment où l'orage a éclaté...
• ... l'autre prenait le relais.
• quand tu auras fini la vaisselle, ...
• ... avant que les invités (n')arrivent.
• Lorsqu'il avait déjeuné, ...
• Il y avait trois ans que nous n'avions pas vu Stéphanie, ...

■ 6. Vocabulaire - Synonymes

• s'entendre	=	s'accorder
• souder	=	réunir
• contraindre	=	forcer
• se dévouer à	=	se consacrer à
• se haïr	=	se détester
• fuir	=	s'échapper
• révoquer	=	renvoyer
• bouder	=	repousser
• prohiber	=	interdire
• appuyer	=	soutenir

■ 7. Caractères et comportements

1. espiègle — 2. agité — 3. accueillante — 4. râleur — 5. colérique — 6. froid — 7. outrée — 8. bienveillant.

■ 8. Dépêches d'agence

1. Un mouvement de grève a éclaté dans les transports publics. Les syndicats demandent une augmentation de salaire et de meilleures conditions de travail. Une délégation syndicale doit présenter les revendications au ministre des Transports.

2. Les étudiants contestataires ont dressé des barricades au Quartier latin. La police est intervenue en utilisant les gaz lacrymogènes. Mais la répression n'a pas calmé le soulèvement. Une importante manifestation de soutien est prévue pour demain.

3. Le gouvernement veut faire voter un ensemble de lois sociales pour aider les femmes au foyer. L'ensemble des partis politiques a décidé de soutenir cette réforme.

4. La grève est générale. Le pays est paralysé. L'opposition affirme que pour trouver une solution à cette crise, le Premier ministre doit démissionner.

5. AUTOMAX va licencier cent personnes. Mais le P.D.G. de l'entreprise a déclaré que le personnel licencié recevrait une importante prime de départ.

■ 9. L'obligation - L'interdiction

a) Les visites sont interdites en dehors des horaires prévus.

b) En cas de départ, les chambres doivent être libérées avant midi. Il est (formellement) interdit de préparer des repas dans les chambres.

c) Tu marcheras à droite, tu feras attention avant de traverser la route, tu ne joueras pas sur la route à cause des voitures.

d) Tu conduiras prudemment. Tu éviteras la vitesse. Tu te méfieras des gens qui doublent à gauche. Tu mettras ton clignotant avant de tourner. Tu klaxonneras avant de dépasser.

■ 10. Demander

a) Monsieur le Directeur, J'ai l'honneur de solliciter de votre bienveillance l'autorisation de m'absenter trois jours à compter du 18 juin 1990 et ce, à titre exceptionnel. En effet, je désirerais vivement assister au mariage de mon meilleur ami d'enfance. La cérémonie doit avoir lieu le 19 juin 1990 à Lyon. Je vous serais très reconnaissant de m'accorder ce congé. Je suis, bien sûr, prêt à réduire mes congés annuels d'une durée égale. En vous remerciant par avance de votre compréhension, je vous prie d'agréer, Monsieur le Directeur, l'expression de mes sentiments très dévoués. Y. Lebeau.

b) Mon cher Robert, Tu m'avais proposé, il y a deux mois, de me prêter ton studio de Paris. Et cet été, j'aimerais beaucoup visiter Paris au mois d'août. Est-ce que ton studio sera libre ? Pourrais-tu me répondre rapidement ? Je te remercie par avance. Cordialement. Bruno.

■ 11. Test culturel

1. Au XVIe siècle.
2. Le pape Clément V.
3. Charles de Gaulle, Georges Pompidou, Valéry Giscard d'Estaing, François Mitterrand.
4. Pris d'un malaise pendant une représentation du Malade imaginaire, il meurt quelques heures après.
5. La région de Bordeaux, la Bourgogne, la Champagne, l'Alsace.
6. 7 %.
7. A la suite de plusieurs crises ministérielles dues à l'incapacité des gouvernements à résoudre le problème algérien.
8. Le Petit Chaperon rouge.
9. Les policiers, les pompiers, les employés du téléphone, le personnel des impôts, les employés d'E.D.F.
10. La Corse, la Nouvelle-Calédonie, la Martinique.

LEÇON 1

❏ PREMIÈRE SÉQUENCE

OBJECTIFS

Vocabulaire	Grammaire
• L'amour, la jalousie, la haine (p. 63) • les relations conflictuelles (p. 63) • *la promotion, le clan, le détracteur, la calomnie,* *la médisance, l'incertitude* • *(coup) fourré, effondré* • *en avoir marre, soupçonner, épier, s'emporter, s'irriter* • *soi-disant*	• La répétition de l'action (p. 62)

Note: Le tableau ci-dessus est présenté en deux colonnes, la colonne de droite comportant plusieurs rubriques successives :

	Grammaire
	• La répétition de l'action (p. 62)
	Communication
	• Exprimer l'espoir, le souhait, le regret (p. 62)
	Civilisation
	• Montréal (p. 61) • Nancy (p. 61) • l'homme et la femme (p. 65)

DIALOGUES ET DOCUMENTS

• *Lecture des trois premières lettres (p. 60)*

1. Approche globale : faire repérer :

— les interlocutrices	:	Cécile et Valérie
— leur relation	:	ce sont des amies de longue date ; - elles se parlent en utilisant leur prénom ; - elles se tutoient ; - elles se confient leur vie sentimentale.
— le type de lettre	:	lettre personnelle ;
— la fonction des lettres	:	- informer ; - se confier (vie privée) ; - trouver un soutien affectif.

2. Introduire le vocabulaire nouveau : la promotion, le clan, le détracteur, la calomnie, la médisance, l'incertitude, (coup) fourré, effondré, en avoir marre, soupçonner, épier, s'emporter, s'irriter, soi-disant.

3. Réponses aux questions (p. 64)

— **Fiches descriptives des deux femmes.**

	Cécile	Valérie
état civil	elle - est mariée avec James - a des enfants - ne travaille pas (?) - habite Montréal - est française.	elle - est célibataire - travaille pour un journal - habite Nancy - est française.
déroulement de leur vie	- est allée vivre au Québec (a suivi son mari qui s'appelle James - prénom anglais) - (ou sa famille) avait des problèmes matériels	- est restée en France

caractère	elle - apprécie les gens chaleureux et l'humour - a des amis canadiens	elle - est sensible et fragile (information implicite)
comportement sentimental	- est jalouse de la secrétaire de son mari, possessive - espionne son mari - s'emporte facilement - fait des scènes de ménage - est passionnée	- est déçue et effondrée : Xavier a quitté Nancy en restant indifférent à son charme - peu lucide - s'est fait des illusions sur les sentiments de Xavier
comportement familial	- s'occupe de ses enfants	∅
comportement professionnel	∅	- ne supporte plus l'atmosphère du bureau (clan, détracteurs, coups fourrés, calomnies, médisances)

— **Expression de l'espoir, du souhait et du regret (dans les deux premières lettres)**

espoir	souhait	regret
- *j'espérais*	- *je souhaite que* + subj.	- *Dommage que* + subj. - *Je regrette que* + subj. - *Si seulement* + imparfait

• Nancy : *avec Metz, elle est l'une des deux grandes villes de la Lorraine. Elle compte plus de 100 000 habitants. C'est un centre administratif, économique et universitaire important. On peut y découvrir de nombreuses traces du passé : la porte de la Craffe (XIVᵉ siècle), la cathédrale (XVIIIᵉ siècle), la place Carrière, le palais du Gouverneur et l'harmonieuse place Stanislas qui est limitée par des grilles en fer forgé de Jean Lamour (XVIIIᵉ siècle). (Voir illustration p. 61.) Elle fut la capitale du duc de Lorraine.*
• Montréal : *ville du Canada, capitale économique de la province francophone du Québec. Elle est située sur le fleuve Saint-Laurent. Elle compte plus d'un million d'habitants. Son agglomération dépasse les trois millions. Elle occupe une position portuaire, économique et culturelle de premier plan au Québec et au Canada. Elle est la deuxième ville francophone du monde.*
• Les Laurentides : *vaste parc national situé au nord des villes de Québec et de Montréal. Il comporte de nombreuses résidences, des hôtels et des équipements touristiques.*
• L'été indien, *au Canada, est une période de beaux jours tardifs qui se situent à la fin de l'été ou au début de l'automne (septembre-octobre).*

• ***Illustrations (p. 61).*** Voir propositions dans la partie GRAMMAIRE ET VOCABULAIRE..

GRAMMAIRE ET VOCABULAIRE

— **Exprimer l'espoir, le souhait, le regret (p. 62)**

Animation grammaticale : introduire les structures à partir des situations suivantes :
- faire beau / faire mauvais ;
- l'éventuel voyage de Valérie au Québec.
- Valérie a rencontré l'homme de sa vie. Cécile lui dit ses espoirs, ses souhaits.
Insister sur l'emploi du subjonctif après les verbes introducteurs, sauf *espérer* toujours suivi de l'indicatif.

• *Illustrations p. 61*

a) *La place Stanislas*
C'est l'été, à Nancy. Valérie est à une terrasse de café. Elle est en congé. Elle écrit à Cécile (joie, espoir).
b) *Vue générale de Montréal*
Cécile habite la maison au premier plan. C'est l'hiver. Elle écrit à Valérie (regrets, espoir, souhaits).
Faire rédiger le premier paragraphe de l'une des deux lettres ; travail par deux. Lecture des productions.

3. Faire les exercices : mécanismes A, deuxième partie, 1, 2, p. 64.

• **L'amour, la séduction, la jalousie (p. 63)**

1. Conversation dirigée à partir de la situation sentimentale des personnages (Valérie, Cécile, James, Sandra).

2. Faire raconter la naissance de l'amour, une scène de séduction. Établir la liste des différents types d'amour. Utiliser des personnages connus des élèves (par la télévision, le cinéma, les contes ou la littérature, ou des personnages imaginaires).

3. Faire chercher le vocabulaire de la jalousie dans la troisième lettre. Le compléter.

4. Faire l'exercice 5, p. 66.

• L'indifférence et la haine. Les relations conflictuelles. La séparation (p. 63)

1. Faire relever dans la deuxième et la troisième lettre les mots en rapport avec l'idée de conflit.

2. Conversation dirigée : le couple déchiré, la fin de l'amour. Faire raconter et enrichir le vocabulaire des élèves.

3. Faire les exercices 3 et 4, p. 65.

• La répétition de l'action (p. 62)

1. Faire chercher dans la troisième lettre les mots, expressions ou verbes en rapport avec l'idée de répétition.

2. Conversation dirigée : les loisirs des élèves. Introduire les autres mots servant à exprimer la répétition.

3. Faire l'exercice : mécanisme A, première partie, p. 64.

4. Exercice écrit de réemploi : faire composer le portrait en action du bavard qui parle toujours, du passionné d'automobiles qui ne parle que de ...

ACTIVITÉS

MÉCANISMES A

• Exercice de transformation : utilisation de *si* en réponse à une phrase négative, du pronom *y* et de *toujours*.

• Exercice de transformation : utilisation des verbes exprimant le souhait ou le regret suivis du subjonctif, du verbe *espérer* suivi de l'indicatif.

■ *EXERCICE 1. — Écoutez !*
• Valérie ne travaille plus au journal *L'Espoir*, n'est-ce pas ?
— Si, elle y travaille toujours.
■ *A vous !*
• Cécile n'habite plus à Montréal, n'est-ce pas ?
— Si, elle y habite toujours.
• On ne circule plus dans cette rue, n'est-ce pas ?
— Si, on y circule toujours.
• Vous ne séjournez plus à l'hôtel, n'est-ce pas ?
— Si, nous y séjournons toujours.
• Tu ne te rends plus au club le lundi, n'est-ce pas ?
— Si, je m'y rends toujours.
• Elles ne vont plus en vacances sur la Côte d'Azur, n'est-ce pas ?
— Si, elles y vont toujours.

■ *EXERCICE 2. — Écoutez !*
• Vous partez déjà ? Je le regrette.
— Je regrette que vous partiez déjà.
■ *A vous !*
• Vous reviendrez nous voir, j'espère !
— J'espère que vous reviendrez nous voir.
• Votre séjour sera agréable. Je vous le souhaite !
— Je souhaite que votre séjour soit agréable.
• Ils ne se disputeront plus. Nous l'espérons.
— Nous espérons qu'ils ne se disputeront plus.
• Elle veut divorcer. Il le regrette.
— Il regrette qu'elle veuille divorcer.
• Adèle s'entendra avec son mari. Martine et Jean le souhaitent.
— Martine et Jean souhaitent qu'Adèle s'entende avec son mari.

EXERCICES

EX. 1, p. 64

Travail par deux. Vérifier la maîtrise du subjonctif. Faire remarquer que *espérer* est toujours suivi de l'indicatif. Le verbe *croire* (verbe d'opinion) à la forme affirmative est suivi de l'indicatif.

Expliquer : *l'entremetteuse, la confidence, l'accoutrement, le tailleur, le chemisier, rapiécé.*

« Dommage qu'il ait mis un costume ... Tu crois qu'elle viendra ? ... Je lui ai dit que je souhaitais qu'elle arrive vers 9 h. ... Espérons qu'ils se plairont ... Il faut souhaiter qu'ils n'abordent pas la politique ... Pourvu qu'elle ne lui dise pas ... Je regrette qu'elle soit ... si seulement elle avait mis un tailleur ... »

EX. 2, p. 64

Travail par deux. Mise en commun après chaque activité.

La lettre de Loïc : recherche d'idées collectives préalable à la rédaction.

EX. 3, p. 65

1. Travail par deux. Faire décrire et comparer les trois illustrations (comportements, rôles des hommes et des femmes, relations). Mise en commun.
2. Discussion collective :
a) Les rapports entre hommes et femmes ont-ils changé ?
b) La publicité et la télévision donnent-ils une image authentique de ces relations ?
3. Faire imaginer une histoire correspondant à chaque illustration. Faire parler les personnages.

- Le couple traditionnel *où homme et femme avaient un rôle bien distinct cède la place au couple moderne. La femme était la mère de famille. Elle s'occupait des enfants, du ménage et de la cuisine. L'homme était le chef de famille. Il allait travailler et détenait l'autorité.*
- Le couple moderne. *De plus en plus l'homme et la femme souhaitent s'épanouir à deux en famille et à l'extérieur. Les tâches ménagères sont de plus en plus partagées car la femme travaille aussi. Les rapports d'autorité et de soumission tendent à être remplacés par une relation de compréhension mutuelle. Cette évolution peut s'expliquer par le rôle économique de la femme, par la scolarisation des filles, par les pressions du mouvement féministe dans les années 70-80, par les images diffusées par les médias (publicité, télévision, cinéma).*
- Le Sauvage de J.-P. Rappeneau : *film comique (1975) qui raconte l'histoire d'un misanthrope qui voit tomber dans ses bras une ravissante écervelée.*
- Trois hommes et un couffin *de Coline Serreau (1985) : film comique qui a connu un très grand succès. Il raconte l'histoire de trois célibataires endurcis qui découvrent un jour devant leur porte un couffin contenant un enfant abandonné. Ils deviennent de véritables papas-poules. Mais un jour la mère revient chercher son enfant...*

EX. 4, p. 65

Travail de groupes. Mise en commun après chaque activité.
1. Faire étudier chaque catégorie et faire trouver des exemples pour les illustrer parmi les personnes ou personnages que les élèves connaissent (acteurs, sportifs, hommes politiques, personnages de roman, de théâtre, de cinéma).
2. Faire imaginer une classification des femmes en huit catégories. Mener préalablement une recherche collective au tableau. Puis faire décrire chaque type.
3. Faire établir des correspondances entre la classification et les étudiantes de la classe.
Exemple de classification.
- *La vedette :* elle est sportive et dynamique. C'est une gagneuse. Elle bat les hommes sur leur propre terrain. Elle est souriante mais habile. Elle sait utiliser la douceur et le charme pour convaincre. Elle est P.-D.G. ou ministre.
- *L'inspiratrice :* elle est belle et distante. Elle a un côté mystérieux et secret. Elle fait rêver les artistes et les poètes. Elle suscite toujours un amour platonique. C'est un être lointain qu'on n'atteint jamais.
- *La gaffeuse :* elle est sympathique, spontanée et généreuse. Elle est distraite et étourdie. Elle oublie le lait sur le feu. Elle se trompe toujours. Elle oublie tout. Elle rit quand il ne faut pas. Elle parle trop. Et elle dit toujours ce qu'il ne fallait pas dire.
- *Blanche-Neige :* elle est gracieuse et sentimentale. Elle est tendrement naïve. Elle est parfois princesse, parfois secrétaire. Elle rêve beaucoup. Elle attend le prince charmant.
- *La femme fatale :* elle est d'une irrésistible beauté. Elle est danseuse-étoile ou star de la chanson. Elle adore la mode, les bijoux et les parfums. Elle aime séduire. Ceux qui s'éprennent d'elle seront perdus. Elle est insaisissable.
- *La mère poule :* elle est maternelle et souriante. Elle aime sa maison. Elle s'occupe du ménage. Elle aime faire la cuisine. Elle ne parle que de ses enfants qu'elle adore. C'est une femme fidèle. Elle rend beaucoup d'hommes heureux.
- *La femme savante :* elle est très cultivée. Elle a lu tous les livres. Elle a vu tous les spectacles. Elle suit tout. Elle parle peu d'elle-même. Elle est très réservée. Elle a de la classe.
- *L'amazone :* c'est un garçon manqué. Elle sait diriger un groupe. Elle milite pour les grandes causes. Elle tient à son indépendance. Elle vit loin de sa famille, souvent en solitaire. Elle est d'une grande beauté.

EX. 5, p. 66

Expliquer d'abord : *cogner, griffer.*
1. Travail individuel : chaque élève fait le questionnaire (p. 66). Le voisin commente les résultats.
2. Travail de groupes : faire imaginer les questions d'un sondage (voir p. 66).

- Othello : *personnage célèbre d'une pièce de Shakespeare intitulée* Othello *ou le Maure de Venise. Othello aime passionnément sa femme Desdémone. Mais par une jalousie injustifiée, il finira par la tuer.*

EX. 6, p. 66

Cet exercice sera fait dans la deuxième partie.

Exercice d'écoute à faire avec la cassette

EX. 7, p. 67

Il est conseillé de faire cet exercice après les exercices 3, 4 et 5.

1. Écoute globale de la conversation : faire relever l'ordre d'apparition des personnes dont il est question.
2. Écoute fractionnée : travail collectif. Faire relever dans une grille tracée au tableau les traits de comportement de ces personnes.
3. Classer les hommes dans l'une des catégories de la classification proposée p. 65. Même travail pour les femmes avec la classification réalisée par les élèves.

Valérie (voix féminine) : Oh, quelle soirée ! Je m'en souviendrai ! Ça faisait longtemps que j'avais pas rencontré des gens aussi différents...

Jean-Louis : Oui, c'était à la fois le Carnaval de Rio et le Zoo de Vincennes ! Et ces femmes, quelle basse-cour ! ...

V. : Et tu as vu le manège de Karine Vernon ! Ah, celle-là ! I'faut toujours qu'elle ait sa petite cour de mecs autour d'elle ! Je ne supporte pas sa façon de se passer la main dans les cheveux...

J.-L. : On dirait qu' tu ne peux pas la sentir... Moi, j'la trouve pas mal. Elle a de la personnalité. Elle est mignonne. Et... elle manque pas de charme...

V. : Oui ben, mon vieux, oublie ça, j'crois bien qu'elle a un petit faible pour Patrick Dubois. C'est un curieux garçon. Il ne parle pas beaucoup. Mais alors quelle allure sportive ! Et c'est fou ce qu'il peut être élégant ! Il paraît, d'ailleurs, qu'il a un succès dingue auprès des filles. Et en plus, il jouerait pas mal au tennis. Tu devrais lui proposer une partie...

J.-L. : Oh, tu sais avec la tête qu'il a, j'ai pas trop envie de le fréquenter. Des yeux bleus, un regard vide. Il me fait penser à... tiens, à un kangourou... C'est comme cette espèce de romantique attardé ! Comment s'appelle-t-il encore ? Ah oui, Norbert Delubac... On dirait qu'il sort tout droit du XIXe siècle ! C'est l'esthète raffiné ! Ah il est original dans son genre ! Mais... il a quelque chose qui me déplaît.

V. : Ah non, pas à moi, en tout cas ! Je lui trouve un petit côté inquiétant. Mais j'aime assez son côté un peu aristocratique. C'est le beau ténébreux !

J.-L. : Oh, ça oui, ténébreux ! Il est sinistre comme un croque-mort. Je le verrais bien jouer les seconds rôles dans un mauvais film d'épouvante !

V. : Ah, mais lorsqu'il se sent en confiance, il manque pas d'humour. Ni d'ironie. Si tu avais

entendu comme il a mis en boîte l'amie de Karine, tu vois qui je veux dire ? Myriam Berthelot. Cette grosse mère poule qui n'arrête pas de caqueter. Quelle bavarde ! Elle ne parle que de ses trois mômes ! Plus personne ne la supporte ! Même Hélène Roche lui a fait remarquer qu'elle ennuyait tout le monde avec ses propos de couveuse.

J.-L. : Elle me surprend ! Je la connaissais pas sous cet angle-là, la petite Hélène... D'habitude, elle garde ses grands airs supérieurs. Sans rien dire. Elle observe les gens, avec un sourire indulgent. Ça m'étonne vraiment d'elle, cette remarque.

V. : Oh, mais tu connais encore mal les femmes, mon pauvre ! Si tu savais !... Tiens, la petite Hélène, comme tu dis, eh bien, figure-toi, qu'il y a quelques années, c'était le vrai garçon manqué. Elle faisait de la moto. De l'alpinisme. Mais depuis son divorce, elle a beaucoup changé ! Elle a perdu de son assurance...

J.-L. : Ah bon, elle était mariée ?

V. : Eh oui. Tu vois, tu en as des choses à apprendre encore... Et tu sais pourquoi son mari l'a plaquée ? Elle était jalouse, jalouse comme une tigresse... Le pauvre mari, il lui fallait un visa pour sortir de chez lui. Même pour aller acheter un paquet de cigarettes !

J.-L. : Les gens sont vraiment surprenants !... Hum, et... et... ce grand blond avec lequel tu as discuté une partie de la soirée, c'était qui ?

V. : Mais c'est Doudou, tu sais bien Didier Faure. Je t'en ai déjà parlé... C'est un ami d'enfance. I'faudra que je te le présente. Je suis sûre que tu l'apprécieras. Il revient des États-Unis où il a passé trois ans. C'est le jeune loup dynamique et ambitieux. Tiens, demain, il passe à la télé dans « Réussir ».

J.-L. : Ah, je vois, on jouait les petits chaperons rouges avec les jeunes loups...

❏ DEUXIÈME SÉQUENCE

▒ *OBJECTIFS*

Vocabulaire	*Grammaire*
• Le sommeil et le rêve (p. 63)	• Le déroulement de l'action (p. 62)
• *le sursaut, l'infini, la panique, la sueur*	*Communication*
• *vanter, concurrencer, déblayer, errer, s'enchevêtrer*	• Expression de la satisfaction (p. 63)

Civilisation

• Montréal (pp. 61-67), le Québec (pp. 66, 67, 68), le français québécois (p. 68)

• la francophonie, les pays francophones (pp. 68-69)
• Molière (p. 71)

▒ *DIALOGUES ET DOCUMENTS*

• *Lecture des deux dernières lettres (p. 61)*

1. Expliquer : le sursaut, l'infini, la panique, la sueur, vanter, concurrencer, déblayer, errer, s'enchevêtrer.

2. Réponses aux questions, p. 70

— **Problèmes rencontrés par Valérie dans son nouvel emploi.**

Elle occupe le poste de directeur du personnel.

Elle se heurte aux préjugés sexistes de ses collègues. Ils considèrent que les femmes sont inférieures aux hommes sur le plan pro-fessionnel. Peut-être se jugent-ils plus compétents ? Peut-être se moquent-ils d'elle (petits sourires en coin) ? Les cadres supérieurs acceptent mal d'être concurrencés par une femme. On ne lui facilite pas le travail. Pas de cadeaux (pas d'aide, de conseils ou de soutien). On attend sa première faute professionnelle.

— **Le rêve de Cécile. Essai d'interprétation.**

Principaux éléments	Interprétation
- le labyrinthe (ou succession de couloirs à l'infini)	- traduit le sentiment d'être perdu, de ne pouvoir s'orienter - incapacité à trouver une solution à un problème important - incapacité à être soi-même ; éloignement de sa personnalité authentique.
- la recherche de la sortie	- la recherche de la solution - la recherche de la vérité - la découverte de son moi profond (vérité personnelle)
- le calme, la méthode	- attitude superficielle de maîtrise de soi
- la panique	- traduit un désarroi profond - une peur irraisonnée et insurmontable
- la course qui allait durer éternellement	- réaction de fuite sans espoir de solution
- la porte ouverte	- représente une solution possible, une découverte, un secret dévoilé, un mystère éclairci.
- la lumière aveuglante	- une vérité insupportable (?) inavouable - James ne l'aime plus (?) - Elle aime un autre homme (?) - Elle ne sait pas quelle attitude adopter.

— Les rêves d'une personne révèlent des désirs cachés, des conflits latents.

— Fiche descriptive de Cécile et Valérie :

	Valérie
situation professionnelle	- Elle a changé de travail. Elle est employée par Pradier-France et occupe le poste de directeur du personnel.
comportement professionnel	- On vante son dynamisme, son allure éclatante. - Elle se donne des airs de femme moderne.
relations professionnelles	- Elle ne supporte pas les petits sourires en coin de ses collègues : elle est susceptible. - Elle ne supporte pas le nouveau « panier de crabes » où elle est tombée (situation de concurrence acharnée).
personnalité	- Elle cultive les apparences (se donne des airs). - Elle manque de confiance en elle. - Sera-t-elle capable de s'imposer ? Sera-t-elle capable de supporter les inévitables conflits liés à son poste, de les éviter, de les prévenir ?

	Cécile
équilibre personnel	- Elle a un sommeil agité, révélateur de tensions. - Elle a fait un mauvais rêve.
personnalité	- L'interprétation du rêve révèle une personnalité inquiète, angoissée, irrésolue, indécise dans la vie. Mais on distingue aussi le désir de parvenir à une solution.

GRAMMAIRE ET VOCABULAIRE

• **Expression de la satisfaction**

1. Faire rechercher les expressions en rapport avec l'idée de satisfaction dans la deuxième et la quatrième lettre.
2. Animation grammaticale à partir des situations suivantes :
a) Après sa déception, Valérie découvre que ses collègues l'apprécient. Elle est contente.
b) Cécile et James devaient partir en voyage au Mexique. Pour raisons professionnelles, James a dû annuler le voyage. Cécile n'est pas contente.
Les exemples sont écrits au tableau dans une partie « satisfaction » ou dans une partie « insatisfaction ».
Exercice de réemploi. Faire imaginer la conversation téléphonique entre les deux amies.

• **Le développement de l'action** (p. 62)

1. Faire relever dans la dernière lettre les mots ou expressions en rapport avec l'idée de début, de fin, de progression ou de durée de l'action. Les faire classer dans un tableau.

début	**progression/durée**	**fin de l'action**
je viens de au début je me suis mise à	incessant sont en train de une succession de à l'infini petit à petit durer éternellement	la fin de enfin finalement

2. Compléter la présentation en en traduisant les autres moyens à partir des situations suivantes :
   - début/fin : la succession des travaux d'une secrétaire.
   - progression/durée : les prévisions météorologiques.
3. Faire les exercices : Mécanismes B, p. 70 et 6 pp. 66-67.
4. Verbes de sens progressif (p. 62)
a) Expliquer la formation de ces verbes en -*ir*. Partir de l'adjectif qualificatif correspondant.
b) Faire l'exercice 8, p. 70.

• **Le sommeil, le rêve** (p. 63)

1. Faire relever le vocabulaire du rêve et du sommeil dans la dernière lettre.

2. Compléter l'introduction du vocabulaire par une animation lexicale à partir des situations suivantes :
- James est très fatigué. Il s'est endormi à son bureau. Sandra arrive.
- Cécile est jalouse. Elle ne dort plus la nuit.
- le rêve et les désirs.
- le rêve et l'utopie : *l'abbaye de Thélème* (voir p. 30).

3. Faire les exercices 9 et 10 p. 70.

ACTIVITÉS

MÉCANISMES B

- Exercice de transformation : utilisation de *ne ... guère* traduisant l'idée de *ne ... pas beaucoup*.

- Exercice de transformation : utilisation du passé composé + *en* + négation

■ **EXERCICE 1. — *Écoutez !***
- Est-ce que Paul travaille toujours autant ?
— Non, il n'a guère travaillé depuis quelques temps.

■ ***A vous !***
- Est-ce qu'il voit toujours autant Mireille ?
— Non, il ne l'a guère vue depuis quelque temps.
- Est-ce qu'il s'emporte toujours autant ?
— Non, il ne s'est guère emporté depuis quelque temps.
- Est-ce que le frère et la sœur se querellent toujours autant ?
— Non, ils ne se sont guère querellés depuis quelque temps.
- Est-ce que vos voisins se chamaillent toujours autant ?
— Non, ils ne se sont guère chamaillés depuis quelque temps.
- Est-ce qu'il y a toujours autant de désaccord entre eux ?
— Non, il n'y a guère eu de désaccord entre eux depuis quelque temps.

■ **EXERCICE 2. — *Écoutez !***
- Est-ce que Carmen a déjà mangé de la choucroute ?
— Non, elle n'en a jamais mangé.

■ ***A vous !***
- Est-ce que Pablo a déjà visité Paris ?
— Non, il ne l'a jamais visité.
- Est-ce que tu as déjà fait de la planche à voile ?
— Non, je n'en ai jamais fait.
- Est-ce que vous avez déjà conduit sa nouvelle voiture ?
— Non, je ne l'ai jamais conduite.
- Est-ce que vous avez déjà bu du jus de goyave ?
— Non, nous n'en avons jamais bu.
- Est-ce que tu as déjà mis ces chaussures ?
— Non, je ne les ai jamais mises.

EXERCICES

EX. 6, p. 66

1. Lecture du programme. Commentaire du professeur et conversation dirigée.
2. Travail de groupes. Des organisateurs présentent le voyage à des participants. Chaque groupe d'élèves présente une moitié du voyage. Faire utiliser les expressions marquant le début, la fin, la progression, la continuité (voir p. 62).
3. Discussion : quelles photos choisissez-vous pour illustrer ce document publicitaire ? Faire justifier le choix.
4. Faire rédiger un programme de voyage de quatre jours concernant une ville, une région ou un pays connu des élèves.

EX. 8, p. 70

a) - Les feuilles ont jauni.   - Il a grandi.
   - Le vent faiblit.   - Agnès a grossi.
   - Il a maigri de 3 kg.   - Le dossier s'est épaissi depuis un mois.
b) Faire remarquer l'utilisation des
   - suffixes : -er / -ir
   - préfixes : a- / em-, en-, é- / re-, ré-.

c) Faire composer un poème : « Le monde à l'envers » :
« Les riches s'appauvrissent.
Les pauvres s'enrichissent.
Les noirs blanchissent.
Les blancs noircissent.
Les petits s'allongent ... »

EX. 9, p. 70
1. Lecture.
2. Travail par deux : faire la liste des différentes explications du rêve. Mise en commun.
3. Discussion. Les hommes ne peuvent plus rêver. Que se passe-t-il ?

Exercice d'écoute à faire avec la cassette

EX. 10, p. 70
1. Écoute globale. Faire identifier les types de rêve :
1) rêve d'abandon — 2) rêve d'infériorité — 3) rêve de transformation intérieure — 4) rêve d'angoisse.
2. Écoute détaillée de chaque rêve. Faire justifier les explications. Faire imaginer la personnalité du rêveur.
3. Raconter un de vos rêves et essayer de l'interpréter.

Voix féminine : J'allais rendre visite à ma mère dans son village. Je passais dans les rues. Mais les gens fermaient les portes et les fenêtres. Ils étaient indifférents. Une marchande de fleurs a refusé de me vendre ses roses. Alors, ma mère s'est envolée à bord d'une montgolfière. Et elle a disparu à l'horizon... Dans la maison, le téléphone a sonné et sonné. Mais personne n'a répondu. Personne. Les gens détournaient le regard. Je me sentais très seule. J'éprouvais une grande douleur. Alors j'ai appelé, j'ai crié. Mais mes cris sont restés sourds. Et personne ne m'a entendue. Personne ne m'a regardée...
Voix masculine : Ça se passait dans la grande salle d'un restaurant... dans une sorte de château... J'étais valet, quelque chose comme ça... je faisais le service dans le restaurant. Et la foule des clients se moquait de moi. J'ai même renversé le café sur une très jolie femme... Et... je me sentais très coupable. Tout honteux. Sur les murs étaient suspendus des tableaux de maîtres. Il y avait même le portrait du roi. Il bougeait les yeux. Il me fixait très sévèrement. Je ne savais plus quoi faire...
Voix féminine : J'étais sur un bateau qui faisait naufrage. Il y avait aussi mon directeur, ma concierge et un chien-loup. Les gens me poussaient mais je me battais pour monter sur le canot de sauvetage. La tempête s'était levée et le vent a soufflé. Mais curieusement, je sentais une grande force en moi. Une grande confiance. J'avais l'impression que la mer et le vent m'obéissaient. Puis le canot a été retourné par les vagues. Mes ennemis s'étaient noyés. Et moi, je nageais vers une île. Je ressentais un immense bonheur d'avoir surmonté cette difficulté ! J'étais très fière de moi...
Voix masculine : Je me trouvais dans une bibliothèque, une bibliothèque qui était aussi une prison. Les fenêtres avaient des barreaux. Je préparais un examen. C'était faiblement éclairé. Et il faisait froid et humide. Mon livre ne contenait que des pages blanches. J'éprouvais un drôle de malaise. Alors j'ai cherché un livre. Mais toutes les étagères étaient vides. Et je ne trouvais rien. Rien. Et derrière la porte, le jury m'attendait. Je l'entendais parler et rire. J'avais le cœur qui battait, qui battait. Puis, je me suis retrouvé sur une échelle et je suis descendu... dans un puits très noir. J'étouffais. J'étais terriblement angoissé ! A ce moment-là, je me suis réveillé en sueur. Oh, quel cauchemar ! Je vous dis pas...

EX. 11, p. 71
Satisfaction - Insatisfaction
Travail par deux. Chaque groupe choisit une situation, la prépare par écrit et la présente oralement lors de la mise en commun.

CIVILISATION

• *La francophonie* (p. 68)

1. Lecture individuelle. Expliquer : *promulguer, extension, expansion, l'élite, la conquête, décliner, le déclin.*
2. Conversation dirigée (voir questions p. 68).

• *Le français québécois* (p. 68)

1. Lecture individuelle. Expliquer : *archaïque.*
2. Relevé et classement des mots (voir question p. 68).

emprunt à l'anglais	influence indirecte de l'anglais	résistance à l'anglais	survivance de l'ancien français	Les autres sont considérés comme des créations originales
avoir du fun c'est le fun	pratiquer magasiner	chien chaud	char dispendieux	

3. Relever au tableau les conditions de la survie du français au Québec.
4. Discussion : les étudiants donnent leur avis. Faire justifier.

• *Le français d'Afrique* (p. 69)
bricolage = travail temporaire, *crack* = élégant, *doublée* = enceinte, *fréquenter* = aller à l'école, *gâté* = en panne, *gagner* = posséder, *ziboulateur* = décapsuleur.

• *Les pays francophones* (pp. 68-69). Faire rédiger un test culturel en dix questions sur la francophonie..

> • Alain Tanner : *cinéaste suisse né à Genève en 1929.*
> • Roch Voisine : *jeune chanteur rock québécois.*
> • Tahar Ben Jelloun : *écrivain marocain d'expression française, né en 1944. Il a abordé les thèmes de l'émigration et du déracinement.*

LITTÉRATURE

• *Extrait du* Misanthrope *(Molière)*

Replacer l'extrait dans son contexte. Il s'agit d'une conversation spirituelle sur l'amour et l'attitude des amants. Alceste vient d'affirmer que l'amour se passe de compliments et de flatterie. Au contraire, on ne doit pas hésiter à critiquer les défauts de la personne qu'on aime. Éliante, cousine de Célimène (la femme aimée par Alceste), lui répond.
Pour chacun des défauts énoncés par Éliante, trouver la caractérisation qui transforme ces défauts en qualités. Trouver d'autres caractérisations possibles :

    pâle   →   comparable à la blancheur des jasmins.
           →   peau d'ivoire - teint éclatant de blancheur, etc.

Imiter le développement de Molière en transformant certains défauts en qualités.
Ex. : *le paresseux est un homme calme, pondéré qui ne se met jamais en colère et réfléchit longtemps avant d'agir, etc.*

LEÇON 2

❑ PREMIÈRE SÉQUENCE

OBJECTIFS

Vocabulaire	Grammaire
• L'informatique (p. 75) • la biologie (p. 75) • *la multinationale, un robot, la sollicitation, l'environnement, la performance, le cerveau, l'organe* • *moindre, analogue, vital* • *mettre au point, s'exprimer, réagir, doter, détraquer* • *hors circuit*	• Éviter une répétition (p. 74) *Communication* • La capacité (p. 74) • exprimer la crainte (p. 74) • expliquer (p. 74)

Civilisation
• Aperçu de la peinture contemporaine (p. 77)   • La modernité vue par un écrivain contemporain (p. 79)

DIALOGUES ET DOCUMENTS

• *Découverte du dialogue (p. 72)*

1. Observation de l'illustration (p. 72). Introduire le vocabulaire de l'informatique, de la biologie, de l'atome. (Voir partie GRAMMAIRE ET VOCABULAIRE).

2. Lecture du dialogue

— **Expliquer :**
- *la multinationale, un robot, la sollicitation, l'environnement, la performance, le cerveau, l'organe.*
- *moindre, analogue, vital.*
- *mettre au point, s'exprimer, réagir, doter, détraquer.*
- *hors circuit.*

— **Réponses aux questions (p. 76)**

1. Les caractéristiques du robot.
- Il peut s'exprimer dans la plupart des langues parlées.
- Il a la capacité de réagir aux sollicitations de l'environnement.
- C'est un ordinateur qui s'autoprogramme.
- Il peut parvenir à des performances supérieures à celles d'un cerveau humain.
- Il a des capacités mentales hors du commun.
- Il peut être doté de capacités physiques et sensorielles.
- On peut lui donner une forme analogue à celle d'un être humain.
- Sa mémoire a parfaitement intégré les lois sociales.

2. Mots et expressions signifiant pouvoir.

Verbes	Noms
- *pouvoir* + infinitif : peut s'exprimer, peut parvenir à, pouvez-vous, nous pouvons - *parvenir à* + infinitif - *réussir à* + infinitif	- la performance - la capacité - la possibilité

3. Mots (noms et pronoms) désignant le robot.

le robot	←	un robot, cette machine, elle, un ordinateur, qui, il, cette machine, cet ordinateur, lui

4. Les craintes du chef des services secrets.

Il craint que   - les hommes ne soient plus maîtres du robot ;
                - la machine ne se détraque ;
                - le robot ne devienne une menace pour les hommes ;
                - (qu')il ne commette des crimes.

Autres histoires qui racontent la peur des hommes face à leurs propres inventions. Exemples.

• Le thème de l'apprenti-sorcier *traduit la peur de l'homme face aux conséquences imprévisibles du progrès scientifique et technique. Les hommes possèdent le pouvoir de déchaîner des forces destructrices colossales (atome), de créer des monstres (informatique et biotechnologies) et pourront peut-être bientôt construire des créatures artificielles dépassant leurs maîtres en combinant les découvertes de l'informatique, de l'intelligence artificielle, de la biologie et de la robotique.*

• L'Apprenti-sorcier : *poème de Gœthe (écrivain allemand, 1749-1832). Un jeune homme est entré au service d'un puissant magicien. Ce dernier possède le pouvoir de transformer en domestique les divers objets qu'il utilise chaque jour. Le jeune serviteur réussit à s'emparer de la formule magique de son maître. Un jour, il est seul. Il transforme son balai en porteur d'eau et lui fait remplir un seau. Mais il ne connaît pas la formule magique pour arrêter le balai. C'est l'inondation. Pris de panique, le serviteur fend le balai en deux avec une hache. Mais la situation est aggravée : les deux parties du balai sont devenues deux fidèles porteurs d'eau. Dépassé par la situation, le serviteur appelle son maître à son secours et lui demande de reprendre son pouvoir.*

• Frankenstein : *personnage du roman de Mary Shelley (femme écrivain anglais) écrit en 1818. Frankenstein est un monstre fabriqué de débris humains par un savant fou. Le monstre laid et difforme est rejeté par les hommes. Il commet alors une série de crimes épouvantables pour se venger de son créateur qui refuse de lui donner une compagne qui l'aiderait à supporter sa solitude.*

5. Suites possibles de l'histoire du robot. Exemples :

a) Le robot va prendre la forme d'une femme et s'appellera IRA. Ses qualités, son charme, son égalité d'humeur, son humour et son intelligence lui permettront d'exercer une grande fascination sur les humains. IRA va mettre ses qualités au service d'une implacable logique : dominer les hommes pour faire leur bonheur malgré eux. Elle va arracher tout sentiment de leur cœur, éliminer tout comportement non rationnel. Le monde sera transformé en ruche disciplinée et pacifique.

b) Le robot devient EMA, la première femme artificielle. Elle a la même forme qu'une femme. Mais ne peut pas avoir d'enfant. Elle ne comprend pas les réactions souvent illogiques et imprévisibles des humains. Ils éprouvent des sentiments (de haine, d'amour, de jalousie, de pitié, de joie, de tristesse, ...) qui agitent leur vie. Elle n'est qu'une froide machine et jamais elle n'entrera dans les mystères de la vie sentimentale. Pourtant un jour, elle découvre un bébé abandonné. Elle l'adopte par jeu. Elle va l'élever et lui transmettre son intelligence, le débarrasser de son handicap. Elle s'identifie totalement à sa création et découvre l'amour maternel...

GRAMMAIRE ET VOCABULAIRE

• **Les sciences et les technologies : l'informatique, la biologie, l'atome (p. 75)**

Conversation dirigée à partir de :
  - l'image de la station de contrôle, du laboratoire (p. 72) ;
  - du fonctionnement général d'un ordinateur ;
  - des risques du nucléaire.

• **La capacité (p. 74)**

1. Relever dans le dialogue les mots ou expressions signifiant *pouvoir*.
2. Introduire les autres expressions à partir des situations suivantes :
  - les tâches que peut faire un robot domestique ;
  - les compétences et les limites du spécialiste.
3. Faire l'exercice 2, p. 76.

• **Exprimer la crainte (p. 74)**

1. Relever dans le dialogue les mots ou expressions en rapport avec l'idée de *crainte*.
2. Introduire les autres verbes de crainte par substitution.
3. Réemploi à partir de la situation suivante :
  - un lion s'est enfui du zoo. Que peut-on craindre ?
4. Faire les exercices Mécanismes A, les exercices 3, p. 76, 4, p. 77.

• **Moyens pour éviter la répétition (p. 74)**

1. Relever dans la première moitié du dialogue les mots (noms ou pronoms) employés pour désigner le robot.
2. Chercher d'autres synonymes des mots *robot, homme, femme, objet*. Utiliser le dictionnaire.
3. Faire les exercices 1 p. 76, 5 et 6 p. 78.

• **Expliquer (p. 74)**

1. Écoute du dialogue (p. 72) : relever les différents moyens qui permettent de :
- demander une explication : *Pouvez-vous nous préciser ...*
- préciser : *C'est en quelque sorte ...*
- reformuler : *C'est en quelque sorte ...*
- compléter : *Par-dessus le marché ...*
- énumérer : *Et ce n'est pas tout ...*
- vérifier la compréhension : *Suis-je clair ... ?*
2. Introduire les autres moyens en puisant dans la rubrique « Expliquer » (p. 74).
3. Faire les exercices 7 p. 78, 8, 9 p. 79.

ACTIVITÉS

MÉCANISMES A

• Exercice de transformation : utilisation du passé composé + deux pronoms compléments

• Exercice de transformation : utilisation des verbes de crainte + *ne* sans valeur négative + subjonctif

■ *EXERCICE 1. — Écoutez !*
• Vous avez parlé du projet au directeur ?
— Oui, je lui en ai parlé.
■ *A vous !*
• Vous avez dit au directeur que ce projet coûterait très cher ?
— Oui, je le lui ai dit.
• Tu as raconté des histoires de science-fiction à tes invités ?
— Oui, je leur en ai raconté.
• Elles ont préparé des crêpes à Marc et Vincent ?
— Oui, elles leur en ont préparé.
• On leur a prêté une voiture ?
— Oui, on leur en a prêté une.
• On a décerné le prix Nobel à ce savant pour ses découvertes ?
— Oui, on le lui a décerné.

■ *EXERCICE 2. — Écoutez !*
• Vous allez avoir froid. Je le crains.
— Je crains que vous n'ayez froid.
■ *A vous !*
• Nous ne sommes pas assez couverts. J'en ai bien peur.
— J'ai peur que nous ne soyons pas assez couverts.
• La greffe du cœur serait rejetée. Les médecins le redoutent.
— Les médecins redoutent que la greffe du cœur ne soit rejetée.
• Les robots domineront un jour les hommes. J'en ai peur.
— J'ai peur que les robots ne dominent un jour les hommes.
• Des manipulations génétiques incontrôlées produiraient des monstres. Je le crains.
— Je crains que des manipulations génétiques incontrôlées ne produisent des monstres.
• L'énergie nucléaire est dangereuse. Elle en a peur.
— Elle a peur que l'énergie nucléaire ne soit dangereuse.

EXERCICES

EX. 1, p. 76 :
Révision des principales formes du pronom personnel:
nous les avons faites ... Duval l'a pourtant refait ... nous n'y comprenons rien ... Appelez-le ! dites-lui que nous avons besoin de lui ... nous l'avons eu au téléphone ... il m'a promis ... je dois la montrer ...

EX. 2, p. 76 :
Révision de l'emploi de : *le / y / en*
- il peut utiliser un ordinateur → il le peut
- il est capable de parler anglais → il en est capable
- il parvient à réparer une radio → il y parvient

- il a réussi à passer le baccalauréat   →   il y a réussi
- il a pu entrer à l'université   →   il a pu y entrer
- il est arrivé à obtenir sa licence   →   il y est arrivé.

EX. 3, p. 76.

L'expression de la crainte.

Il conduit prudemment de peur d'avoir un accident.

Il est venu me chercher à 8 h. de peur que je rate mon train.

Je lui ai dit de travailler davantage. Je crains qu'il ne soit pas assez préparé.

Je n'invite jamais Pierre et Hervé ensemble. Je redoute qu'ils se disputent.

Il n'a pas trop insisté par peur de l'irriter.

EX. 4, p. 77

On trouvera sur cette page les œuvres de quatre représentants de l'art moderne en France.

• Jacques Monory (1934). *Une monochromie bleue d'une qualité presque photographique. Tout contribue à donner une impression d'étrangeté et de froideur. On a devant soi un monde glacial et implacable, source d'effroi.*

• Arman (1928). Colère de violon. *Le violon a été ici détruit avant d'être présenté sous forme de juxtaposition de morceaux, un peu comme les anthropologues présentent les éléments du squelette d'un homme préhistorique. Arman veut atteindre la vérité brute de la matière.*

• Arroyo *(peintre d'origine espagnole)*. Espoir et désespoir d'Angel Ganivet. *On pourra se livrer à une libre interprétation des détails étranges de ce tableau (l'absence/présence de la tête - la bouteille de vin marionnette - la fenêtre à demi bouchée par une sorte de mur, etc.).*

• Viallat *a fait partie du groupe Support-Surface qui veut démystifier la peinture classique. Ici, plus de sujet mais la répétition infinie d'un même motif sur une matière crue (sans fond).*

EX. 5, p. 78

- Faire remarquer qu'un terme peut être remplacé par un simple mot (synonyme) ou par une expression équivalente (périphrase).

- Travail par deux. Faire utiliser le dictionnaire.

- *Un voleur qui a commis un cambriolage :* un cambrioleur, un malfaiteur, un ravisseur, un visiteur.

- *Un match de football :* une rencontre, une partie, une épreuve, un duel, un affrontement, un face-à-face, un choc, la compétition.

- *Paris :* la capitale de la France ; la première ville de France ; la métropole ; la plus grande ville de France ; le cœur de la France ; le centre politique, administratif, économique et culturel ; le foyer des arts et des lettres ; le berceau culturel français ; la perle de la Seine ; le carrefour de l'Europe ; la plaque tournante de l'Europe ; la ville-lumière ; la capitale du luxe ; le théâtre de la mode ; etc.

- *Un président de la République :* le chef de l'État, le premier dirigeant, le numéro un, etc.

- *Une révolte d'étudiants :* la contestation, l'agitation, l'opposition, les remous, les troubles, la lutte, le conflit, le mouvement contestataire.

EX. 6, p. 78.

Exercice écrit.

Faire illustrer chaque aspect du personnage par une ou deux phrases. Faire varier les mots de remplacement, les mots de liaison. Commencer l'exercice par un « brain-storming » collectif.

Travail de rédaction par deux. Lecture des productions.

1. Domaine de recherche - Spécialité - Affectation	F. Le Fol est le maître incontesté de sa discipline ...
2. Allure générale - Traits distinctifs	On reconnaît immédiatement cet homme éminent. En effet, ...
3. Manies particulières. - Tics	Sans cesse, le célèbre savant ...
4. Capacités intellectuelles, exceptionnelles (mémoire, Q.I.)	Faut-il rappeler que cet homme hors du commun ...
5. Travaux et études	Ce spécialiste de haut niveau a publié ...
6. Découvertes - Inventions	D'autre part, cet inventeur de génie a mis au point ...
7. Cours - Conférences	Mais ce créateur infatigable est aussi un enseignant éminent. Ainsi, ...
8. Décorations - Distinctions	Pour récompenser une œuvre aussi vaste, de nombreuses distinctions ont été attribuées à ce chercheur illustre ...
9. Qualités de l'homme	Toutefois, ce scientifique distingué est également réputé pour ...
10. Parole célèbre	C'est pourquoi, ce personnage étrange répète souvent : « ....»

EX. 7, p. 78

Exercice oral. Travail par deux. Préparation écrite. Prise de parole avec consultation des notes.

EX. 8, p. 79 (Voir deuxième séquence).

EX. 9, p. 79.

Exercice écrit.

1. - Travail collectif. Faire énumérer les aspects positifs et les aspects négatifs du monde moderne selon l'auteur.
   - Analyse et discussion de chaque affirmation.
   - Expliquer : *rétrécissement du monde* = le monde devient de plus en plus petit.
2. Travail par deux : présenter le point de vue de votre voisin sur le monde moderne (aspects positifs et aspects négatifs) sous la forme d'un court article.

D. Boulanger critique le monde actuel qui préfère la quantité à la qualité, qui supprime les différences et efface la personnalité des individus. L'espace disponible diminue. Les gens voyagent par instinct de groupe mais pas par esprit d'ouverture ou par goût de la découverte. Ce sont des moutons. Peu de pays ont gardé leur beauté.

Exercice d'écoute à faire avec la cassette

EX. 10, p. 79.

1. Première écoute : relever les sujets abordés par les deux personnages.
2. Écoute fractionnée : résumer par une phrase les changements annoncés.

Le journaliste : Contrairement à de nombreux scientifiques, vous êtes plutôt optimiste pour notre avenir ! Alors, dites-nous, Pierre de Montalbon, que nous réserve l'avenir ?

Pierre de Montalbon : Ah, mais nous vivons à une époque passionnante ! Nous ne sommes qu'au début d'une formidable révolution technologique. Tenez, par exemple, l'informatique et la robotique vont permettre de réduire le travail à quelques heures par jour !

Le journaliste : Mais alors, le chômage va encore augmenter !

P. de M. : Dans l'immédiat très certainement. Mais sous la pression des faits on devrait parvenir à une meilleure répartition du travail. Et ce qu'on appelle « chômage » aujourd'hui n'est peut-être qu'une formidable réserve de temps libre. Malheureusement très mal employée. Demain on ira à l'école jusqu'à trente ans et on arrêtera de travailler à 40 ans !

Le j. : Mais vous rêvez à haute voix !

P. de M. : Parfaitement ! J'ai le courage d'être optimiste. Il y a 200 ans, personne n'imaginait le monde actuel ! Alors ...

Le j. : Et que faites-vous de l'explosion démographique du monde ? Ses conséquences pourraient être dramatiques ?

P. de M. : Bien sûr, on pourrait prévoir le pire : environnement dégradé, conflits sociaux, internationaux, et même l'utilisation d'armes meurtrières ! Mais justement ! Ces dangers vont provoquer un immense sursaut ! En ce qui concerne la population mondiale, il faudra certainement imposer le contrôle des naissances. Il y aura des maisons sous la mer. Et on cherchera à coloniser la Lune et Mars. Quant à la destruction de l'environnement, ça ne sera pas un mal durable. Non seulement les forêts ne disparaî-

tront pas parce qu'on va reboiser. Mais en plus, grâce aux biotechnologies, on créera des espèces qui s'adapteront aux déserts. Le Sahara redeviendra vert et fertile ! Je crois qu'il faut imaginer la terre comme un vaste jardin. Des arbres et des fleurs partout ! Le paradis quoi !

Le j. : Alors, d'après vous, les hommes maîtriseront le progrès ?

P. de M. : Absolument ! Et on peut prévoir des choses extraordinaires ! Grâce à la biologie on va allonger considérablement la durée de la vie. Vous savez, on peut imaginer le cancer vaincu. Les transplantations et les réparations d'organes deviendront banales ! Les chauves pourront choisir la couleur de leur nouvelle chevelure. Les myopes ne porteront plus de lunettes. On inventera des traitements de jouvence. Il y aura de plus en plus de centenaires. Et ils auront l'impression d'avoir vingt ans !

Le j. : Et sur le plan social et humain ?

P. de M. : En principe, la survie de l'humanité sera assurée... Mais c'est dans le domaine des communications qu'il y aura de grands changements. Nous serons reliés à tous les points du globe par téléfax ou écran informatique. Chacun disposera d'un vidéophone. On captera facilement une centaine de chaînes de télé. Et bien sûr, on parlera fréquemment deux ou trois langues.

Le j. : Et tout cela sera possible, sans progrès moral ?

P. de M. : Vous avez raison. Ces formidables progrès dépendront en grande partie du progrès moral. Mais là aussi je crois qu'on va dans le bon sens. On va redécouvrir les grandes valeurs spirituelles, la poésie, la méditation. D'ailleurs, rappelez-vous Malraux qui disait que le XXIe siècle serait religieux ou ne serait pas.

❑ DEUXIÈME SÉQUENCE

OBJECTIFS

Vocabulaire	Grammaire
• Découvertes et inventions (p. 75)	• Situer dans le temps (p. 75)
• l'énergie nucléaire (p. 75)	
• la mécanique (p. 75)	*Communication*
• la physique (p. 75)	
• former des noms à partir d'un verbe (p. 82)	• Préciser (p. 72)
• *la pile, l'énergie, la chaîne de montage, la matière, la stupeur, la connivence*	• décrire (p. 73)
• *constituer, reconstituer, soupeser, gonfler, se concerter, comploter, se débarrasser*	
• *incognito*	

Civilisation

• Sophia Antipolis (p. 73)	• L'Europe technologique (p. 81)
• Les inventions insolites (p. 80)	• Le programme Eurêka (p. 81)
• Littérature : Barjavel (p. 83).	

DIALOGUES ET DOCUMENTS

• *Découverte de l'article de presse (p. 73)*

1. Expliquer : - *l'énergie, la matière, la pile*
  - *la chaîne de montage, constituer, reconstituer, gonfler, soupeser*
  - *la connivence, se concerter, comploter, se débarrasser, la stupeur*
  - *incognito.*

2. Réponse aux questions (p. 82)

Reconstitution chronologique de l'histoire d'Éva

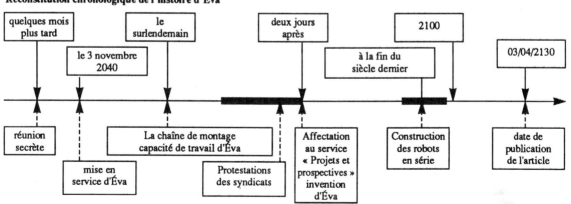

Expressions donnant des précisions de temps
- Date : 03/04/2130, à la fin du siècle dernier, le 3 novembre 2040, ce jour-là, le surlendemain.
- Durée : de l'année 2130, depuis peu de temps, dix ans auparavant, quelques mois plus tôt, deux jours après, en quelques minutes.

Discours du ministre le jour de la mise en service d'Éva. Exemple :

Chères concitoyennes, chers concitoyens, aujourd'hui est un très grand jour. C'est l'acte de naissance officiel d'Éva. Elle nous rassemble. Mais ses capacités physiques, sensorielles et intellectuelles sont prodigieuses. Elle peut... La création d'Éva peut nous faire envisager l'avenir avec confiance et optimisme. La conception et la réalisation d'Éva prouve, en effet, le dynamisme et le très haut niveau de compétence de nos chercheurs, et en particulier de l'équipe du professeur Larivière de l'INTF. Nous le félicitons ainsi que toute son équipe. Nous les remercions pour les bienfaits futurs que nous devrons à Éva et ses sœurs.

Les protestations des syndicats. Exemples :

- La direction va supprimer de nombreux emplois. C'est inadmissible.
- Le chômage va augmenter considérablement. C'est une invention du diable.
- Nous exigeons le retrait et la destruction de cette machine.
- Nous exigeons une science au service de l'homme. Pas l'inverse.

La fin de l'histoire. Exemple :

Éva déjoue le complot par la ruse en dressant ses adversaires l'un contre l'autre... Éva est alors placée dans une grande entreprise électronique. Elle devient très célèbre. Un soir un riche collectionneur d'automates la fait enlever. Il lui enseigne la culture, la littérature, les sentiments. Il s'éprend des qualités de la femme qu'il façonne. Mais, incapable de lui rendre un amour humain, Éva s'enfuit. Elle restera 50 ans dans les solitudes glacées de l'Himalaya avant de s'éteindre. Elle avait tout compris de l'amour, mais était incapable de le vivre.

• *Illustration p. 73*

Décrire Éva. Faire utiliser :
- les mots de remplacement (p. 74) ;
- l'expression de la capacité (p. 74) ;
- énumérer (p. 74).

GRAMMAIRE ET VOCABULAIRE

• **Situer dans le temps (p. 75)**

1. Relever dans l'article de presse (p. 73) les mots donnant des précisions de temps. Les faire situer sur un axe.

2. Introduire les autres moyens à partir de la situation suivante : Histoire imaginaire d'un immigré qui vit en France.
   a) Il va quitter sa famille. Il part.
   b) Il raconte ces scènes à un ami français vingt ans après.

3. Réemploi des expressions du tableau (p. 75).
   a) Nous sommes en 1985. Raconter vos vacances en situant les événements dans le temps.
   b) Raconter les mêmes événements aujourd'hui.

4. Faire les exercices 13, 14 p. 82.

• **Découvertes et inventions (p. 75)**

1. Introduire le vocabulaire à partir des situations suivantes :
   - les conditions de la recherche (personnel, lieux, ...) :
   - les étapes de la recherche (problème, analyse, hypothèse, expérimentation, vérification, loi) ;
   - le prix Nobel.

2. Faire parler des grandes recherches en cours.

3. Faire l'exercice 11 p. 80.

• **Vocabulaire de la physique (p. 75)**

1. Utiliser la transparence lexicale et la traduction.

2. Présenter les trois états de l'eau (glace / eau / vapeur).

• **Vocabulaire de la mécanique (p. 75)**

1. Utiliser le dessin (*levier, manette, manivelle, engrenage, courroie, axe, pivot*).

2. Expliquer le fonctionnement d'un appareil simple (aspirateur, réveil-matin à ressort et engrenages).

3. La réparation de ces objets.

4. Faire l'exercice 8 p. 79, 11 p. 80.

5. Faire l'exercice 15 p. 82.

ACTIVITÉS

MÉCANISMES B

- Exercice de transformation : utilisation du passé composé + deux pronoms compléments + négation

- Exercice de transformation : utilisation des pronoms *en* et *y* + négation

■ **EXERCICE 1. — *Écoutez !***
- Vous avez donné du travail à la secrétaire ?
— Non, je ne lui en ai pas donné.
■ ***A vous !***
- Elle a envoyé des invitations au ministre ?
— Non, elle ne lui en a pas envoyé.
- La télévision a parlé de cette invention aux téléspectateurs ?
— Non, elle ne leur en a pas parlé.
- La banque a prêté des fonds à cette entreprise ?
— Non, elle ne lui en a pas prêté.
- Il a confié des responsabilités à sa secrétaire ?
— Non, il ne lui en a pas confié.
- Vous leur avez donné des précisions ?
— Non, nous ne leur en avons pas donné.

■ **EXERCICE 2. — *Écoutez !***
- Est-ce qu'il est arrivé à terminer son travail ?
— Non, il n'y est pas arrivé.
■ ***A vous !***
- Est-ce qu'il a besoin d'aide ?
— Non, il n'en a pas besoin.
- Est-ce que vous avez réfléchi aux conséquences de cette invention ?
— Non, nous n'y avons pas réfléchi.
- Est-ce qu'on s'est intéressé à l'application de la découverte ?
— Non, on ne s'y est pas intéressé.
- Est-ce que vous avez parlé de l'argent nécessaire à la recherche ?
— Non, nous n'en avons pas parlé.
- Est-ce qu'ils sont décidés à poursuivre leur recherche ?
— Non, ils n'y sont pas décidés.

EXERCICES

EX. 8, p. 79.
Travail oral collectif. Les élèves jouent successivement le rôle de demandeur et d'informateur.
- Faire utiliser et varier les expressions de la p. 74 permettant d'expliquer (*demander une explication, reformuler, énumérer, compléter, préciser, vérifier la compréhension*).
  - *Changer une ampoule :* couper l'électricité, enlever l'ampoule grillée, mettre la nouvelle, remettre l'électricité.
  - *Déboucher la baignoire :* a) Utiliser un produit détergent, lire le mode d'emploi, être prudent, verser le produit dans le trou de la baignoire, laisser agir, faire couler l'eau. b) Utiliser une ventouse, coller la ventouse humide sur le trou, pousser et tirer, renouveler l'action plusieurs fois.
  - *Changer la roue crevée :* desserrer les boulons avec un outil (la manivelle), enlever la partie métallique qui couvre la roue (enjoliveur), faire monter le côté en panne avec un autre outil spécial (le cric), enlever les écrous des boulons, enlever la roue crevée, la remplacer par la roue de secours, remettre l'enjoliveur et les écrous, baisser la voiture, bien serrer les écrous.
  - *Faire démarrer la voiture par temps froid :* vaporiser un produit spécial sur le moteur. Allumer les phares pendant une minute avant d'actionner le démarreur.

EX. 11, p. 80.
Exercice oral.
1. Donner un titre à chaque invention.
2. Expliquer :
  - *Le fil à couper le beurre :* invention évidente. Ne pas avoir inventer le fil à couper le beurre = ne pas être très malin.
  - *Pleuvoir des cordes :* pleuvoir très fort.
  - *Ante et post méridien :* avant et après-midi.
  - *Réversible :* se dit d'un vêtement qu'on peut porter retourné.
  - *Le cristal /les cristaux :* le sel et le sucre sont constitués de cristaux/. La couleur de certains cristaux varie en fonction de la température.
3. Classer les inventions en fonction de leur intérêt.
4. Citer d'autres inventions curieuses ou fantaisistes.
Travail par deux.
Faire la liste des 10 inventions qui amélioreraient le plus notre vie quotidienne (ex. : équiper tous les appareils qui font du bruit d'un silencieux).

EX. 12, p. 82.

Travail préparatoire par deux. Mise en commun. Faire utiliser les formes des rubriques *préciser, reformuler, compléter* (p. 74) :
- *améliorer ton tennis* : courir un peu, bouger, frapper la balle, mieux tenir ta raquette, fléchir les jambes, faire attention, réfléchir, te concentrer ;
- *retrouver la forme* : manger moins, surveiller ton poids, manger mieux, dormir plus, éviter de fumer, faire du sport, faire du jogging ;
- *améliorer son français* : suivre des cours, faire dix minutes de français par jour, chercher un travail en France, rencontrer des Français, lire le journal, écouter des chansons, regarder des films français ;
- *mésentente* : faire quelque chose, se parler sérieusement, s'expliquer ouvertement, refuser le silence, trouver une solution, prendre des décisions, mieux vous entendre, vous séparer un moment.

EX. 13, p. 82.

Exercice écrit de transformation de texte. Travail par deux.
Il s'agit d'une situation de discours rapporté. Les points de référence changent. Veiller à :
- faire employer les expressions pour situer par rapport à un moment passé (p. 75) ;
- modifier l'emploi des temps (voir p. 221) ;
- modifier certains pronoms et articles liés à la situation initiale ;
- utiliser les verbes introducteurs.

Ce jour-là a été le plus beau jour de ma vie. *La veille* quand j'ai appris que j'avais gagné les 10 millions, je n'ai pas vraiment compris ce qui se passait. (*Je ne pouvais pas m'empêcher de penser que*) *dix jours avant* j'étais au chômage et complètement déprimée, (que) j'avais acheté le billet (*en question*) *la semaine précédente* sans y croire et (que) *l'avant-veille*, j'avais même failli l'oublier dans la poche du jean que j'avais mis dans la machine à laver ! Je me disais que tout ça c'était du passé. *Le soir même*, on a fait la fête. J'avais invité la famille et les amis dans un grand restaurant. *Le lendemain soir*, je suis partie pour Paris avec mon fiancé et *le surlendemain* nous avons pris l'avion pour Acapulco. Je voulais passer une semaine de rêve. Mais je me rassurais le journaliste qui m'interviewais. Je n'allais pas tout dépenser bêtement. *Dix jours après*, je suis rentrée en France et *un mois plus tard* je devais avoir décidé de ce que j'allais faire de cet argent. J'avais déjà une petite idée : créer un centre pour handicapés. J'espérais bien pouvoir inviter le journaliste *l'année suivante* à son inauguration.

Exercice d'écoute à faire avec la cassette
EX. 14, p. 82.

- Première écoute : repérer les personnages, les lieux, les événements.
- Deuxième écoute : rétablir la chronologie des événements en les datant.
- Faire imaginer comment les jeunes gens se sont retrouvés.

Un ami : Au fait, vous vous êtes rencontrés comment ? Au bal ? Chez des amis ? Grâce à une agence matrimoniale ? Ça s'est passé comment ?

Sophie : Ce qui est surtout extraordinaire, ce sont toutes les coïncidences qui ont entouré notre rencontre. Oui, c'était début février 1985 à l'Alpe d'Huez, sur une piste de ski.

Fred : Très exactement le 4 février. Je m'en souviens. J'ai aperçu Sophie plusieurs fois avant de l'aborder. Je l'ai aidée à se relever après une chute.

Sophie : Il faut préciser que j'étais arrivée l'avant-veille et je n'avais jamais fait de ski. Et la veille, j'étais tellement découragée que j'avais pensé abandonner et rentrer à Paris. La station a été paralysée par la neige. Et j'ai dû rester !

Fred : J'ajouterai que le hasard aussi avait très bien fait les choses ! Dix jours auparavant, j'avais dû annuler une croisière de deux semaines sur le Nil.

J'étais au lit avec 39 de fièvre. Et puis brusquement plus rien ! Je me sentais en pleine forme. Et je ne savais pas trop que faire de mes congés. A peu près une semaine avant ma rencontre avec Sophie, on a fêté l'anniversaire d'une vieille tante en famille. Comme elle est un peu voyante, elle m'a affirmé que ma vie allait être transformée dans une station de sport d'hiver ! Un jour plus tard, je réservais ma place pour l'Alpe d'Huez. Et c'est comme ça qu'on s'est rencontré et... six mois après on était marié.

Sophie : Il y a aussi autre chose. Après une semaine de ski, Frédéric est rentré à Paris. Et sa mère a jeté le paquet de cigarettes vide où il avait noté mon numéro de téléphone... Et moi j'avais si bien rangé le sien que j'étais incapable de le retrouver... Mais... vous ne devinerez jamais comment nous nous sommes retrouvés...

EX. 15, p. 82

-tion	-ure	-age	-ment
contraction	blessure	atterrissage	aboutissement
dilatation	brûlure	apprentissage	arrangement
exagération	coiffure	collage	accouchement
formation	couture	éclairage	enseignement
répétition	ouverture	héritage	enrichissement
réflexion		montage	fonctionnement
réparation			

CIVILISATION

• *L'Europe technologique (p. 81)*

1. Classer les cinq réalisations techniques en fonction de leur utilité, de leur prestige.
2. Information mutuelle sur les produit d'origine étrangère distribués dans le pays. Débat sur les qualités ou les défauts de ces produits. Donner si possible des exemples de coopération scientifique et technique entre différents pays.

LITTÉRATURE

• *Extrait de* Ravages *de René Barjavel (p. 83)*

1. Relever les détails qui situent l'histoire en 2052.
2. Trouver les indices qui montrent que le roman a été écrit en 1943.
3. Faire situer la même scène dans cent ans. Choisir les détails pour créer une atmosphère de science-fiction.

• R. Barjavel. *Écrivain de science-fiction français (1911-1985). Dans son roman* Ravages*, les hommes sont privés d'électricité et doivent réapprendre à vivre au contact de la nature. Dans cet ouvrage, l'auteur critique violemment la science et la technologie.*

LEÇON 3

☐ PREMIÈRE SÉQUENCE

OBJECTIFS

Vocabulaire	*Grammaire*
• Fêtes et folklore (p. 87) • *la lutte, la coutume, la culture, la tradition, l'identité, le terme, l'autonomie, le déclin, l'échelle, le chou, la région,* • *farouche, irréversible,* • *taquiner, maintenir, militer, se replier, piéger, traiter.*	• Les pronoms relatifs (p. 86) • les constructions explicatives et qualifiantes (p. 86) • démonstratifs + relatif (p. 86) • *qui* employé seul (p. 86) • emploi du subjonctif dans les propositions relatives (p. 86)
Communication	*Civilisation*
• Caractériser • expliquer	• La Bretagne et ses traditions • les fêtes • la Féria de Nîmes • la foire du Trône

DIALOGUES ET DOCUMENTS

• **Découverte du dialogue entre Isabelle et Gaëlle, p. 84**

1. Animation lexicale pour introduire le vocabulaire suivant :

- le vocabulaire du folklore (p. 87)
- *la région, la coutume, la tradition, la culture, l'identité, l'autonomie, le déclin, l'échelle, farouche (défenseur), (changement) irréversible, le déclin, l'échelle (nationale/mondiale), traiter (discuter, négocier), maintenir (les traditions), militer, se replier.*
- Partir des fêtes, des coutumes, des traditions, de la langue propres à la région des élèves.

2. Conversation dirigée à partir du thème suivant :

- un défenseur de la langue, des traditions ou des coutumes de votre région s'oppose à une personne qui n'y voit aucun intérêt. Faire la liste des arguments des deux interlocuteurs. Il s'agit de préparer la compréhension du dialogue p. 84. Exemple :

Point de vue régionaliste	Point de vue modéré
- Il y a des coutumes qu'il faut essayer de conserver	- Il y a de nombreux groupes et associations qui maintiennent les traditions
- Ce qui compte, c'est de garder l'essentiel, c'est-à-dire la culture	- Il existe déjà des écoles où l'on peut apprendre la langue régionale
- Il y a des traditions auxquelles je tiens beaucoup et dont je suis fière	- Il y a des journaux, des émissions de radio et de télé. Pourquoi s'inquiéter ?
- La culture c'est surtout le passé	- Il y a d'autres questions plus importantes...
- Nous devons garder notre identité.	
- Notre langue doit devenir une langue de communication...	

3. Introduire : chou, taquiner, terme.

4. Première écoute :

- Repérage : les personnages, la région, le sujet abordé.
- Relever les noms de lieux et de nationalités.

5. Deuxième écoute : voir questions p. 88.

Réponses aux questions p. 88.
- *Yves, militant régionaliste ; caractéristiques régionales :*

Caractéristiques régionales essentielles	Caractéristiques régionales secondaires
- la culture - la langue - l'autonomie culturelle et économique	- les sports régionaux - les traditions - le folklore

- Lecture du texte. Relever des propositions relatives et transformation des relatives par suppression du pronom relatif. (Voir partie GRAMMAIRE ET VOCABULAIRE.)

La Bretagne est une région originale.
• Histoire : au Vᵉ siècle, des populations celtes chassées de Grande-Bretagne débarquent en Armorique qui devient la Bretagne.
• Paysages : les côtes bretonnes sont très découpées et battues par le vent.
• Monuments préhistoriques : on y trouve d'étranges alignements de pierres dressées (menhirs) et de gros blocs formant les parois d'une chambre funéraire (dolmen).
• Les légendes de la Table Ronde, de Merlin l'enchanteur et de Viviane, de Tristan et Yseult sont d'origine celtique.
• Les saints sont nombreux. Leurs statues de bois décorent les églises. Chaque ville a son patron. Chaque maladie a « son guérisseur ». Les plus connus sont saint Yves et sainte Anne.
• Les pardons sont des pèlerinages religieux et des fêtes populaires. Ils donnent lieu à de longues processions. On vient se faire pardonner ses fautes, faire un vœu ou demander une grâce.
• Le costume régional des femmes est célèbre pour la coiffe, sorte de coiffure en dentelle de forme allongée.
• Les calvaires sont des monuments sculptés représentant la passion du Christ.
• La langue bretonne : les régionalistes ont obtenu l'enseignement facultatif du breton dans les écoles et les lycées. On l'étudie aussi à l'université de Rennes.
• Les instruments de musique traditionnelle : la bombarde et est un instrument à vent en bois pareil au hautbois. Le biniou est l'équivalent breton de la cornemuse.

GRAMMAIRE ET VOCABULAIRE

• Le pronom relatif (p. 86)

Les principaux pronoms relatifs (simples) ont déjà été vus.
- Pour les réviser, utiliser les deux exercices des Mécanismes A, p. 88.
- Faire l'exercice 1, p. 88.
- Signaler les constructions avec *quoi* dans la langue courante.
  Voilà à quoi je tiens le plus.
  Voilà pourquoi je milite.

• Démonstratif + relatif (p. 86)

1. Partir d'une micro-conversation construite sur le modèle suivant.
Q. Nous allons au cinéma. Tu peux me dire ce qui est intéressant ?
R. → *Ce qui est intéressant, c'est le film de Bertolucci.*
Q. Tu peux me dire ce dont tu te souviens ?
Q. Tu peux me dire ce que tu as préféré ?
- Utiliser aussi les thèmes du roman, de l'émission de télévision, de la chanson.
2. Demander aux élèves ce qu'il (ne) faut (pas) dire, faire lorsqu'on est dans un pays étranger. Il faut obtenir des réponses contenant *ce qui/ce que/ce dont*.

• La construction présentative : *c'est* **+ nom + relatif (p. 86)**

Cette construction met en relief le nom encadré.
Partir d'une micro-conversation.
De toutes les régions françaises, c'est la Bretagne que je préfère. C'est une région qui a gardé ses traditions. C'est une région dont je garde un beau souvenir. Et toi ?...
- Varier en introduisant d'autres noms de régions, de pays.
- Faire l'exercice 2, p. 88.

- **Relever les propositions subordonnées relatives du dialogue** (p. 84)

Reformuler les passages contenant ces propositions sans utiliser le pronom relatif.
- C'est un sujet sur lequel je n'aime pas qu'on plaisante.
  → *Je n'aime pas qu'on plaisante sur ce sujet.*
Autres transformations :
  → La vraie Bretagne ne joue pas de biniou et ne porte pas de costumes folkloriques.
  → Il ne faut pas essayer de conserver certaines coutumes.
  → L'important est de ne pas perdre l'essentiel.
  → Je tiens beaucoup à certaines traditions.
  → Je suis fière de certaines traditions.
  → Des tas de groupes et d'associations maintiennent ces traditions.
  → On peut apprendre la langue bretonne dans les écoles.
  → Je milite pour cela.
  → On fait l'Europe aujourd'hui, et toi tu veux te replier...
  → Maintenant on pense l'économie à l'échelle européenne...
  → La région doit se prendre en charge.

- *Qui* **employé seul** (p. 86)

- Partir d'un proverbe. *Qui aime bien, châtie bien.*
- Faire interpréter. *Qui* est l'équivalent de *celui qui*.
- Faire l'exercice 3, p. 88.

- **Le subjonctif dans les propositions relatives** (p. 86)

1. *La proposition relative contient une idée d'intention, de but ou de conséquence* (p. 86).
Pour introduire cette question, utiliser la situation suivante : Perdu dans une grande ville, qu'est-ce que je peux faire ?
Je cherche une personne qui puisse m'aider (savoir m'expliquer, me conduire à une station de métro, faire l'interprète, traduire).
Autre situation : Quelqu'un est malade. Il n'y a pas de médecin. Que faire ? Il faut chercher une personne qui puisse... (savoir, faire, etc.).

2. *La proposition relative se trouve après un superlatif ou un mot de sens analogue.* Utiliser les situations suivantes :
a) Micro-conversation.
Q. Vous connaissez Rome ?   R. C'est la plus belle ville qui soit.
                                  C'est la plus belle ville que je connaisse.
                                  C'est la plus belle ville qu'on puisse voir.
Faire varier le nom de la ville.
b) Mon problème de mathématiques est très compliqué. Je vais voir le fils de Mme Lambert. Pourquoi ?
    R. C'est le seul qui puisse... (savoir, comprendre, résoudre).
c) Faire la distinction entre les phrases comportant l'idée d'éventualité et l'idée de constatation (voir p. 86).
d) Faire l'exercice 5, p. 90.

3. La proposition relative après un mot négatif. (p. 86)
- Présenter le point de grammaire à partir de la situation suivante :
    Albert réussit très bien les pâtes.
    Il n'y a personne qui réussisse les pâtes comme lui.
- Faire produire d'autres phrases avec : *pouvoir/savoir, préparer, faire/connaître la cuisine italienne.*
- Faire l'exercice 5, p. 90.

- **La fête, le folklore** (p. 87)

1. Le vocabulaire du folklore est déjà introduit (voir DIALOGUES ET DOCUMENTS).

2. La fête. Introduire le vocabulaire avant de faire l'exercice 4, p. 89. Pour expliquer le vocabulaire, on pourra utiliser :
a) Le tableau de Bruegel pour le vocabulaire de la fête (p. 89).
b) La carte postale de la foire du Trône pour le vocabulaire de la foire (p. 89).
c) Le dessin et le mime pour le vocabulaire du cirque.

3. Faire l'exercice 4, p. 89.

▨ *ACTIVITÉS*

MÉCANISMES A

• Exercice de transformation : utilisation des pronoms relatifs *qui* et *que*.

• Exercice de transformation : utilisation du relatif *dont*.

■ *EXERCICE 1. — Écoutez !*
• Je viens d'acheter ce roman. Lisez-le !
— Lisez ce roman que je viens d'acheter.
■ *A vous !*
• Ce livre est excellent. Achetez-le !
— Achetez ce livre qui est excellent.
• Elle souhaite organiser une fête. Note la date de cette fête !
— Note la date de la fête qu'elle souhaite organiser.
• La télévision diffuse un reportage sur les traditions régionales. Regardons-le !
— Regardons le reportage sur les traditions régionales que diffuse la télévision.
• Les rues sont illuminées. J'en ai pris des photos.
— J'ai pris des photos des rues qui sont illuminées.
• Ce livre rassemble des contes populaires d'Auvergne. Offrez-le lui !
— Offrez lui ce livre qui rassemble des contes populaires d'Auvergne.

■ *EXERCICE 2. Écoutez !*
• Je t'ai parlé d'un roman policier. Le voici !
— Voici le roman policier dont je t'ai parlé.
■ *A vous !*
• Tu as besoin d'un dictionnaire ? En voici un !
— Voici le dictionnaire dont tu as besoin.
• Le dompteur s'est occupé d'un jeune tigre. Le voici !
— Voici le jeune tigre dont le dompteur s'est occupé !
• Les voleurs se sont servis d'une clé pour ouvrir le coffre. La voici !
— Voici la clé dont les voleurs se sont servis pour ouvrir le coffre.
• Je me souviendrai toujours d'une vieille légende chinoise. La voici !
— Voici la vieille légende chinoise dont je me souviendrai toujours.

EXERCICES

Ex. 1, p. 88

1. qu' — 2. dont — 3. qui — 4. dont — 5. qui — 6. qu' — 7. dont — 8. qui — 9. qu' — 10. où — 11. dont — 12. où.

Ex. 2, p. 88

Exercice écrit. Travail par deux. Mise en commun.
Faire utiliser *ce* + pronom relatif et *c'est* + nom + pronom relatif. Exemple :

> Ce qui vous intéresse, c'est la détente.
> Ce qui vous attire, c'est l'exotisme.
> Ce qui vous passionne, c'est le sport.
> Si c'est de plage de sable dont vous rêvez,
> et si c'est l'ambiance sympa que vous aimez,
> venez nous voir,
> au VIVA CLUB.

• Publicité pour le restaurant. Utiliser
- les verbes : *aimer, préférer, déguster, apprécier,*
- les noms : *le bon goût, la tradition, la qualité,* etc.
• Publicité pour le salon du livre : *la découverte, la curiosité, le plaisir, la culture, le suspens, l'étonnement,* etc.
• Publicité pour le salon des arts ménagers : *le progrès, le confort, l'esthétique, le goût, la qualité,* etc.

Ex. 3, p. 88.

Exercice d'interprétation collective.
Faire utiliser *celui qui*, équivalent à *qui* utilisé seul dans les proverbes.
- *Rira bien qui rira le dernier* : celui qui se moque des autres risque d'être ridiculisé à son tour.
- *Qui ne risque rien, n'a rien* : il faut prendre des risques pour gagner.
- *Qui veut voyager loin ménage sa monture* : si on veut tenir, durer longtemps, il faut économiser ses forces, son énergie.
- *Qui s'y frotte s'y pique* : celui qui se risque à attaquer sera frappé.
- *Qui vole un œuf, vole un bœuf* : celui qui vole une petite chose est capable de voler une chose importante.
- *Qui sème le vent, récolte la tempête* : celui qui pousse à la violence, à la révolte, s'expose à de grands dangers.

Ex 4, p. 89

Travail par deux. Mise en commun après chaque activité.

Expliquer d'abord le vocabulaire de la fête (voir GRAMMAIRE ET VOCABULAIRE).

1. Lire le texte. Relever les diverses fêtes traditionnelles et expliquer leur raison d'être autrefois.

- Relever les interprétations des sociologues. Donner votre avis.
- Expliquer la disparition progressive des fêtes traditionnelles en France.
- Décrire des fêtes traditionnelles de votre pays. Vont-elles disparaître ?
- Que signifie pour vous *faire la fête* ?

2. Exercice écrit : vous invitez un(e) ami(e) français(e) chez vous à l'occasion d'une fête. Écrire la lettre.

• *Illustrations p. 89*

1. Décrire la scène de fête représentée par Bruegel :

(lieu, paysage, personnages, occupations : danser, chanter, boire, manger, se reposer, jouer, rire, plaisanter, s'amuser, raconter des histoires drôles, courtiser...).

2. La Féria de Nîmes. Faire des hypothèses sur la Féria :

lieux, cérémonie, réjouissances, spectacles.

• Bruegel (l'Ancien). *Peintre et dessinateur flamand (1525-1569). Il a peint de nombreuses scènes de la vie populaire. Paysages et groupes humains sont rendus avec beaucoup de détails.*
La Féria *est une grande fête populaire qui se déroule à Nîmes. A cette occasion on peut assister à des courses de taureaux et à des corridas qui ont lieu dans les arènes de Nîmes.*

Les principales fêtes françaises actuelles sont d'origine religieuse, comme dans les pays de tradition catholique. Elles sont aussi civiles et elles marquent alors une date importante de l'histoire nationale.
• Principales fêtes religieuses :
- Noël *(25 décembre) : les chrétiens célèbrent la naissance de Jésus-Christ. C'est aussi une fête familiale autour du sapin. C'est l'occasion d'échanger des cadeaux.*
- Pâques *(entre le 22 mars et le 25 avril) marque la résurrection du Christ.*
- L'Ascension *(40 jours après Pâques) marque la montée au ciel du Christ.*
- La Pentecôte *(50 jours après Pâques) marque la descente de l'Esprit saint sur les apôtres.*
- L'Assomption *(le 15 août) marque la montée de la Vierge, mère du Christ au ciel.*
- La Toussaint *(1er novembre) : fête de tous les saints.*
- Le Jour des morts *(2 novembre) : on va se recueillir sur la tombe des morts de la famille.*
• Principales fêtes civiles :
- Le 1er Janvier *(le jour de l'an ou le nouvel an). Le réveillon est l'occasion d'une grande fête avec les amis. On chante, on danse. On se fait «la bise» à minuit. La fête dure jusqu'au matin.*
- La Fête des mères *(dernier dimanche de mai) : les enfants font un cadeau à leur mère.*
• Les fêtes nationales :
- Le 8 Mai : *armistice, fin de la guerre de 1945.*
- Le 14 Juillet : *la prise de la Bastille de 1789.*
- Le 11 Novembre : *armistice (fin de la guerre) de 1918.*

Ex. 5, p. 90.

Exercice d'apprentissage.

- C'est Michel qui *prépare* le coq au vin. C'est le seul d'entre nous qui *sache* le préparer.
- C'est le meilleur morceau de rock que j'*aie entendu* cette année. C'est un disque que j'*entends* pour la première fois.
- On *connaît* un mammifère plus gros que la baleine ? Non, c'est le plus gros qu'on *connaisse*.
- Ce sont des gens qui n'*ont* pas le sens de l'humour. Charles est le seul qui *comprenne* un peu la plaisanterie.

Exercice d'écoute à faire avec la cassette

Ex. 6, p. 90

1. Première écoute : repérer les personnages, le lieu, les sujets abordés.
2. Écrire les mots inconnus au tableau. Donner leur sens.

- *Le Casanis :* boisson alcoolisée parfumée à l'anis.
- *Remembrer les parcelles :* réunir les terres.
- *Morcelé :* divisé.
- *La subvention :* une aide financière.
- *Se reconvertir :* changer de métier, d'activité.
- *Investir :* placer de l'argent.
- *Un créneau porteur :* une activité qui permet de gagner de l'argent.
- *La Castagniccia :* région de la Corse où poussent les chaîtaigners.
- *La garantie de la paix civile :* la sécurité (il arrive qu'il y ait des attentats à l'explosif).
- *Une industrie de pointe :* industrie de technologie avancée.

- *Un cercle vicieux* : un raisonnement faux.
- *La culture en terrasses* : cultures étagées en montagne.
- *La nostalgie* : le regret du passé.
- *Mettre la main à la pâte* : aider.

3. Deuxième écoute : relever sur une grille
- l'itinéraire de chacun,
- l'opinion de chacun sur l'avenir de l'île.

Bernard : Ah, je crois pas que les choses vont s'améliorer beaucoup, ici ! Au contraire ! Plus ça va, plus ça va mal ! Tout a bien changé depuis ton départ en 65... Crois-moi, en Corse on est pas prêt de voir le bout du tunnel !

Pierre : Vous dites toujours ça. Et puis finalement, vous ne vivez pas si mal que ça. Vous avez une sacrée qualité de vie. Le soleil, la mer, la montagne et l'air pur, toute l'année ! Et par-dessus le marché, la pétanque et le Casanis ! Qui dit mieux !...

Bernard : Ça, c'est le bon côté des choses. Mais il faut aussi voir le revers de la médaille ! Tu le sais bien. La vie n'est pas si facile que ça, ici ! Je voudrais bien t'y voir, toi ! Tu sais l'élevage de montagne, c'est pas évident ! C'est pas évident du tout ! Tu le vois bien. Les vaches, les chèvres, les cochons ils sont partout, et même sur les routes ! On ne peut rien faire de sérieux ! Impossible de remembrer les parcelles ! Personne ne veut vendre ! La situation est bloquée. Alors... tu peux rien entreprendre. Tout est morcelé et on parle de modernisation. Ça me fait rire ! Tiens ! Et cet élevage avec tout le travail que ça te donne, ça te rapporte pas grand-chose ! Vraiment pas grand-chose ! Et bien sûr, il y a quelques subventions qui tombent de temps en temps... Mais c'est pas avec ça qu'on construit des châteaux !

Pierre : Mais peut-être qu'il faudrait penser à se reconvertir, dans le tourisme par exemple. Il faudrait investir dans des créneaux porteurs !

Bernard : Eh ! Mais tu parles comme un technocrate ! C'est pas le Japon ici ! Tu as oublié les réalités du pays ! Je vais te dire moi, ici, le vrai mal corse, c'est

le dépeuplement de l'île ! L'intérieur est presque vide. Des villages entiers sont abandonnés. Eh oui ! En été, ça se voit pas. Les gens reviennent au pays. Mais après juillet-août, c'est terrible ! Ici, dans la Castagniccia, on n'a que des retraités ! Eh, je te le dis ! C'est un drôle d'avenir qui se prépare ! Après le bac, j'aurais dû faire comme toi : monter à Paris dans l'administration !...

Pierre : Tu sais à Paris, la vie n'est pas toujours rose non plus ! Hein ! Mais ici, regarde un peu cette mer, ce soleil et l'espace ! Mais c'est la Californie, ici. C'est le paradis que vous avez ! Et vous ne le savez pas ! Ce qu'il faudrait, c'est la garantie de la paix civile. Ça attirerait les capitaux. Et en avant le renouveau touristique de l'île !

Bernard : Ma parole, tu es fou ! Le tourisme seul, c'est la mort de l'île ! Et si les promoteurs achètent en bord de mer. Ça va faire flamber les prix. Et, nous ici, on pourra plus suivre ! Non, ce qu'il faudrait c'est un véritable projet de développement économique ! Le tourisme oui. Mais aussi les industries de pointe...

Pierre : Oui, mais les industries de pointe, elles ont horreur des incertitudes ! c'est le cercle vicieux !... Moi ce qui me frappe quand même, c'est de voir ces villages, ces églises superbes, ces cultures en terrasse abandonnées ! Quand je pense au courage et à l'énergie de nos anciens ! Je ne comprends pas.

Bernard : Ça, c'est de la nostalgie ! Et ça ne nous aide pas beaucoup. Il faudrait peut-être penser à revenir au pays et mettre la main à la pâte !

☐ DEUXIÈME SÉQUENCE

▨ *OBJECTIFS*

Vocabulaire	*Grammaire*
• La partie - le tout (p. 87)	• Les pronoms relatifs composés (p. 86)
• la force - la faiblesse (p. 87)	• les pronoms interrogatifs (p. 87)
• *l'influence, la particularité, la survivance, le manoir, le vieillard, la justice, le mendiant, le fumet, la saveur*	
• *majeur*	*Communication*
• *soumettre, intégrer, procéder, dérober, se réchauffer, tinter*	• Parler de la langue
• *en fonction de*	

Civilisation	
• La langue bretonne (p. 85)	• histoire de la langue française (p. 91)
• la légende de saint Yves (p. 85)	• unité et diversité des régions (p. 92-93)
• origine et évolution de certains mots français (p. 90)	• littérature : extrait de *Marius* de M. Pagnol (p. 94-95)

• Découverte du texte sur la langue bretonne (p. 85).

1. Lecture

2. Expliquer : l'influence, la particularité, la numération, la survivance, soumettre, intégrer, procéder, majeure, en fonction de.

3. Réponses aux questions, p. 90

- **La langue bretonne**

Origine	- fait partie du groupe des langues celtiques ; - était largement parlée au Ve siècle avant J.-C. ; - les langues utilisées en Irlande, en Ecosse et au pays de Galles appartiennent à la même branche.
Évolution	- a subi l'influence du latin (langue officielle en France jusqu'au XIVe siècle) et du français.
Vocabulaire	- les 2/5 du vocabulaire breton sont des mots d'origine française.
Accords et constructions	- la structure de la langue celtique demeure ; - le pluriel des noms se forme à l'aide de nombreuses terminaisons différentes ; - le singulier et le pluriel d'un même mot ont parfois des étymologies (origines) différentes ; - la syntaxe du breton est souple ; - la numération procède par vingtaines et non pas dizaines ; - les mutations : la consonne initiale d'un mot change en fonction du mot qui précède.

- **Présentation de la langue française.** Exemple :

Origine	- le français est issu du latin populaire.
Évolution	- le latin populaire a subi, depuis son arrivée en Gaule à l'époque de la conquête romaine, de nombreuses déformations aux cours des siècles, car cette langue était essentiellement parlée.
Vocabulaire	- à ce latin d'origine s'est mêlée la langue celtique parlée par les Gaulois et la langue germanique parlée par les Francs (IVe siècle après J.-C.) ; - le français a subi par la suite l'influence d'autres langues : latin savant, grec, italien, espagnol, allemand, anglais, arabe.
Construction	- les déclinaisons (variation du nom, du pronom et de l'adjectif selon la fonction) latines ont disparu en français moderne ; - l'ordre des mots dans la phrase est relativement stable.
Oral/écrit	- l'orthographe française reflète un état ancien de la langue et ne correspond pas à la prononciation actuelle ; - les constructions syntaxiques sont différentes à l'oral et à l'écrit ; - il existe différents niveaux de langue (familier, courant, soutenu) employés selon la situation de communication.
Extension	- le français est une langue internationale ; - il est parlé, outre la France, en Europe (Belgique, Luxembourg, Suisse), au Canada (province du Québec), en Afrique du Nord (Maghreb) et en Afrique noire dans les anciennes colonies françaises.

• Le roman : *langue populaire courante issue du latin. Elle était parlée en France entre le Ve et le Xe siècle.*

Découverte de la légende de saint Yves (p. 85)

1. Lecture

2. Expliquer : *le manoir, le vieillard, la justice, le mendiant, le fumet, la saveur, dérober, se réchauffer, tinter.*

3. Réponses aux questions, p. 91

- *Relevé du vocabulaire de la justice*

Noms	Verbes
- un juge - (un) avocat - l'esprit de justice - la mauvaise action	- accuser - commettre (une mauvaise action) - se plaindre de quelque chose - dérober quelque chose - voler - dédommager

- Relevé des pronoms relatifs et interrogatifs

Pronoms relatifs	Pronoms interrogatifs
- qui - où - de laquelle - lesquels - que - qu'	- de quoi - quel (mal) : adj. interrogatif

• *Illustrations (p. 84-85)*

1. La récolte des artichauts en Bretagne (voir GRAMMAIRE ET VOCABULAIRE)

a) Vous faites une enquête sur l'agriculture bretonne. Trouvez le plus grand nombre de questions.
b) Décrire l'agriculture de votre pays (forêts, terres, culture, élevage, utilisation des productions, exportations, problèmes, etc.).

2. L'enseignement du breton à l'école

Imaginer le dialogue entre le maître et les deux fillettes (il essaie de les convaincre d'apprendre le breton).

3. Statue de saint Yves (voir GRAMMAIRE ET VOCABULAIRE). Vous ignorez tout de ces trois personnages. Posez le plus grand nombre de questions à votre ami breton.

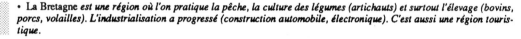

• *La Bretagne est une région où l'on pratique la pêche, la culture des légumes (artichauts) et surtout l'élevage (bovins, porcs, volailles). L'industrialisation a progressé (construction automobile, électronique). C'est aussi une région touristique.*

GRAMMAIRE ET VOCABULAIRE

• Le relatif composé (p. 86)

1. Relever les relatifs composés dans le texte intitulé « La légende de saint Yves » p. 85.
2. Animation grammaticale à partir de la situation suivante :
   - décrire l'attitude d'un régionaliste par rapport à sa langue et à sa culture.
   Ex : il y a des traditions auxquelles il tient beaucoup.
   - Faire utiliser : *être attaché à, s'intéresser à, attacher de l'importance à, rêver à, tenir à, avoir de l'intérêt pour.*
3. Signaler les emplois avec *quoi*.
4. Faire l'exercice : Mécanismes B, première partie.
5. Faire l'exercice 9, p. 91.

• Les pronoms interrogatifs (p. 87)

1. Utiliser les deux illustrations : p. 84-85
   - la culture des artichauts
   - la légende de saint Yves.
2. Imaginer l'interrogatoire d'un suspect.
3. Faire les exercices : Mécanismes B (deuxième partie) et 12, p. 94.

• Partie et tout (p. 87)

Animation lexicale. Utiliser les situations suivantes :
- Il faut reconstituer un puzzle. Faire un dessin.
- Faire les courses (on achète un bout, un morceau, une part, la totalité de...).
- La France et ses régions.

• La force / La faiblesse (p. 87)

Conversation dirigée. Utiliser les situations suivantes :
- L'expansion d'une langue. De quoi dépend-elle ? (Force d'un pays : militaire, économique, culturelle ; résistance rencontrée, etc.)
- La situation du breton et son sort (fragilité).
- Comparer : langue dominante / langue dominée.
- Comparer : le malade / le bien portant.

EXERCICES

Ex. 7, p. 90

Travail de groupes. Faire rédiger les explications. Faire utiliser le dictionnaire. Mise en commun.
On peut expliquer l'évolution de ces mots de la façon suivante :
1. a) La tête dirige le corps comme le chef dirige le groupe. C'est une image.
    b) Le couvre-chef recouvre le chef, c'est-à-dire la tête.
    c) Faire quelque chose en prenant la décision soi-même, en étant son propre maître. Extension du sens b).
2. a) Le roseau est creux. Il constitue un conduit où l'air, l'eau peuvent passer. Par extension, on obtient le sens actuel.
3. a) Le latin *tabula* a donné table. Le tablier a désigné par déplacement de sens la toile (nappe) qui protégeait la table. Par un nouveau glissement de sens, il a désigné la toile qui protège lorsqu'on travaille.
    b) Le tablier d'un pont est constitué de l'ensemble des planches qui permettent de passer sur le pont. Sens proche du sens premier.
4. a) Le signe du *capricorne* est le signe de la chèvre.
    b) La chèvre est considérée comme instable. *Capricieux* signifie donc : *qui a un caractère de chèvre.*
5. a) *Le côté gauche* est considéré comme défavorable. Dans l'Évangile les bons sont à droite du seigneur. Les mauvais à gauche.
    b) Sénestre désigne le côté gauche du blason. Sens premier.
6. a) *Une erreur* est le nom qui correspond au sens ancien de *errer.*
    b) *Errer* signifie aujourd'hui *vagabonder,* c'est-à-dire *aller sans but* en risquant de se tromper. Sens dérivé.

Ex. 8, p. 90

Exercice de vocabulaire. Utilisation du vocabulaire de la « la partie - le tout ».
1. Michel *fait partie* d'une association.
2. On va la *dédoubler.* On va *regrouper* les élèves qui ont moins de dix ans.
3. La région Rhône-Alpes *comprend* huit départements.
4. Ce vieux coffre *renferme* des papiers de famille.
5. Le territoire français était *morcelé en* petites seigneuries.

Ex. 9, p. 91

Exercice d'apprentissage. Utilisation du relatif composé : à partir de laquelle - par lesquels - grâce à laquelle - auquel - auxquelles - auxquels - par lequel - avec lesquels.

Ex. 10, p. 91

1. Travail par deux. Après lecture individuelle, faire mimer les façons de se saluer présentées dans l'article.
2. Décrire d'autres gestes significatifs différents de ceux du pays des élèves.
3. Rédiger collectivement un petit répertoire décrivant les principaux gestes en usage dans le pays des élèves.

> ▪ **Quelques gestes qui accompagnent la communication des Français.**
> *- pour indiquer la folie, on se touche la tempe avec l'index de façon répétée ;*
> *- pour indiquer l'argent, on ferme la paume de la main et on frotte le pouce contre l'index ;*
> *- pour indiquer une exagération qu'on n'accepte pas, on tire la paupière inférieure de l'œil vers le bas ;*
> *- pour indiquer l'agacement, le dos de la main frôle plusieurs fois la joue ;*
> *- pour indiquer la satisfaction ou le succès, on ferme la main et on montre le pouce (vers le haut) ;*
> *- pour indiquer un départ rapide, on avance la main droite et on frappe l'avant-bras droit avec la tranche de la main droite.*

Exercice d'écoute à faire avec la cassette

Ex. 11, p. 91

Identification de quatre accents régionaux : alsacien, provençal, auvergnat et du Sud-Ouest.
1. Bien faire comprendre le texte.
2. Lire le texte (version neutre).
3. Analyser les accents régionaux l'un après l'autre.

Accent alsacien : « Écoutez c'est... L'autre jour j'arrive à... place de la gare à Strasbourg. Et je ne m'y retrouve pas. Oui parce que il y a tous ces changements dans la ville. Maintenant c'est la capitale, c'est la capitale européenne. Alors ils construisent. Ils construisent des buildings. Ils construisent des autoroutes. Moi, je m'y perds. Je suis complètement perdu quand j'arrive place de la gare... »
→ On remarque l'ouverture des [ɑ], l'allongement des voyelles notamment en finale et les [ʒ] prononcés [s].

Accent provençal : « On s'est fait une partie de pétanque[1] hier. Oh ! là là là là. Je te dis pas ce qu'on leur a mis[2]. J'étais avec Robert là. Et puis on est allé sur la petite place du marché... Et alors je te dis pas. Moi j'ai... En plus, je me suis acheté des boules là... ce matin. Je te dis pas comme ça brille au soleil... Alors après, bon, on est allé se boire un petit pastis[3]. »
1. *pétanque :* jeu de boules provençal
2. *ce qu'on leur a mis :* on a gagné largement (expression populaire)
3. *pastis :* boisson anisée très populaire dans le Sud
→ On remarquera l'accentuation de toutes les syllabes, l'allongement des finales, les [ə] prononcés en finale (et même le rajout d'un [ø] final), l'ouverture des voyelles, l'adjonction d'un [n] après les nasales (bon → [bõn].

Accent auvergnat : « Et oui, moi dans le pays... J'ai pas quitté le pays. Je suis toujours resté ici. Ah... il faut pas oublier qu'ici nous sommes sur la terre des volcans. Oui, le pays du vin et du charbon... Mais il faut pas oublier non plus le fromage, hein. Ça avec le vin, le fromage, le saint-nectaire on est tranquille. Bien sur il existe l'eau de Volvic là-haut mais ça c'est pas pour nous... c'est pour la femme ça... Alors nous on s'en occupe pas. Et voilà, c'est ça le pays. C'est ça la maison et c'est ça notre vie. »
→ On remarquera les [r] roulés, l'ouverture des [e] et au contraire la tendance à fermer les [a] et les [ã] (→ [ɔ] - [ɛ̃]). Enfin une accentuation beaucoup plus proche du français standard avec effacement des syllabes finales (notre vie → [nɔt vi].

Accent du Sud-Ouest : « Ah! le match de rugby que j'ai vu hier soir, c'est le plus beau match de rugby que j'aie vu de mon existence. Tu avais la défense, ils étaient formidables. Alors tu avais une mêlée, je te dis pas le pack[1] le plus beau que j'aie jamais vu de ma vie. C'est formidable. Le rugby c'est le plus beau sport du monde. »
1. *pack :* l'ensemble des joueurs «avants» dans une équipe de rugby.
→ On remarquera les [r] roulés, l'ouverture et l'accentuation des voyelles, l'accentuation de toutes les syllabes et l'allongement des finales.

MÉCANISMES B

• Exercice de transformation : utilisation du relatif composé.

• Exercice de transformation : Utilisation des pronoms interrogatifs *de qui, de quoi.*

■ *EXERCICE 1. — Écoutez !*
• Je suis allé(e) à Rome avec ce club de voyage.
— C'est le club de voyage avec lequel je suis allé(e) à Rome.
■ *A vous !*
• Il travaille pour cette entreprise.
— C'est l'entreprise pour laquelle il travaille.
• Ils ont participé à cette fête.
— C'est la fête à laquelle ils ont participé.
• Sur cette affiche, on annonce le spectacle du célèbre magicien.
— C'est l'affiche sur laquelle on annonce le spectacle du célèbre magicien.
• La salle des fêtes était décorée avec ces banderoles.
— Ce sont les banderoles avec lesquelles la salle était décorée.
• Le cirque a distribué des billets gratuits à ces enfants.
— Ce sont les enfants auxquels le cirque a distribué des billets gratuits.

■ *EXERCICE 2. — Écoutez !*
• Vous avez besoin d'un stylo ou d'un crayon ?
— De quoi avez-vous besoin ?
■ *A vous !*
• Vous parlez de votre femme ou de votre fille ?
— De qui parlez-vous ?
• Vous parlez de votre appartement ou de votre maison de campagne ?
— De quoi parlez-vous ?
• Tu te plains du manque d'organisation ou de la qualité du spectacle ?
— De quoi te plains-tu ?
• La fin de la fête se compose d'un défilé ou d'un feu d'artifice ?
— De quoi se compose la fin de la fête ?
• Vous vous moquez de moi ou de Sophie ?
— De qui vous moquez-vous ?

Ex. 12, p. 94
Travail de groupes. Utilisation des pronoms interrogatifs.
- Varier l'utilisation des pronoms interrogatifs
- Utiliser le livre pour les informations utiles.

CIVILISATION

Unité et diversité des régions (p. 92)

1. **Carte** (p. 92)
    - Commenter la carte en indiquant les limites du royaume de France au Moyen Âge.
    - Décrire la situation de votre pays à la même époque.
Travail de groupes. Mise en commun après chaque activité
2. **Texte** (p. 92)
    - Noter et dater les principales étapes de la constitution de la France.
    - Présenter et dater les principales étapes de la constitution de votre pays.

3. Les patois (p. 92)
- Expliquer *La Nacioun Gardiano* (association pour le développement de la langue et de la culture provençales).
- Faire expliquer les trois phrases.
- Les patois existent-ils dans votre pays ?
- Est-il important oui ou non de les conserver ?

4. Les régions qui revendiquent davantage d'autonomie (p. 93)

a) Lecture

b) Explication des mots : *périphérique* = qui se situe autour ; *d'antan* = d'autrefois ; *un modèle explicatif cohérent* = une explication satisfaisante ; *les aspirations* = les souhaits ; *ex nihilo* = à partir de rien ; *la Convention* = Assemblée révolutionnaire ; *les émigrés* = les Français liés à l'Ancien Régime et qui ont fui la France à cause de la révolution de 1789 ; *l'occitanisme* = la défense de l'occitan (langue et culture d'Oc) ; *le troubadour* = poète et chanteur qui composait en langue d'Oc ; *le dialecte* = le patois ; *indéniable* = impossible à nier ; *la stratégie idéologique* = une politique d'idées pour vaincre ; un *détonateur* provoque l'explosion.

c) Faire la liste des régions qui affirment leur identité.

d) Faire la liste des explications refusées par l'auteur.

e) Faire la liste des explications qu'il propose.

5. Les régions aujourd'hui
- Faire la liste des pouvoirs accordés aux régions.

6. Affiche (p. 93)
- Analyser cette affiche (slogan, image, couleurs).
- Quel est son but ?

LITTÉRATURE

Extrait de Marius *de M. Pagnol* (p. 94-95)

1. Lire le texte.
2. Lire et écouter le texte.
3. Commentaire sur l'accent des personnages.
4. Définir le caractère des deux personnages :
   - César : esprit de repartie, bavard, prudent
   - Honorine : habile, prudente, bavarde, comédienne.
5. La scène est-elle pathétique ou comique. Justifier.
6. Discussions : peut-on imaginer une scène pareille aujourd'hui ? Les parents jouent-ils encore les intermédiaires.

LEÇON 4

❏ PREMIÈRE SÉQUENCE

OBJECTIFS

Vocabulaire	*Grammaire*

• L'air et le jeu (p. 99)
• *l'hallucination, le truc, le météorite, l'aile, le hublot, le missile, la turbulence*
• *éviter, pulvériser*
	• *si* + présent
	  si + imparfait
	  si + plus-que-parfait
	• *supposer* + indicatif
	• *à supposer que* + subjonctif
	• *au cas où* + conditionnel
	• *en cas de* + nom
	• *soit que... soit que...* + subjonctif

Communication	*Civilisation*
• Faire une supposition (p. 98) • faire une hypothèse (p. 98)	• Le phénomène des OVNI

DIALOGUES ET DOCUMENTS

• *Découverte du dialogue « OVNI », p. 96*

1. Travail collectif de préparation à l'écoute, à faire au tableau.

- - Deux personnes ont vu un objet bizarre dans le ciel. Imaginer leur dialogue.
- - Introduire le vocabulaire : l'hallucination, le truc, le météorite, l'aile, le hublot, le missile, la turbulence, éviter, pulvériser.

2. Première écoute : repérer les lieux, les différents interlocuteurs, le sujet de la conversation.

3. Deuxième écoute : voir première question, p. 100.
- - **Compléter le tableau**

ce qu'ils voient	ce qu'ils font	leurs suppositions
- un objet lumineux	- appeler la tour de contrôle	- j'ai des hallucinations
- l'objet se dirige droit vers eux	- virer à 45 degrés - éviter l'objet	- c'était un météorite
- il se déplace à l'horizontale et a dû passer à 20 mètres		- [ce n'est pas un météorite]
- on dirait le fuselage d'un gros porteur - il émet une lumière bleue et verte à l'arrière		- Supposons que ce soit un 747
- il n'a pas d'ailes	- essayer d'entrer en contact avec l'« objet »	- [ce n'est pas un 747] il produirait une lumière verte
- il les dépasse - il repique sur eux	- faire croire aux passagers qu'ils traversent une zône de turbulence	

- **Suites possibles de l'histoire. Exemples :**
    - L'objet disparaît dans le ciel comme s'il le trouait. Des témoins affirment avoir vu stationner un objet lumineux de forme allongée sur le sommet d'une montagne de la région de Clermont. On a découvert des traces de combustion bizarres sur les lieux.
    - L'avion disparaît avec les passagers. L'équipage et les passagers, après leur réapparition, affirment avoir visité un autre monde.

- **Rapport des événements par le commandant de bord. Exemple :**

Je dois signaler aux autorités la survenue d'un événement hors du commun et inexplicable, vendredi 13 juillet 1988, à 18 h 30, sur la ligne Paris-Clermont, au-dessus de la chaîne des Puys. L'équipage était composé de moi-même (commandant), de M. Philippe Ligier (copilote) et de 4 hôtesses. L'Airbus A 301 transportait 35 passagers. La liste de l'ensemble des personnes mentionnées et leur adresse figure en annexe. Quels sont les faits ?

1. Nous avons rencontré dans le ciel de Clermont un objet volant non identifié de forme allongée, émettant une lumière bleue et verte à l'arrière.
2. La tour de contrôle de Clermont avait repéré l'objet.
3. Nous avons évité le choc à plusieurs reprises.
4. L'objet a repiqué sur nous. Nous avons annoncé aux passagers la traversée d'une zone de turbulences pour ne pas les inquiéter.
5. Plus aucune commande ne répondait. Nous avons été attirés par une force inexplicable.
6. Nous sommes entrés dans un monde bizarre...
7. Nous sommes réapparus à l'endroit du «détournement».
8. L'ensemble des passagers et l'équipage ont confirmé cette version des faits.

GRAMMAIRE ET VOCABULAIRE

- **L'expression de la supposition et de l'hypothèse** (p. 98)

1. Rechercher et classer les expressions de supposition contenues dans le dialogue (p. 96)

2. *Constructions employant l'indicatif.*

Faire produire des phrases à partir de la situation : *La maison de mon voisin est close, je suppose que...*

3. *Constructions employant le subjonctif.*

Même démarche. Utiliser la situation : *Notre ami(e) X est élu(e) président(e)... que va-t-il(elle) faire ?*
- Faire l'exercice Mécanismes A (première partie), p. 100.

4. *L'expression de la supposition* **si**

a) Commenter le tableau, p. 98.

si + présent	potentiel	l'action est réalisable
si + imparfait	irréel du présent	l'action n'est pas réalisable aujourd'hui
si + plus-que-parfait	irréel du passé	l'action n'était pas réalisable dans le passé

b) Insister sur la concordance des temps.
c) Revoir rapidement les formes du conditionnel. Ce mode sera abordé en détail dans la deuxième partie de la leçon.
d) Faire produire d'autres phrases avec *si*. Faire compléter.
    - Si je vois un OVNI...
    - S'il y avait une grève...
    - Si mon voisin avait inventé la voiture à eau,...
→ Faire l'exercice Mécanismes A (deuxième partie), p. 100.

5. *Verbes employés au conditionnel*

Relever les verbes du dialogue p. 96 au conditionnel. Expliquer ces emplois. Le conditionnel employé seul exprime la supposition, l'hypothèse.

6. *Construction employant le conditionnel*

Conversation dirigée sur le modèle suivant :
    Q. *Et si je ne peux pas venir ?*
    R. *Au cas où vous ne pourriez pas venir, téléphonez-moi.*

7. *Construction avec préposition + nom*

Utiliser la question ouverte (qui admet plusieurs réponses).

Que doit on faire en cas d'incendie, en cas d'accident de la route, en cas de fuite de gaz...

8. *La double supposition :* **soit que... soit que...** + *subjonctif*
    - Présenter la construction.
    - Faire des hypothèses doubles pour expliquer les situations suivantes :
        • Un élève de la classe a disparu.
        • Le professeur est sur le toit de l'école.
        • Ma voiture n'a plus de roues.

9. Faire les exercices 4, p. 101, 2, p. 100.

• **Le ciel, le feu, la lumière**, p. 99.

1. Travail de groupes

Faire la liste des mots en rapport avec *le ciel, le feu, la lumière* :
   - que contient le dialogue, p. 96.
   - que vous connaissez.

Les présenter sous formes de diagrammes :

2. Introduire les autres mots à partir des illustrations de l'exercice, 3 p. 101. Faire l'exercice 3, p. 101.

• **La logique et le raisonnement** (p. 99)

Ce vocabulaire sera introduit à partir de l'exercice 6, p. 102.

ACTIVITÉS

MÉCANISMES A

• Exercice de transformation : utilisation de *supposons que* + subjonctif

• Exercice de transformation : utilisation de *si* suivi de l'imparfait ou du plus-que-parfait

■ *EXERCICE 1. — Écoutez !*
• Si nous avions un long week-end, nous irions le passer à Paris.
— Supposons que nous ayons un long week-end, nous irions le passer à Paris.
■ *A vous !*
• Si je pouvais quitter le bureau assez tôt, je passerais chez toi.
— Supposons que je puisse quitter le bureau assez tôt, je passerais chez toi.
• Si tu apercevais un fantôme, tu serais effrayé ?
— Supposons que tu aperçoives un fantôme, tu serais effrayé ?
• Si ce guérisseur était un charlatan, tu n'aurais pas confiance en lui ?
— Supposons que ce guérisseur soit un charlatan, tu n'aurais pas confiance en lui ?
• Si je connaissais les secrets de la magie, je te ferais boire un philtre d'amour !
— Supposons que je connaisse les secrets de la magie, je te ferais boire un philtre d'amour.
• Si vous n'aviez pas de préjugés stupides, vous me comprendriez mieux !
— Supposons que vous n'ayez pas de préjugés stupides, vous me comprendriez mieux !

■ *EXERCICE 2 — Écoutez !*
• Je ne peux pas aller au théâtre avec toi. Je ne suis pas libre.
— Si j'étais libre, j'irais au théâtre avec toi.
■ *A vous !*
• Il ne peut pas s'acheter ce blouson. Il n'a pas encore reçu sa paye.
— S'il avait reçu sa paye, il pourrait s'acheter ce blouson.
• Elle est fatiguée. Elle n'a pas pris de vacances.
— Si elle avait pris des vacances, elle ne serait pas fatiguée.
• Tu critiques ce film, mais tu ne l'as pas vu.
— Si tu avais vu ce film, tu ne le critiquerais pas.
• Le résultat n'est pas exact. Vous n'avez pas vérifié votre raisonnement !
— Si vous aviez vérifié votre raisonnement, le résultat serait exact !
• Il ne croit pas aux OVNI. Il n'en a jamais vu.
— S'il avait vu un OVNI, il y croirait.

EXERCICES

Ex. 1, p. 100

Travail par deux. Faire repérer les nuances dans l'expression de la supposition et de l'hypothèse.
a. +, b. +++, c. +, d. 0, e. ++, f. +++

Ex. 2, p. 100

Exercice de réemploi libre de l'expression de la supposition. Exercice oral collectif
1. Lecture successive des différents cas.
2. Faire exprimer les réactions sous forme de supposition.
    Ex.: *Si j'avais été à sa place, j'aurais...*
3. Varier les constructions employées. Utiliser le tableau p. 98.

Ex. 3, p. 101

1. Avant de faire l'exercice, utiliser les illustrations pour introduire le vocabulaire *du ciel, de la lumière, du feu,* p. 99
Conversation dirigée. Décrire les images.
2. Travail par deux.
    a) Choix des scènes adaptées aux éclairages proposés.
    b) Définir la place des acteurs, leurs mouvements. Donner des instructions pour les changements d'éclairage.
- Faire employer le conditionnel de supposition.

Ex. 5, p. 102

1. Lecture.
2. Expliquer les mots : *l'astronome, l'astrophysicien, se pencher* (sur), *l'équation, l'accroc, le dindonneau, l'entropie, le prophète, adhérer.*
3. Travail par deux. Faire la liste des hypothèses retenues par les astrophysiciens.
4. Mise en commun au tableau. Faire présenter chaque explication avec un schéma au tableau.

Exercice d'écoute à faire avec la cassette

Ex. 6, p. 102

1. Conversation dirigée préalable à l'écoute :
    - Faire la liste des hypothèses explicatives du phénomène OVNI.
    - Introduire le vocabulaire du dialogue : aurore polaire, réfraction lumineuse, l'arc-en-ciel, banalisé, fiable, la bonne foi, l'anomalie, têtu.
2. Première écoute : repérer le nombre de participants, leur fonction, leur expérience.
3. Deuxième écoute :
    - Faire la liste des différents types d'explications proposées.
    - Désigner la plus plausible. Justifier.
4. Ecoute sélective :
    - Définir l'attitude scientifique (démarche expérimentale + démarche logique)
5. *Prolongements. Introduire le vocabulaire de «la logique et du raisonnement»* (p. 99) à partir des situations suivantes :
    - le journaliste partial (le jugement) ;
    - le travail du savant (penser) ;
    - l'enquête policière ou 1 + 1 = 3 (la logique).

Un physicien (voix masculine) : Le problème posé par les OVNI est complexe. Et on n'a pas d'explication vraiment satisfaisante à proposer... Mais on peut rapprocher le phénomène d'autres plus classiques. Il pourrait s'agir de manifestations électriques ou lumineuses, un peu comparables aux aurores polaires. Un phénomène de réfraction lumineuse. Vous savez, des phénomènes qui nous semblent très simples aujourd'hui sont longtemps restés mystérieux ! Pensez aux éclairs, au tonnerre ! Ou tout simplement à l'arc-en-ciel.

Une psychologue (voix féminine) : Et d'abord, il faudrait savoir si les OVNI existent, si ça se passe pas seulement dans l'imagination des gens. Et si la presse et les médias n'exploitent pas tout ça pour attirer le lecteur. Vous savez les gens ont besoin de merveilleux, dans un monde banalisé et sans secret. Alors, au fond, tout ça n'est peut-être qu'une illusion... ?

Un autre scientifique (voix masculine) : Absolument... et je voudrais apporter un point de vue un peu complémentaire. Oui, on parle beaucoup d'OVNI... Mais comment distinguer le vrai du faux ? On dispose de peu d'informations fiables. Et les scientifiques ne parlent que de ce qu'ils peuvent observer, mesurer et étudier de manière précise. Il faudrait donc partir d'observations nombreuses et solides... Et actuellement, nous n'avons pas les moyens, ni humains ni financiers, pour entreprendre ce travail...

Un témoin (voix féminine) : Peut-être, mais on ne peut pas nier la vérité de certains faits. De nombreuses personnes ont vu des objets lumineux qui volaient à grande vitesse. Ça paraît et ça disparaît. Il y a même des gens qui ont rencontré des créatures étranges... Alors ? On ne peut tout de même pas, systématiquement, contester la bonne foi de tous les témoins ! D'ailleurs, on a bien constaté des anomalies électriques, magnétiques et même radioactives à proximité de ces phénomènes. Vous admettrez que les faits sont là et qu'ils sont têtus... !

Un autre chercheur : Oui, il faut partir de faits observés, de preuves. Et il y en a. Le monde ne s'arrête pas à nos connaissances acquises. Bien des choses demeurent dans l'ombre. Bien sûr, il peut s'agir de phénomènes naturels, actuellement inexplicables. Mais si les OVNI ne sont pas un phénomène naturel, alors il pourrait s'agir d'engins spatiaux pilotés par des créatures extraterrestres. Et si c'est effectivement le cas, alors ça implique l'existence de civilisations plus avancées que la nôtre.

❑ DEUXIÈME SÉQUENCE

OBJECTIFS

Vocabulaire	*Grammaire*
• Les phénomènes étranges (p. 99) • la peur (p. 99) • *la combustion, la thèse, un acte, la confidence, le moine, le vaisseau, la caverne, la voyante, le devin, la croyance, la sécurité, l'astrologue* • *spontané, carbonisé, (médecin) légiste, sanguin* • *écarter, s'agir, bloquer, consumer, se révéler, consulter, recruter, abolir, décapiter.*	• Les sens du conditionnel (p. 98) • la vision passive
Communication	*Civilisation*
• Argumenter • construire un raisonnement	• La France mystérieuse

DIALOGUES ET DOCUMENTS

• *Découverte des articles de la p. 97.*

1. Combustions spontanées

a) Lecture

b) Explication du vocabulaire : *la combustion, la thèse, l'acte, la confidence, spontané, carbonisé (médecin) légiste, écarter, s'agir, bloquer, consumer, se révéler.*

c) Réponses aux question p. 102.

- *Classement des sujets et des formes verbales :*

Sujets actifs	Sujets passifs			
formes actives	verbes d'état	formes passives	v. pronominaux de sens passif	v. pronominaux
- *personne* n'a pu entrer - *certaines personnes* auraient la faculté	- *l'appartement* se trouvant - *qui* restent - *l'exemple* est - *c'est*	- *un homme* a été découvert - *le dossier* a été fermé - *le phénomène* a été décrit	- *l'enquête* s'est révélée - *de tels cas* se voient	- *il* pouvait s'agir d'... - *il* s'agirait d'...

- *Les circonstances de cette macabre découverte* (macabre : qui a un rapport avec la mort).

- Il s'agit d'une personne qui avait de bonnes relations avec ses voisins. La personne semblait absente. Mais les volets étaient ouverts. Plusieurs fois, les voisins inquiets ont frappé à la porte. Ils avaient même téléphoné à la famille. Sans réponse. Avec la police on a décidé d'enfoncer la porte. Le corps était entièrement carbonisé à côté d'un fauteuil intact. Les voisins ont été terrifiés par cette découverte inexplicable.

d) L'inspecteur Segret reprend l'enquête :

- « S'il ne s'agissait pas d'un phénomène de combustion spontanée, ce serait... »

- Imaginer les hypothèses. Les développer. Exemple :

« ... ce serait un crime parfait ».

2. Résistance au froid - Coincidences

a) Lecture

b) Explication du vocabulaire : *le moine, le vaisseau (sanguin), la caverne, la voyante, le devin, la croyance, la sécurité, un astrologue, sanguin, consulter, recruter, abolir, décapiter.*

c) **Verbes au conditionnel** (voir question, p. 102)

- consulterait - fréquenteraient	affirmation non vérifiée
- porterait	futur du passé

- Introduire les valeurs du conditionnel (voir GRAMMAIRE ET VOCABULAIRE).

• *Illustrations, pp. 96-97*

- Introduire le vocabulaire des phénomènes étranges à partir des trois tableaux. Conversation dirigée.
- Décrire les tableaux (composition, dessin, touche, couleur, lumière, scène(s), paysage, personnages, objets). Expliquer les titres.
- Lequel préférez-vous ? Justifier votre choix.

> • Goya *(1746-1828), peintre espagnol. Dans ses peintures, il critique les vices, l'ignorance et la superstition de la société espagnole. Il a beaucoup influencé l'art du XIXe siècle français, du romantisme à l'impressionnisme.*
> • J. Bosch *(1450-1516), peintre flamand. Ses tableaux sont des compositions foisonnantes et des visions fantastiques. On y voit se mêler la faune, la flore, des organes, des objets, des symboles mystiques, des personnages humains, des animaux fabuleux, des diables, des scènes infernales, des détails cruels, des détails érotiques. Ses thèmes favoris étaient la folie, le péché et la mort.*
> • R. Magritte *(1898-1967), peintre belge qui a appartenu au courant surréaliste. Il a surtout créé des images déroutantes à partir d'objets quotidiens en les plaçant dans des contextes insolites, en modifiant leur échelle et en les associant de manière inattendue.*

GRAMMAIRE ET VOCABULAIRE

• Le vocabulaire des phénomènes étranges (p. 99)

a) Conversation dirigée à partir des illustrations des pp. 96-97
  - Goya : les sorcières, le diable
  - Bosch - Magritte : la vision, l'étrange.
b) Faire l'exercice 7, p. 103.

• Les sens du conditionnel (p. 98)

1. Partir des exemples contenus dans les articles p. 97 (affirmations atténuées et futur du passé).
2. Évoquer la demande polie. Utiliser la situation :
   Anne veut aller au cinéma. Elle souhaite que Fabien l'accompagne. Il ne veut pas. Elle insiste.
3. Rappeler l'emploi du conditionnel pour donner un conseil : Pierre conduit trop vite. Donnez-lui des conseils de prudence.
4. La valeur de supposition et d'hypothèse a déjà été vue (voir première séquence).
5. Faire l'exercice 8, p. 105.

• La vision passive (p. 98)

1. Utiliser les trois articles p. 97.
a) Rechercher les verbes de sens passif et les classer.
Ne pas oublier les verbes pronominaux de sens passif (s'est réveillé, s'enflammer, s'observe, s'élèverait).
b) Formation de la conjugaison passive.
Prévoir l'apprentissage systématique de la conjugaison.
2. Présenter le tableau p. 98.
a) *Passif inachevé* (être + *participe passé*)
   - Faire produire des phrases à partir de la situation : Le gouvernement a été très critiqué. Le Premier ministre se défend. Il rappelle l'ensemble du travail effectué : *Des logements ont été construits...*
b) *Forme passive complète (présence du complément d'agent)*
   - On peut la considérer comme la transformation d'une phrase active correspondante.
   - Poser des questions sur le savoir culturel des élèves (roman, peinture, cinéma, chanson, sport). Ces questions doivent entraîner la construction passive dans la réponse. Exemple :
     Q. Qui a peint *Le Sabbat des sorcières* ?
     R. *Le Sabbat des sorcières* a été peint par Goya.
   - Faire l'exercice 9, page 106.

c) **Verbes pronominaux de sens passif.**
   - Animation grammaticale à partir de la situation : l'approche des animaux sauvages.
   - Provoquer l'utilisation de : *se voir, s'observer, s'approcher, se photographier, se filmer.*
   - Faire l'exercice 12, p. 106.
d) *Faire (ou se faire)* **+ verbe à l'infinitif.**
   - Utiliser la situation suivante : Pierre a mis sa voiture au garage.
     (*il fait laver, réparer, changer… , régler…, vérifier…, gonfler…*).

• **La peur et ses manifestations (p. 99)**

Introduire le vocabulaire de la peur avant d'utiliser l'extrait du *Horla* de Maupassant p. 107.
Animation lexicale :
   - Utiliser *Le Sabbat des sorcières,* p. 96.
     (Réaction des sorcières, manifestation de la peur à la vue du démon.)
   - Autres situations de peur : le film d'épouvante, la vue du monstre.
   - Poursuivre avec l'extrait de Maupassant p. 107.

ACTIVITÉS

MÉCANISMES B

• Exercice de transformation : Utilisation de *si* + plus-que-parfait + négation.

• Exercice de transformation : utilisation de la forme passive inachevée (sans complément d'agent).

■ *EXERCICE 1 — Écoutez !*
• Je n'ai pas pu me coucher tôt. J'avais trop de travail.
• Mais si je n'avais pas eu de travail, je me serais couché(e) tôt.
■ *A vous !*
• Elle n'est pas sortie. Il neigeait.
• Mais s'il n'avait pas neigé, elle serait sortie.
• Les enfants ont mis le feu à la maison. Ils avaient joué avec les allumettes.
• Si les enfants n'avaient pas joué avec les allumettes, ils n'auraient pas mis le feu à la maison.
• Elle n'a pas réussi à faire tourner la table. Elle n'a pas de pouvoirs spéciaux.
• Si elle avait des pouvoirs spéciaux, elle aurait réussi à faire tourner la table !
• Tu n'as pas pu éviter l'accident. Tu as paniqué.
• Si tu n'avais pas paniqué, tu aurais pu éviter l'accident.
• Les pompiers n'ont pas éteint l'incendie. On ne les a pas appelés à temps.
• Si on avait appelé les pompiers à temps, ils auraient éteint l'incendie.

■ *EXERCICE 2 — Écoutez !*
• On a construit des logements neufs ici ?
• Oui, des logements neufs ont été construits.
■ *A vous !*
• On a appelé Mireille au téléphone ?
— Oui, Mireille a été appelée au téléphone.
• On avait allumé un feu dans la cheminée ?
— Oui, un feu avait été allumé dans la cheminée.
• On illuminera l'arbre de Noël ?
— Oui, l'arbre de Noël sera illuminé.
• Dans le passé, on éclairait les rues au gaz ?
— Oui, dans le passé les rues étaient éclairées au gaz.
• On déconseille l'usage des produits d'entretien inflammables ?
— Oui, l'usage des produits d'entretien inflammables est déconseillé.

EXERCICES

EX. 7, p. 103
Travail par deux. Mise en commun après chaque activité.
1. Lecture
2. Donner un titre à chaque récit.
3. Les événements sont relatés à la radio. Faire utiliser le conditionnel pour marquer la valeur non vérifiée de l'information.
4. Production écrite : relater un autre phénomène étrange sous forme de petit article.

EX. 8, p. 105.
Les sens du conditionnel
a) Regret. — b) Demande polie. — c) Affirmation non vérifiée — d) Futur dans le passé —
e) Hypothèse — f) Conseil.

EX. 9, p. 106

Exercice de transformation. Passage de la construction nominale à la phrase passive.
La presse utilise souvent ce type de construction pour les titres.
a) La baignade est interdite.
b) J. Brun a été hospitalisé d'urgence.
c) Un traitement contre le vieillissement a été découvert.
d) Dans 15 ans, les réserves de pétrole seront épuisées.
e) *Le Rouge et le Noir* a été écrit par Stendhal en 1830.
f) Le tableau *Le Maître d'école* a été peint par Magritte.
g) Hannibal a été vaincu par les Romains en 202 avant J.-C.

EX. 10, p. 106

Exercice de réemploi de *faire* (ou *se faire*) + infinitif. Travail par deux. Mise en commun.
- Nous devons le faire garder. Il faut faire venir une baby-sitter.
- Alors il faut la faire réparer. Il faut faire changer le moteur. Il faut faire vérifier les freins. Et la faire repeindre.
- Tu devrais lui faire donner des cours et le faire suivre par un psychologue.
- Il s'était fait refaire le nez. Il s'était fait couper les cheveux et raser la moustache. Il s'était aussi fait faire un superbe costume jaune citron.

Exercice d'écoute à faire avec la cassette

EX. 11, p. 106

• Écouter chaque récit deux fois. Remplir la grille p. 106.

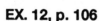

1. *Peggy :* Tu peux pas imaginer la peur que j'ai eue la nuit dernière. J'en ai encore la chair de poule !
Charles : Et qu'est-ce qui a bien pu te mettre dans un état pareil ! Tu as encore l'air épouvanté. Tu as vu le diable ! Tu as rencontré Dracula !
Peggy : Ne te moque pas de moi. Si tu savais ! Hier, vers minuit...
Charles : L'heure du crime !
Peggy : Eh bien, j'étais seule. Tout à coup, le téléphone sonne. Je décroche. Personne au bout du fil ! Pas plus tôt raccroché, ça sonne encore. Et toujours le silence au bout du fil. Ça m'a fait une drôle d'impression. Et ça s'est produit plusieurs fois. A la fin je n'osais même plus décrocher... J'essayais de lire... Soudain, j'entends la sonnette qui résonne de façon prolongée, dans un silence total... Et on frappe des coups réguliers et bizarres contre la porte ! Si tu savais ! J'ai commencé à paniquer. Je me demandais ce qu'on me voulait... Et les coups continuaient, sans réponse ! Quelle panique ! Je ne savais plus que faire ! D'habitude, je garde plutôt mon sang-froid. Mais alors là, j'en avais des sueurs froides ! Tu ne peux pas savoir tout ce qui me traversait l'esprit ! J'ai pensé à un cambrioleur, à un extraterrestre ! Tu ne peux pas savoir ! Et puis, j'avais toujours en tête ce film d'épouvante que j'ai vu la semaine dernière ! Touche mes mains, je suis encore glacée de peur !
Charles : (Rires) Décidément ! Si j'avais su que tu réagissais comme ça !
Peggy : Quoi, c'est toi qui m'a fait ce coup ! Mais t'es fou ou quoi ? Mais, qu'est-ce qui t'a pris de faire ça ?

2. *Frédéric :* Ouf ! Ouf ! Je ne crois pas que je sois fait pour l'escalade. J'ai le vertige... Oh non ! Je reste ici. Je ne bouge plus... Ecoute, dès que je regarde le vide, j'ai l'impression de plonger. C'est terrible ! Je suis paralysé. Vraiment bloqué ! Je peux pas regarder ! Tu m'excuseras. Mais, il faut que je garde les yeux fermés. C'est terrible ! J'sais pas comment je vais faire ! J'peux pas monter ! J'peux pas descendre ! J'ai la tête qui tourne. C'est terrible j'ai le vertige. Si tu savais comme je suis crispé ! J'en tremble !
Robert : J'vois bien. Tu es très pâle. Et puis tu respires mal. Essaie de te dominer, de te calmer... Ça arrive, tu sais. Respire lentement. Et surtout détends-toi. Ne pense plus à rien. Et évite de parler...

3. *Agnès :* Oh ! quelle émotion, je vous jure ! La porte de la cuisine était ouverte sur le jardin. Est qu'est-ce que j'entends dans un coin ? Un bruit curieux. Et qu'est-ce que je vois ! Un rat ! Oh ! mon Dieu ! Quelle frayeur ! C'est abominable, un rat ! C'est ce qu'il y a de plus répugnant au monde ! Rien que le nom, ça me fait frissonner ! Quelle trouille ! Ça me soulève encore le cœur ! Avec toutes ces histoires de rats ! Berk ! Berk ! Il y a des rats qui viennent vous manger les pieds pendant le sommeil ! Heureusement, j'ai trouvé une chaise ! Mais j'ai failli m'évanouir ! C'était AFFREUX ! Maintenant, je ne descends plus à la cave. Et je ne monte plus au grenier. On ne sait jamais ! Et avant de me coucher, je vérifie s'il n'y a rien sous le lit ! Philippe me dit que j'exagère ! Mais on ne sait jamais ! Berk ! Berk ! Impossible de me débarrasser de cette idée fixe ! Ça devient une obsession !

EX. 12, p. 106

Exercice de transformation : utilisation de la forme pronominale de sens passif.
a) - Le phénomène s'explique pas.
   - Les instructions doivent s'exécuter dans l'ordre précis.
   - Ce disque s'écoute les yeux fermés.
   - Le champagne se boit frappé (rafraîchi dans la glace).
   - Les échecs de cet ancien champion se comprennent mal.

b) Tout à coup une porte se ferme. Une fenêtre s'ouvre violemment. Le rideau de la fenêtre se déchire. Des coups sourds frappés sur le plafond se laissent percevoir nettement. Et soudain, on voit une forme étrange dans l'encadrement de la fenêtre. Aussitôt les murs se crevassent. La caméra se rapproche de la fenêtre.

EX. 13, p. 107
Expression écrite. Travail par deux. Mise en commun après l'activité.
- Faire utiliser le conditionnel qui exprime le conseil ou la supposition.

CIVILISATION

• *La France mystérieuse, p. 104*

1. Lieux étranges, p. 104.

a) Lecture.
b) Expliquer *signes étranges et indéchiffrables.*
c) Relever les hypothèses d'explication proposées.
Faire une phrase pour chaque hypothèse : exemple :   Il pourrait s'agir d'une écriture archaïque.
                                        On dirait les signes d'une religion primitive.
                                        Ça pourrait aussi être l'image d'un cadastre.

2. Illustration : Signes dans la vallée des merveilles, p. 104

a) Proposer des explications pour faire comprendre les figures tracées sur la roche.
(Faire employer :   Il pourrait s'agir...de
                  On dirait...
                  Ça pourrait être...)
b) Présenter d'autres lieux, faits ou histoires entourés de mystère.

3. Indications chiffrées (p. 104)

Essayer d'expliquer l'attirance de certains français pour l'astrologie, la médecine naturelle, la parapsychologie.

On peut essayer d'expliquer cette attirance de diverses façons.
- Le confort matériel n'est pas une solution spirituelle.
- Certaines personnes cherchent un remède à leur malheur personnel (solitude, manque d'amour). Ni la médecine, ni les psychologues ne les aident.
- Les gens vivent dans un monde rationalisé, dominé par les sciences et les techniques. Le monde intérieur et les sentiments personnels sont négligés.
- Beaucoup de gens se sentent menacés par un progrès dévorant. Ils sont inquiets.
- Les religions traditionnelles auraient perdu leur part de mystère. Elles seraient laïcisées.
- Le monde s'est banalisé. Tout se standardise. Il n'y a plus de différences.

4. Superstitions (p. 104)

a) Existe-t-il des superstitions identiques, voisines dans votre région, dans votre pays ?
b) Rédiger un petit descriptif de ces superstitions.

5. Radiesthésistes, guérisseurs et magnétiseurs (p. 105)

a) Relever quelques recettes de guérisseurs. Qu'en pensez-vous ?
b) Connaissez-vous des personnes qui ont eu recours à un guérisseur ? Qu'en disent-elles ?

6. Illustration : La cartomancienne (p. 105)

Travail par deux. Mise en commun après chaque activité.
a) Commentaire de l'illustration. Sujets abordés par la cartomancienne (amour, fortune, travail, amitié, santé, réussite, échecs...)
b) Vous allez consulter une cartomancienne. Imaginer le dialogue. Utiliser le futur et le futur proche.

LITTÉRATURE

Le fantastique : extrait du Horla de G. de Maupassant (p. 107)

Travail par deux. Mise en commun après chaque activité.
1. Dessiner le décor de la pièce où se trouve le narrateur.
2. Expliquer : « lui dont le corps imperceptible avait dévoré mon reflet » ;
               « C'était comme la fin d'une éclipse » ;
               « Je l'avais vu ».
3. Rechercher les mots en rapport avec la vue.
4. Rechercher les mots qui indiquent la peur.
5. Imaginer la suite de l'histoire.

BILAN

UNITÉ 2

■ 1. Subjonctif ou indicatif

a) soit, b) feront, c) s'entendra, d) soient, e) puissent, f) fassent, g) aille , h) ira, i) fassions.

■ 2. Les propositions relatives

• ... une personne avec laquelle je m'entends bien et sur laquelle je peux compter.
• ... un pays auquel Sylvie est très attachée et dont elle parle constamment.
• ... un recueil de poèmes qu'il offre à tous ses amis et dont il est très fier.
• ... avec Patrick qui l'a toujours aidée et auquel elle fait confiance.

■ 3. Les pronoms interrogatifs

• De quoi a-t-il besoin ?
• Lequel vas-tu acheter ?
• Pour lequel va-t-il voter ?
• De qui parle-t-elle ?
• A qui écris-tu ?
• A quoi s'intéresse-t-elle ?
• Par lequel est-elle fascinée ?
• Avec laquelle pars-tu en voyage ?

■ 4. La vision passive

• Les portes s'ouvrent à 8 h.
• La législation sur les vins de qualité sera renforcée.
• Le comité se composera de vingt membres.
• Les Français sont attachés à la lecture d'un quotidien.
• Le cassoulet se prépare avec des haricots, des saucisses et du confit de canard.
• Hier la loi sur l'immigration a été votée par l'Assemblée.

■ 5. Les sens du conditionnel

• Il serait = futur du passé
• Elle serait partie = hypothèse
• Voudriez-vous = demande polie
• Le gouvernement aurait décidé = affirmation non vérifiée
• J'écouterais = conseil
• J'aimerais = souhait.

■ 6. Faire ou se faire + infinitif

• Il doit la faire réparer.
• Elle doit les faire couper.
• On doit les faire repeindre.
• Elle devrait se faire aider.
• Il va se faire gronder.
• Il va se le faire voler.
• Elle va se faire retirer son permis.
• Nous allons nous faire ramener.

■ 10. Test culturel

1. A l'époque de François Ier (1539).
2. La Corse, la Bretagne, l'Alsace, le Pays Basque, l'Occitanie.
3. La Belgique, le Québec, le Mali, le Niger, le Togo.
4. C'est une conséquence de la colonisation. Il sert de langue de communication, de langue d'enseignement et de langue véhiculaire (sciences et techniques).
5. Langue latine, langue celtique, langue germanique.
6. George Sand (XIXe), Marguerite Yourcenar (XXe), Simone de Beauvoir (XXe).
7. Toucher du bois, passer sous une échelle, renverser une salière, croiser la fourchette et le couteau, ne jamais dire « bonne chance ».
8. Le Concorde, le Transrapid Ice, l'Usine Fiat de Cassino, l'Airbus A 320, le réseau Numéris.
9. Le Misanthrope.
10. La nouvelle.

LEÇON 1

❏ PREMIÈRE SÉQUENCE

OBJECTIFS

Vocabulaire	Grammaire
• L'exploit - l'aventure (p. 115) • *l'escalade, le casse-cou, le but, l'exotisme, la tribu, la jungle, l'élastique, la prouesse* • *téméraire, révolu* • *atteindre, motiver, banaliser, éprouver*	• L'expression de la cause (p. 114)
Communication	Civilisation
• Expliquer, justifier	• Le goût de l'aventure (p. 118)

DIALOGUES ET DOCUMENTS

• Illustrations, p. 112

- La traversée de l'Arctique en solitaire.
- Le ski à voile.
- Moto sur corde raide.
1. Conversation dirigée pour introduire le vocabulaire de « l'exploit et de l'aventure », p. 115.
2. Les trois personnages racontent leurs exploits.
   a) Le solitaire raconte les difficultés rencontrées.
   b) Le skieur raconte son échec à la première tentative.
   c) Interview du motard du vide : il raconte sa peur, son courage.

• Découverte de l'article « Les nouveaux aventuriers », p. 112

1. Lecture

2. Réponses aux questions (p. 116)

— **Liste des activités mentionnées**
   - Course Paris-Dakar.
   - Escalade des trois faces nord des Alpes en solitaire et en temps limité.
   - Traversée du Groenland sans chiens de traîneaux
   - Passer deux mois dans la jungle.
   - Saut à l'élastique dans le vide.
- Expliquer : *l'escalade, le casse-cou, le but, l'exotisme, la jungle, l'élastique, la prouesse, téméraire, révolu, atteindre, motiver, banaliser, éprouver.*
— **Expression et verbes indiquant la cause**

Expressions	Verbes
- car - d'autant plus que - puisque - comme	- faire courir (*faire* + inf.) - motiver

— Introduire les diverses formes de question sur la cause :
- Pourquoi pratiquent-ils ces activités ?
- Pour quelles raisons pratiquent-ils ces activités ?
- Comment se fait-il qu'ils fassent des sports dangereux ?

> On traitera l'expression du but ultérieurement (voir Deuxième séquence : GRAMMAIRE et VOCABULAIRE).

— **Expressions indiquant le but.**
- Quel *but* veulent-ils *atteindre* ?
- Qu'est-ce qui *motive* leurs actes ?
- *Afin de* + inf. ; *pour* + inf.

— **Raisons de l'engouement actuel pour l'aventure :**
- le besoin d'inconnu
- l'exotisme est banalisé
- la soif de conquête
- trouver de nouveaux domaines d'exploration
- connaître ses propres limites
- le goût du risque
- besoin de prouesse
- le désir d'être un héros dans un monde pantouflard (où la vie est facile)

— **Autres raisons possibles :**
- la curiosité
- la connaissance de soi
- la volonté de se dépasser (vaincre ses limites)
- échapper à la monotonie de l'existence
- se battre contre les éléments (la nature)
- le plaisir de surmonter des difficultés
- volonté de se faire connaître
- la recherche de la gloire médiatique
- volonté de gagner de l'argent (publicité, livres)
- le besoin de se distinguer
- réaliser un rêve

GRAMMAIRE ET VOCABULAIRE

- **L'exploit et l'aventure** (p. 115)

Ce vocabulaire a été introduit en début de leçon (voir DIALOGUES ET DOCUMENTS).

- **L'expression de la cause** (p. 114)

1. *Conjonctions + proposition*
a) Présentation : faire varier les diverses constructions à partir d'un exemple :
   G. Lemond est célèbre parce qu'il a gagné le Tour de France cycliste.
b) Réemploi à partir d'un jeu question/réponse.
   Un élève pose une question (Pour quelle raison X est-il connu ?).
   Un autre élève répond.
   Faire utiliser la diversité des conjonctions (voir p. 114).
c) *D'autant (plus) que*
   Faire réunir des phrases selon le modèle :
   Son échec s'explique. Il n'avait rien préparé.
   → Son échec s'explique d'autant (plus) qu'il n'avait rien préparé.

2. *Prépositions + nom*
a) Présentation des constructions à partir des situations suivantes :
   - Pourquoi a-t-il abandonné la compétition ?
   (*A cause* d'une maladie, *à la suite* d'un accident, *en raison* de problèmes familiaux, *faute* de préparation.)
   - Comment se fait-il que ce jeune sportif ait gagné ?
   (*Grâce* à ses efforts, *à force de* s'entraîner, *du fait de* sa volonté.)
b) Réemploi : production de phrases d'élèves à partir de :
   - *Comment se fait-il qu'il* (n')ait (pas) réussi son examen ?
c) Préciser les nuances :
   - *grâce à :* indique une cause favorable ;
   - *faute de :* à cause du manque de ;
   - *à force de* indique une nuance de durée ou de répétition.
d) Faire l'exercice 2, p. 114.

3. *Constructions avec faire, rendre, donner*
a) Utiliser les exemples de la p. 114
b) Faire les exercices Mécanismes A1 et A2, p. 116. Utiliser la cassette.
c) Faire l'exercice 1, p. 114.

4. *Utilisation des verbes exprimant un rapport de :*

    a) *cause* → *conséquence (ex. provoquer).* Vision « causative ».

    b) *conséquence* ← *cause (ex. résulter).* Vision « consécutive ».

a) Vision causative. Conversation dirigée. Faire utiliser le verbe de sens causatif dans la réponse de l'élève. Modèle :

    Q. Qu'est-ce qui a provoqué l'arrivée de De Gaulle au pouvoir en 1958 ?

    R. Ce qui a provoqué l'arrivée de De Gaulle au pouvoir, c'est...

b) Vision consécutive. Utiliser la situation suivante :

    - Un directeur d'agence de voyages fait la liste des raisons qui ont fait baisser les ventes.

    (Concurrence, prix pratiqués, publicité insuffisante, mauvaise organisation, lenteur des employés, erreurs trop fréquentes, absence du personnel...)

c) Faire distinguer au tableau ces deux groupes de verbes.

d) Faire l'exercice 6, p. 119.

5. *Les noms indiquant l'idée de cause.*

Préciser les domaines d'utilisation. Proposer un exemple.

    - la cause, la raison : sens général

    - l'origine, le point de départ, la source : idée de commencement

        ex. la source d'une information

    - le mobile : la cause passionnelle, sentimentale d'une action humaine

        ex. le mobile d'un crime

    - le motif : la cause intellectuelle d'une action humaine

        ex. le motif d'une visite, d'une demande

    - la motivation : ensemble des causes qui expliquent un acte

        ex. l'étude de motivation du consommateur

    - le prétexte : cause déclarée pour cacher la cause réelle

        ex. il faut que je trouve un prétexte pour expliquer mon absence

    - le fondement : employé dans l'expression *sans fondement*

        ex. votre peur est sans fondement.

ACTIVITÉS

MÉCANISMES A

- Exercice de transformation : utilisation de *donner* + nom (ou adjectif).

- Exercice de transformation : utilisation de *faire* + infinitif pour exprimer la cause.

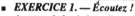

■ **EXERCICE 1. —** *Écoutez !*

• A cause de la chaleur, il a soif.

— La chaleur lui donne soif.

■ *A vous !*

• A cause de sa grippe, elle a des frissons.

— Sa grippe lui donne des frissons.

• A cause du soleil, j'ai chaud.

— Le soleil me donne chaud.

• A cause de cet effort violent, j'ai eu mal à la tête.

— Cet effort violent m'a donné mal à la tête.

• A cause de sa victoire, elle avait envie de pleurer.

— Sa victoire lui donnait envie de pleurer.

• A cause de ses difficultés d'argent, il a du souci.

— Ses difficultés d'argent lui donnent du souci.

■ **EXERCICE 2. —** *Écoutez !*

• Il claque des dents à cause du froid.

— Le froid le fait claquer des dents.

■ *A vous !*

• Nous sommes rentrés à cause du mauvais temps.

— Le mauvais temps nous a fait rentrer.

• Tu rêves à cause de cet exploit.

— Cet exploit te fait rêver.

• Ils ont réagi à la suite de leur échec.

— Leur échec les a fait réagir.

• Nous avons progressé grâce aux difficultés surmontées.

— Les difficultés surmontées nous ont fait progresser.

• Grâce à son courage et à sa volonté, elle a surmonté l'obstacle.

— Son courage et sa volonté lui ont fait surmonter l'obstacle.

EXERCICES

EX. 1, p. 116

Exercice de transformation. Utilisation des verbes *donner, faire* ou *rendre.* L'usage impose les emplois. Les constructions ne sont pas libres.

- Ça lui a donné envie de faire de la musique.
- Ça nous a beaucoup fait rire.
- Ça l'a rendue triste.
- Ça m'a fait dormir.
- C'est la chanson « Les Corons » qui a rendu P. Bachelet célèbre.
- Ça lui a donné des démangeaisons.

EX. 2, p. 116
Exercice à trou. Utilisation des conjonctions ou des prépositions indiquant la cause.
- ... à cause de la sécheresse (en raison de...)
- ... grâce à sa grande expérience (à cause de... - en raison de...)
- ... car il avait de bons freins (parce qu'...)
- Comme c'est ton anniversaire aujourd'hui, ... (Puisque...)
- ... pour ses travaux en biologie moléculaire.
- Puisque le train a une heure de retard...

Exercice d'écoute à faire avec la cassette
EX. 3, p. 116
1. Première écoute : repérer les quatre projets.
2. Expliquer les mots suivants :
- *la médaille, l'ULM* (ultra léger motorisé), *le parapente, le deltaplane, le phare* (faire un dessin)
- *la délégation* = l'ensemble des sportifs envoyés par un pays
- *combiner* = mettre ensemble
- *la considération* = le respect
- *confirmé* = reconnu
- *la sérénité* = le calme, l'absence d'agitation
- *le pionnier* = le premier créateur
- *inspirer* = faire agir
- *la discipline-phare* = discipline principale
- *malsain* = mauvais pour la santé (ici sociale)
- *une insulte* = acte, parole qui cherche à blesser.
3. Deuxième écoute. Faire écouter projet après projet.
Remplir la grille p. 116
4. Mise en commun.

Un représentant du ministère de la Jeunesse et des Sports : Tout d'abord il faut reconnaître que le nombre de médailles obtenues par nos sportifs aux Jeux Olympiques est modeste malgré l'importance de notre délégation. C'est un fait significatif. Nos sportifs de haut niveau éprouvent de grandes difficultés à combiner harmonieusement leur vie familiale, leurs contraintes professionnelles avec les exigences du sport. Et nous n'avons que rarement pour eux la reconnaissance et la considération qu'ils méritent. Aussi proposons-nous de créer un statut de sportif de haut niveau. Cela permettrait à des champions confirmés de se consacrer à leur discipline tout en préparant une future reconversion. Nous négocions aussi des facilités de circulation pour leur famille avec les compagnies aériennes. Grâce à ces mesures, nos champions pourront se préparer aux grandes épreuves internationales en toute sérénité. Et bien sûr leur donner l'exemple aux jeunes !

Les deux projets suivants s'adressent d'ailleurs surtout à la jeunesse. En effet, avec une chaîne de télévision nationale, nous allons créer une émission entièrement consacrée aux jeunes sportifs. Leurs performances méritent d'être connues. Leurs exploits doivent être popularisés. Il faut en assurer la promotion. Car ce sont là encore des exemples à suivre... Nous allons également lancer en direction des jeunes une opération « Sport et Technique ». En effet, le sport apparaît trop souvent coupé de la vie moderne et notamment des progrès techniques. Alors qu'il en est très proche. Songez par exemple aux sports les plus récents comme le deltaplane, le parapente ou l'U.L.M. Ces disciplines associent maîtrise, technique et qualités sportives. Songez aussi aux pionniers de l'aviation ! Ne faut-il pas retrouver l'esprit qui les a inspirés ? Aussi proposons-nous de créer dans chaque établissement technique une discipline-phare qui plongerait nos jeunes dans l'aventure dès le lycée ! Les uns pourraient s'adonner à la voile, les autres à la plongée, à l'escalade ou à la moto. Il faut réinventer l'esprit d'aventure pour mieux affronter les défis du futur.

Le dernier projet enfin, visera à lutter contre les formes d'agressivité malsaines qui se manifestent trop souvent dans le public de nos stades. Il faut arrêter les insultes, les jets d'objets et les violences au sein du public. Il est vrai que les stades canalisent bien des sentiments obscurs. Mais les comportements agressifs peuvent être à l'origine d'incidents graves. Il nous faut mettre en place une politique éducative pour prévenir ces comportements. Le public a un cœur qui bat. Il doit aussi avoir un cerveau qui pense.

EX. 4, p. 117
Exercice oral. Préparation écrite.
1. Imaginer ce qu'ils font, ce qui les motive.

	Sœur Emmanuelle	Véronique Le Guen	Djamel Balhi	Le cascadeur
Actions	- aider les enfants pauvres, les handicapés - soigner les malades - faire construire des écoles, des hôpitaux - s'occuper des enfants, des orphelins, des mendiants	(elle est sous terre) - écouter de la musique - lire, attendre	courir, se reposer repartir	sauter, tomber, remplacer les acteurs en cas de danger
Motivations	- la vocation religieuse - aider les autres - lutter contre la misère humaine	- réussir un exploit - se dépasser - lutter contre soi-même - par plaisir - pour devenir célèbre		- gagner sa vie - le goût du risque - jouer avec la mort

EX. 5, p. 118

Activité globale : compréhension écrite. Expression écrite et orale. Travail de groupes. Mise en commun après chaque étape.
1. Lecture individuelle.
2. Explication des mots inconnus :

- *L'impulsion* = l'instinct, le désir
- *Radicalement* = totalement
- *Empoisonné* = qui a du poison
- *Intertribal* = entre les tribus
- *Le paludisme* = maladie transmise par un moustique et provoquant de fortes fièvres
- *Décimer* = tuer
- *Encourir un risque* = prendre un risque

- *(une idée) préconçue* = faite à l'avance, sans expérience
- *Fataliste* = qui croit que les événements sont fixés d'avance par le destin
- *Contourner* = faire le tour
- *Le piment* = fruit rouge qui brûle la bouche
- *Impliquer* = entraîner
- *Impromptu* = non préparé.

3. Comparer les deux conceptions de l'aventure en utilisant la grille :

Définitions l'aventure	Expériences vécues	But(s)	Conception du risque/ Préparation	Compagnons d'aventure

4. Donner votre définition personnelle de l'aventure. Justifier.
5. Élaborer un projet commun d'aventure.
a) Recherche collective au tableau des points à développer :
  - Description générale : type d'aventure, lieu, but, participants, date de réalisation.
  - Préparation : financière (sponsors), matérielle, technique, alimentaire, médicale, physique, psychologique.
  - Médiatisation : presse, télévision, écriture d'un livre.
b) Rédaction des projets.

EX. 6, p. 119

Exercice de réemploi lexical. Travail par deux. Mise en commun.
a) - L'ouragan a *causé* de graves dégâts dans l'île et a *fait naître* un sentiment de désespoir chez les habitants.
  - La gestion informatisée *permettra* un gain de temps mais *provoquera* une compression du personnel.
  - Le conflit entre Rémi et son directeur *a créé* une situation professionnelle insupportable qui *a entraîné* sa démission.
  - Le projet de loi sur l'école privée en 1984 *a déclenché* la colère des écoles privés, ce qui *a amené* le gouvernement à revenir sur ses positions.
  - *Faire naître* s'emploie pour les sentiments.
  - *Déclencher* s'emploie pour indiquer l'apparition d'un phénomène brutal.
Les autres verbes sont synonymes.
b) - La jalousie de Cécile découle du comportement de James.
  - La flambée de violence résulte d'une attitude rigide du gouvernement.
  - Sa méfiance à l'égard de ses collègues vient de ses nombreuses déceptions.

• En 1984, le gouvernement a essayé d'unifier les secteurs d'enseignement public et privé. Un vaste mouvement de mécontentement des écoles privées et des parents concernés a obligé le gouvernement à retirer son projet.

EX. 7, p. 119
• Les gens regardent de plus en plus la télévision parce qu'ils ont davantage de loisirs, en raison de l'augmentation des heures de programme et de la multiplication des chaînes, du fait qu'il leur est possible de regarder des spectacles à peu de frais, etc.
• La mécanisation de l'agriculture a provoqué une diminution des besoins en main-d'œuvre. L'impossibilité de vivre sur une petite propriété a entraîné le départ des jeunes vers les villes, etc.

❑ DEUXIÈME SÉQUENCE

OBJECTIFS

Vocabulaire	Grammaire
• Le relief (p. 115) • la main et l'objet (p. 115) • *la horde, la brute, le sauvage, le hurlement, le salut, la gorge, la paroi, le grondement, la combinaison, la plongée, le casque, une plaque, le courant, l'écho, la roulette* • *fluorescent, tumultueux, infernal* • *assouvir, débouler, fouetter, envelopper, repérer, s'agripper, flotter*	• L'expression du but (p. 114)
Communication	Civilisation
• Dire ses goûts et ses préférences (p. 114)	• Le sport en France (p. 119-120) • le relief de la France (p. 121)

DIALOGUES ET DOCUMENTS

• *Illustration, p. 113*
— **Introduire le vocabulaire :**
  - *la combinaison, la plongée, le casque, une plaque flottante, fluorescent, s'agripper, flotter.*
  - *le courant, tumultueux, infernal, débouler, fouetter, flotter.*

• *Découverte de la lettre, p. 113.*

1. Lecture

2. Expliquer

  - *la gorge, la paroi, le grondement, l'écho*
  - *la horde, le hurlement, la brute, le sauvage, le salut*
  - *assouvir, repérer, envelopper.*

3. Réponses aux questionx p. 122

— **Lieux de tranquillité et incidents :**

Lieux	Incidents
- La montagne, un petit sentier, une pente escarpée	- un groupe en vélo tout-terrain pousse des cris de sauvages
- le sommet	- hurlement d'un voisin de l'hôtel qui pratique du deltaplane
- la vallée, une gorge profonde	- hurlements d'un sportif qui descend le torrent en plaque flottante
- la prairie	- ceux qui descendent en planche à roulettes
- les pics	- atterrissage en parachute

— Suite à la lettre. Exemple :

C'est désespérant. Il est impossible de trouver le calme. On ne peut pas rester cinq minutes en paix. Le bruit nous a envahi. Nous sommes pollués par les décibels.

Hier soir, je suis redescendu vers «la civilisation des villes». Je pensais simplement prendre un café dans un petit bar oublié. Erreur. J'étais entré sans le savoir dans une obscure boîte de nuit où un orchestre rock assourdissant s'est déchaîné... J'ai pris la fuite et j'ai marché le long des rues vides dans la nuit. Une voiture chargée de jeunes en fête m'a presque écrasé alors que je traversais la rue... Je me disais que le petit restaurant du coin serait l'endroit rêvé pour oublier tout ça. Erreur encore. Une famille nombreuse est venue se placer à mes côtés et m'a fait profiter de sa discorde et des cris d'un bébé à la voix de stentor affamé...

GRAMMAIRE ET VOCABULAIRE

• **L'expression du but** (p. 114)

1. *Relever dans l'article (p. 112) les expressions qui indiquent le but.*

2. *Utiliser l'illustration (p. 113) pour introduire :*

a) les questions sur le but :
- Dans quel but } s'entraînent-ils ?
- Pourquoi

b) Les expressions *pour, afin de, dans le but de, de façon à, en vue de* + infinitif. Faire produire des phrases en faisant varier les mots exprimant le but.

Ils s'entraînent pour participer à une compétition.

c) Réemploi. Utiliser la situation suivante :

Céline est venue passer trois jours seule à la campagne. Dans quel but ?

(En vue de se reposer, de façon à pouvoir terminer son roman, pour prendre une décision importante, afin d'oublier ses problèmes professionnels, etc.)

3. *Pour que... afin que... de façon que... de sorte que... de manière que + subjonctif.*

a) Utiliser la situation suivante :
- Dans quel but M. le Maire a-t-il fait retirer toutes les chaises de cette salle ?
  (Danser, faire la fête, contenir beaucoup de monde, tenir la réunion électorale...)

b) Faire la première partie de l'exercice : Mécanismes B.

c) Réemploi.
- Dans quel but les étudiants manifestent-ils ?

4. *De crainte que... de peur que + subjonctif.*
- Ces expressions correspondent à *pour que + ne... pas.*
- Signaler l'emploi de ne sans valeur négative après *de crainte que* et *de peur que.* Utiliser la situation suivante :
  M. Dupont a caché son argent. Dans quel but ?

5. Faire l'exercice 8, p. 122.

6. *Les verbes et les noms exprimant l'idée de but.*

a) La campagne publicitaire *vise* à augmenter les ventes. A la fin de l'année, nous verrons si *le but est atteint.*

b) - *Une finalité :* quelle est la finalité de ce projet ?
- *Une fin* = la fin justifie les moyens.
- *Un but* = son but est de devenir champion du monde.
- *Un objectif* = se laisse définir plus précisément.
  ex. : Les objectifs d'une politique, d'une leçon.
- *Avoir pour objet :* les mesures gouvernementales ont pour objet de lutter contre les excès de vitesse.
- *Une intention :* dans quelle intention a-t-il fait ce cadeau ?
- *Un dessein :* (littéraire).

7. Faire l'exercice 9, p. 122.

• **Goûts, préférences**, p. 114

1. Conversation dirigée à partir des spectacles préférés.

2. Travail par deux : faire la liste de tout ce que vous n'aimez pas. Mise en commun. Introduire les verbes et les noms en rapport avec l'idée *de ne pas aimer*.

3. Faire expliquer *sourçophobe* (voir lettre, p. 113).
Introduire les suffixes *-phobe, -phile, -mane*.

4. Faire la deuxième partie de l'exercice : Mécanismes B.

5. Aborder la partie Civilisation : *Le sport en France*, pp. 119-120.

6. Faire l'exercice d'écoute 10, p. 122.

• **Vocabulaire de la main et de l'objet, p. 115**

1. Introduire le vocabulaire par le mime et le geste

2. Expliquer les images, p. 115

3. Faire l'exercice 11, p. 115.

• **Le relief, p. 115**

1. Introduire le vocabulaire en utilisant les illustrations, p. 121.

2. Utiliser le dessin au tableau, des images.

3. Aborder la partie intitulée : « Le relief de la France », p. 121.

4. Aborder l'extrait littéraire : « Les paysages romantiques », p. 123.

ACTIVITÉS

MECANISMES B

• Exercice de transformation : utilisation de *pour que* + subjonctif.

• Exercice de transformation : utilisation de *plaire* + négation + pronom personnel COI.

■ *EXERCICE 1. — Écoutez !*
• Il doit venir tout de suite. C'est pourquoi je l'appelle.
— Je l'appelle pour qu'il vienne tout de suite.
■ *A vous !*
• Ils doivent réussir. C'est pourquoi je les aide.
— Je les aide pour qu'ils réussissent.
• Tu dois être en forme. C'est pourquoi on t'interdit de fumer.
— On t'interdit de fumer pour que tu sois en forme.
• Vous devez devenir des champions. C'est pourquoi on vous entraîne.
— On vous entraîne pour que vous deveniez des champions.
• Ils peuvent marquer un but. C'est pourquoi le public les encourage.
— Le public les encourage pour qu'ils marquent un but.
• Elle doit avoir confiance en elle. C'est pourquoi il la soutient.
— Il la soutient pour qu'elle ait confiance en elle.

■ *EXERCICE 2. — Écoutez !*
• Jean-Marie a aimé le film ?
— Non, ça ne lui a pas plu.
■ *A vous !*
• Les enfants ont aimé la promenade ?
— Non, ça ne leur a pas plus.
• Les clients avaient apprécié le menu ?
— Non, ça ne leur avait pas plu.
• Vous avez été enthousiasmés par le spectacle ?
— Non, ça ne nous a pas plus.
• Elles ont trouvé la pièce réussie ?
— Non, ça ne leur a pas plu.
• Tu as dû adorer cette fête !
— Non, ça ne m'a pas plu.

EXERCICES

EX. 8, p. 122.

Exercice d'apprentissage. L'expression du but. Utilisation de l'infinitif ou du subjonctif.
On utilise l'infinitif lorsque le sujet des deux verbes est le même.
Réponses possibles :
- en vue de recevoir nos futurs partenaires
- de crainte qu'ils ne trouvent personne à leur arrivée
- pour faire les réservations
- de sorte que nous soyons au calme pour négocier
- de façon que tout soit prêt

- de façon que chacun puisse le lire
- de façon à corriger les erreurs
- pour qu'ils puissent visiter la capitale
- de peur qu'ils ne refusent de signer.

EX. 9, p. 122

Exercice de réemploi et d'invention. Utiliser le vocabulaire en rapport avec l'idée de but et les expressions suivies de l'infinitif ou du subjonctif. Travail par deux. Mise en commun.

a) *Exemple de présentation des objectifs de l'enseignement du latin et du grec.*

> Dans quel but choisir le latin ou le grec ?
> 1. *Pour* faciliter l'étude de la langue française et en particulier la compréhension de la grammaire ;
> 2. *en vue* d'enrichir le vocabulaire. En effet, beaucoup de mots français sont d'origine latine ou grecque ;
> 3. *dans le but* de développer l'aptitude au raisonnement, l'esprit d'analyse et de synthèse, le goût de la rigueur et de la précision ;
> 4. *afin de* connaître les grands mythes et les grands textes qui ont nourri notre philosophie et notre littérature ;
> 5. enfin *de façon à* favoriser la compréhension de notre civilisation, de notre histoire, de nos lois et de nos mœurs.

b) *Élaborer un projet.*

Travail de groupes ou travail individuel. Emploi de l'expression du but. Ne pas oublier les noms indiquant l'idée de but (le but du projet est de..., l'objectif principal sera de..., il faudra atteindre le but avant le...).
Un travail collectif de recherche d'idées peut indiquer des pistes :
- *Projets pour une ville :* créer un centre culturel, un parc de loisirs, un réseau de pistes cyclables, des aires de jeu, rénover un vieux quartier historique, développer les espaces verts.
- *Projets pour une école :* organiser des échanges scolaires, un voyage d'étude, un concours, monter une pièce de théâtre.
- *Projets personnels :* préparer une expédition en Amazonie, une reconversion professionnelle, un travail de recherche, aller vivre dans un pays étranger, faire le tour du monde en bateau.

Exercice d'écoute à faire avec la cassette
EX. 10, p. 122

1. Première écoute : relever le plus grand nombre d'activités, de loisirs, qui apparaissent dans les propos de l'artiste.
2. Expliquer les mots :

- *se détendre*	=	se reposer	- *la décharge*	= lieu où l'on jette les objets usés
- *un couvent*	=	un lieu où des religieuses vivent en communauté	- *contaminer*	= transmettre une maladie
- *retiré*	=	éloigné	- *prolonger*	= augmenter la durée (ici, la profondeur)
- *le punch*	=	l'énergie	- *alimenter*	= nourrir
- *flâner*	=	marcher sans but	- *éclore*	= s'ouvrir (pour une fleur)
- *sacrifier*	=	ici, abandonner quelque chose	- *boulimique*	= qui a toujours faim.

3. Deuxième écoute : remplir la grille suivante. Puis mise en commun.

Activités qu'elle aime	intérêt ou but de l'activité	Activités refusées	raison du désintérêt

Une artiste (voix féminine) : Vous savez, je... je travaille beaucoup. Ecrire, peindre, sculpter, ça me prend beaucoup de temps. Alors parfois, je... je coupe tout. Oui, il faut savoir se détendre. Et pour créer, il faut faire le plein d'émotions, d'impressions... J'aime beaucoup me recueillir. Et, de temps en temps, je... je fais une retraite dans un couvent retiré. Je fais le vide pendant une semaine, et je retrouve tout mon punch... Mais j'adore aussi flâner sur les grands boulevards. Je regarde. J'observe. Une rue, un objet, les gens, un visage, une expression. Ça m'inspire... Et en ce qui concerne le sport, j'en fais pas mal. Il faut bien garder la forme ! Je m'oblige à faire du footing régulièrement... Mais c'est très très dur. Par contre, je me rends à mon cours de yoga avec plaisir. En sortant, c'est fabuleux, j'ai l'impression d'être en harmonie avec le monde entier... L'été dernier, j'ai essayé la plongée sous-marine... On m'avait conseillé ça ! Mais, alors c'est vraiment pas un truc pour moi ! Je ne suis pas un être des grandes profondeurs (Rires)... Je suis un être des grandes surfaces ! Ah oui, ce qu'il faut dire encore, c'est que je ne regarde jamais la télé. Y'a quatre ans, on a décidé de sacrifier notre télé ! Avec Enrico, on l'a précipitée dans une décharge du haut d'une falaise. Oui, il faut éviter d'être contaminé par la banalité envahissante... Mais, c'qu'on a c'est une superbe discothèque. Ah, la musique ! C'est ma passion. Ça prolonge la vie. c'est plein d'émotions. Ça alimente le cœur. Ça donne une forme au silence. D'ailleurs, ça fait pousser les plantes. Et puis, ça fait éclore ce qu'on a au fond de soi. La musique, c'est quelque chose!... Et puis Enrico et moi, on fait parfois des voyages. En Inde, en Afrique. Enfin quand... quand on a un peu d'argent... On visite les pays. Mais...

surtout pas les musées. C'est de l'art, de l'art mis en boîte ! Ça me fait penser aux... aux cimetières. C'est pas des lieux de vie... Et alors, pour ce qui est des... des livres, j'en ai lu beaucoup. J'étais... j'étais même devenue une lectrice boulimique... Jusqu'au jour où... jusqu'au jour où j'ai découvert que la vie, ça passait par... par les tripes et par la tête... Alors, maintenant, je... je m'contente de lire les classiques. Les grands... Sinon, eh bien, je... je m'occupe de notre petit jardin... C'est apaisant... Les arbres, les fleurs ça me plaît beaucoup. Je... je les taille,... Je les... les arrose. Je les regarde pousser...

EX. 11, p. 122.

Exercice à faire après avoir introduit le vocabulaire « La main et l'objet » (p. 115).
- Il suffit de les *effleurer.*
- Je dus me *cramponner* à la balustrade.
- Une voiture *a frôlé* l'avant de mon véhicule.
- L'aveugle *palpait* l'objet pour le reconnaître.
- Le directeur *se frotte* les mains.
(On se frotte les mains en signe de satisfaction.)

EX. 12, p. 123.

Travail par deux. Réemploi du vocabulaire de « l'exploit », p. 115. (*Réussir/Échouer - Faillir/Manquer - Défier.*)
1. **Exemple de dialogue entre « elle » et « lui ».**
    Elle : J'ai essayé de me mettre au ski. Au début, j'étais pleine de courage et de bonne volonté. Mais je n'arrêtais pas de tomber. Je ratais tous mes virages. J'ai même failli me tuer dans une descente. Je n'étais pas très douée. Et j'ai fini par abandonner.
    Lui : Moi je rêvais d'apprendre à jouer du piano. Mais ça a été un échec complet. Mon professeur n'arrêtait pas de crier. Il voulait que j'apprenne d'abord le solfège. Et je n'arrivais pas à retenir la valeur des notes. Je ne parvenais pas à lire les portées. J'avais du mal à comprendre parce que ça m'intéressait pas. Et finalement j'ai fini par détester la musique.
2. **Le Tour du Monde en 80 jours.**
a) *Le pari.*
    Un ami : Faire le tour du monde en 80 jours, c'est irréalisable ! On ne peut pas faire une chose pareille ! Je vous défie de le faire !
    Fogg : J'utiliserai toute ma fortune. Mais je réussirai. Je vous parie que je serai de retour dans 80 jours, ici même. Je parie 50 000 livres que c'est possible !
    Ses amis : Nous acceptons le défi.
b) *Le récit de Fogg.*
A Paris notre ballon a failli accrocher la tour Eiffel. Dans la mer d'Arabie nous sommes presque morts de soif. Un mois après, à Bombay, nous sommes parvenus à échapper à des brigands et à délivrer une princesse. A Pékin, notre voyage a mal tourné, nous sommes allés en prison. Mais nous nous en sommes bien sortis. Au Japon, nous avons réussi à embarquer sur le dernier bateau pour l'Amérique. Trois semaines plus tard, à San Francisco, nous avons pris le train. Nous avons alors buté sur un obstacle important. La voie était bloquée et les Indiens nous ont attaqués. Enfin à New York, j'ai dû acheter un bateau pour revenir en Angleterre. J'ai dépensé toute ma fortune. Mais j'ai gagné mon pari !... et une princesse.

> • Jules Verne *(1828-1905), écrivain français qui a écrit les premiers romans de science-fiction. Parmi les plus connus on peut citer* Le Voyage au centre de la terre, De la Terre à la Lune, Vingt-Mille Lieues sous les mers.

CIVILISATION

Le sport en France, pp. 119-120

1. Tendances, p. 119
Travail de groupes. Mise en commun après chaque activité. Utilisation de l'expression du « goût et de la préférence ».
a) Lecture et explication des mots : *l'engouement, l'attrait, la synthèse, la résistance, la fédération, s'accentuer, se piquer de, valoriser, affecter, procurer.*
b) Faire les questions, p. 119.
2. Le Tour de France, p. 120.
Travail de groupes
a) Présenter les grands événements sportifs de votre pays (Disciplines, lieux, récompenses, popularité auprès du public, médiatisation, financement des marques, etc.)
b) Faire les questions correspondantes, p. 120.

c) Discussion : les femmes et le sport dans votre pays.
(disciplines favorites, installations, coût de la pratique, disponibilité personnelle, entraînement, championnes, réactions du public, etc.).
3. *Professionnalisme ou amateurisme p. 120*
a) Faire les questions correspondantes p. 120.
b) Présenter l'organisation du sport dans les écoles, dans les villes, les villages.
c) Discussion : a) Quel est votre idéal sportif : l'amateur ou le professionnel ?
b) Quelles sont les grandes qualité d'un(e) sportif(ve) ?
4. *Illustrations, p. 120.* Vous êtes journaliste. Vous interviewez l'un de ces trois sportifs. Quelles questions lui posez-vous ?
(Entraînement, régime alimentaire, échecs, réussites, espoirs, reconversion professionnelle, meilleur souvenir, plus grande déception, qualités nécessaires pour pratiquer la discipline, etc.)

• *Le relief de la France, p. 121*

1. Introduire le vocabulaire du relief, p. 115 (voir. GRAMMAIRE ET VOCABULAIRE).
2. Présenter la France géographique (voir carte p. 121) : les montagnes (massifs anciens, chaînes récentes, principaux points culminants), les plaines, les principaux fleuves.
3. Faire les questions, p. 121.

Le Massif Central, les Vosges et les Ardennes sont moins élevés que les Alpes ou les Pyrénées parce qu'ils sont beaucoup plus anciens. Ces montagnes ont été usées et aplanies par l'érosion.
Les Alpes culminent à 4 807 m (mont Blanc), les Pyrénées à 3 298 m (pic Vignemal), le Massif Central à 1 886 m (puy de Sancy), les Vosges à 1 424 m (ballon de Guebwiller). Les Ardennes ne dépassent pas 300 m d'altitude.
• Paris est situé sur la Seine, au centre d'un bassin fluvial qui couvre le tiers du territoire français. C'est donc une situation géographique privilégiée.
• Lyon est situé à la confluence du Rhône et de la Saône. C'est le trait d'union entre le Nord-Est et le Sud-Est. La ville commande l'entrée dans la vallée du Rhône.
• Marseille est la grande ville du Sud-Est. Elle relie le pays au monde méditerranéen. Elle a été un grand port colonial.
• Lille est la grande ville de la plaine du Nord. Elle relie la France à l'Europe du Nord-Ouest.
• Bordeaux est située à l'embouchure de la Garonne. Elle commande le Bassin Aquitain.

→ On peut remarquer qu'il était relativement difficile de communiquer entre le Sud et le Nord. A cause des montagnes, la moitié sud de la France a plutôt été tournée vers le sud (Méditerranée). D'où une évolution différente du latin au nord et au sud.

• La forme de l'hexagone est le produit de l'histoire. La frontière épouse en général le tracé d'obstacles naturels (Pyrénées, Alpes, Rhin et mer). Mais les frontières du Nord et de l'Est sont facilement franchissables. Cela explique les grandes invasions barbares du IVᵉ siècle et la facilité avec laquelle les Allemands ont pu pénétrer en France en 1914 et 1940.
• Le lac Pavin est situé à 1 200 m d'altitude. De forme circulaire, il est entouré de forêts. Une légende veut qu'une ville ancienne y soit engloutie. La légende dit aussi qu'en y jetant une pierre on peut déchaîner des orages effroyables. Pavin vient du latin pavens qui signifie épouvante. Les montagnes voisines aux formes douces ont des sommets très arrondis. Ce sont d'anciens volcans usés par l'érosion.
• Les gorges du Verdon, situées dans les Alpes du Sud. Les parois sont vertigineuses et sauvages. Le site est aménagée pour les visites.

LITTÉRATURE

• *Les paysages romantiques (p. 123)*

Travail de groupes. Mise en commun après chaque activité.
1. Lecture. Explication des mots : *la bruyère, l'éther, la chaumière, le seigle, le vitrail, la mousse, la couleuvre, borner, poindre, touffu, crayeux.*
2. Dans une grille, relever les sept paysages et leurs caractéristiques.
3. Placer une scène de roman ou de film dans chaque décors.
On trouvera : Une bruyère fleurie - Un paysage accidenté couvert d'une forêt sauvage - Une lande désertique - Un paysage de marais - Une chaumière et son jardin - Une forêt de grands arbres coupée d'allées et de clairières - Une terre inculte.

LEÇON 2

❑ PREMIÈRE SÉQUENCE

OBJECTIFS

Vocabulaire	Grammaire
• Le cinéma, la photographie (p. 127) • *le tabou, la préoccupation, le scénario, le smoking, le carrosse, la contradiction* • *lmbarrassé, animé* • *négliger, accorder, gêner, se prêter, remanier*	• L'expression de l'opposition (p. 126) • l'expression de la condition (p. 126)
Communication	Civilisation
• Convaincre (p. 127) • argumenter (p. 125)	• Le cinéma - La censure (p. 131) • femmes au destin extraordinaire (pp. 128-129) • Louis XIV (p. 128) • Rodin (p. 129) • les passions des Français (p. 130)

DIALOGUES ET DOCUMENTS

Avant d'écouter le dialogue, faire l'exercice 1 p. 128-129 : biographie de Marie Mancini et de George Sand.

• ***Découverte de la conversation entre P. Zaminof et S. Backman (p. 124).***

1. Expliquer : *le tabou, la préoccupation, embarrassé, négliger, accorder, prêter, animer.*

2. Première écoute : repérer la profession des interlocuteurs, leurs projets.

Interlocuteurs	Profession	Projet
S. Backman	- Il finance des projets de film. - Il s'occupe des films à la télévision. - [responsable de la programmation d'Antenne 4]	- Il souhaite faire un film sur la vie de Marie Mancini.
P. Zaminof	- Il écrit des scénarios de films. - [scénariste]	- Il veut faire réaliser un film sur George Sand.

3. Deuxième écoute : voir question p. 128

- Relevé des arguments de P. Zaminof et S. Backman

P. Zaminof : Il est fasciné par la vie de G. Sand	- La vie de George Sand est extraordinaire. - Elle a réalisé une œuvre littéraire. - Elle a eu une vie sentimentale très libre. - Elle a marqué son époque par son engagement politique. - Elle n'a pas négligé ses devoirs de mère. - C'est la plus moderne des femmes de notre histoire.

S. Backman : Il songe avant tout à l'effet d'un film sur le public visé.	- G. Sand est l'image de la femme actuelle. - On pourrait la voir dans un spot publicitaire pour une banque ou une marque de moto. - Les gens ne regardent pas un film à la télévision pour y retrouver leurs préoccupations. - Un film ça doit faire rêver. Ça s'adresse avant tout à la sensibilité. - M. Mancini est un personnage complexe et attachant.

- **Expliquer** : « **Un film, ça doit faire rêver** »

    G. Sand n'est plus une personne hors du commun. Ses faits et gestes ne surprendraient plus personne aujourd'hui. Le statut de la femme a changé. Et le féminisme militant ne fait plus recette. Il faut donc trouver un sujet qui corresponde aux attentes secrètes des spectateurs de notre époque.

- **Lecture du dialogue et relevé des mots ou expressions indiquant l'opposition** (voir GRAMMAIRE ET VOCABULAIRE).

Adverbe	prépositions	mots de liaison
- *quand même*	- *malgré* + nom - *sans* + infinitif	- *pourtant* - *bien que* + subjonctif

• *Découverte de la conversation entre P. Zaminof et C. Alexandre p. 124.*

1. Expliquer : le scénario, le smoking, le carrosse, la contradiction, remanier.

2. Première écoute : repérer les interlocuteurs, leur profession, les sujets de la discussion.

Interlocuteurs	Profession	Sujets de la discussion
P. Zaminof	scénariste	- la vérité historique - la participation financière de Backman « retirer ses billes »
C. Alexandre	réalisatrice	- remanier le scénario - choisir «sa vérité »

3. Deuxième écoute :

• Relever les détails en rapport avec le XVIIᵉ siècle.
- Louis XIV   - Fontainebleau
- les costumes   - Marie Mancini
- les carrosses

> • Le château de Fontainebleau : *château royal qui se trouve au sud-est de Paris. Il a été reconstruit par François Iᵉʳ vers 1528, dans l'esprit de la Renaissance. Louis XIV fit transformer les jardins par Le Nôtre. Il y signa la révocation de l'Edit de Nantes (1685). Napoléon Iᵉʳ y signa sa première abdication.*

4. Expliquer : « Si tu mets un smoking à Louis XIV, il retire ses billes ».

    Pour montrer l'actualité de certains personnages historiques ou mythologiques, certains metteurs en scène n'hésitent pas à les habiller de façon très moderne. Le public populaire est alors souvent dérouté.
    « Retirer ses billes » : retirer son investissement. Ne plus financer le film.

5. Relevé des expressions indiquant la condition (voir partie GRAMMAIRE ET VOCABULAIRE) :
- *A condition que* + subjonctif
- *Si*
- *A moins que* + subjonctif

6. Ce qui s'est passé entre les deux conversations

- P. Zaminof a d'abord été très déçu par le refus de S. Bockman. Car il avait perdu plusieurs mois à travailler sur la vie de G. Sand. Mais il ne s'est pas découragé. Il a rassemblé une documentation sur M. Mancini et a commencé un nouveau travail. Il s'est même passionné pour sa nouvelle héroïne.
- Backman a été convaincu par le nouveau scénario dès la première lecture. Mais il exige une mise en scène qui respecte la vérité historique et surtout les goûts du public populaire. Il tient à son taux d'écoute…

> • Lipp : *brasserie où se retrouvent des hommes politiques, des intellectuels. Elle est située à Saint-Germain-des-Prés.*

• *Illustration p. 124.*

Utiliser l'illustration pour présenter le vocabulaire du cinéma (voir GRAMMAIRE ET VOCABULAIRE).

GRAMMAIRE ET VOCABULAIRE

- **Le cinéma et la photographie (p. 127)**

— Introduire une partie du vocabulaire. Le reste sera présenté dans la deuxième partie.
— Utiliser l'illustration p. 124 pour introduire les professions du cinéma :
  - un scénariste
  - un réalisateur
  - un producteur
  - un acteur
  - un distributeur
— Introduire les différents types de films, les mots liés à l'exploitation d'un film.

- **L'expression de l'opposition (p. 126)**

1. Relever dans la première conversation les mots et expressions qui permettent d'opposer des idées. Les classer.
2. Faire l'exercice : Mécanismes A, p. 128.
3. Compléter la présentation en faisant varier les constructions à partir d'une phrase extraite de la conversation p. 124 :
   « *Bien qu*'elle ait été critiquée par ses contemporains, elle a réussi une grande œuvre... »
   → *Quoiqu*'elle ait été été critiquée par ses contemporains, elle a réussi une grande œuvre.
   → Elle a été très critiquée par ses contemporains. *Toutefois,* elle a réussi une grande œuvre.
   Mais, cependant, toutefois et leurs équivalents relient deux phrases.
   → *En dépit* des critiques de ses contemporains, elle a réussi une grande œuvre...
   → Ses contemporains *ont eu beau* la critiquer, elle a réussi une grande œuvre...
   → Elle a été très critiquée par ses contemporains. Elle a *tout de même* réussi une grande œuvre...
   Faire remarquer la place de l'expression d'opposition et la ponctuation.

4. *Sans* + infinitif. *Sans que* + subjonctif (p. 126).
— Faire comparer :
   - Elle a réussi une grande œuvre *sans* négliger ses enfants.
   - On l'a soignée *sans qu*'elle se plaigne.
— On emploie la construction avec l'infinitif lorsque le sujet des deux verbes est identique.
— *Sans* + infinitif et *sans que* + subjonctif indiquent une circonstance non réalisée.
— Faire l'exercice 5. p. 131.
5. Faire les exercices 2 p. 130, 6 et 7 p. 134.

- **L'expression de la condition (p. 126).**

1. Relever les expressions qui permettent de poser des conditions dans la seconde conversation p. 124. Les classer.
2. Compléter la présentation avec *à condition de* + infinitif.
3. Les formes restrictives.
a) *ne... que + si...*
Utiliser la situation suivante :
   - Il ne gagnera le tour de France que si... (sa préparation est parfaite).
Faire produire diverses suites possibles.
b) *à moins... que* + subjonctif
Utiliser la situation suivante :
   - Cécile quittera James à moins que... (il (n')arrête sa liaison avec Sandra).
Après *à moins que* le *ne* n'a pas de sens négatif.
c) à moins de + infinitif
Utiliser la situation suivante et faire produire la suite :
   - Julie ne trouvera pas de travail à moins de... (quitter sa région).

- **Convaincre, p. 127.**

Introduire ces éléments avant l'exercice 4, p. 131.
1. Animation lexicale à partir des situations suivantes :
   - Les ouvriers s'opposent aux licenciements (le désaccord).
   - Le patron essaie de convaincre ses employés de travailler le dimanche (convaincre).
   - Les ouvriers revendiquent une augmentation de salaire. Le patron accepte après un conflit dur (céder).
   - Les ouvriers demandent une amélioration des conditions de travail. Le patron est d'accord (tomber d'accord).
2. Réemploi. Utiliser la situation suivante :
une revue féministe vous confie la rédaction d'un article sur George Sand. La revue souhaite que vous insistiez sur les diverses luttes que George Sand a menées. (Utiliser les expressions des rubriques « Le désaccord » et « Convaincre », p. 127).

ACTIVITÉS

MÉCANISMES A

- Exercice de transformation : utilisation de *bien que* + subjonctif.
- Exercice de transformation : *malgré* + nom.

■ EXERCICE 1. — Écoutez !
- Elle crie mais personne ne l'entend.
— Bien qu'elle crie, personne ne l'entend.
■ A vous !
- Il ne fait pas beau mais nous sortons.
— Bien qu'il ne fasse pas beau, nous sortons.
- Le film a été tourné. Mais le metteur en scène était très malade.
— Bien que le metteur en scène ait été très malade, le film a été tourné.
- Le cinéma a toujours beaucoup de succès. Pourtant la télévision diffuse beaucoup de films.
— Bien que la télévision diffuse beaucoup de films, le cinéma a toujours du succès.
- Le metteur en scène a présidé le jury du festival. Pourtant il est très âgé.
— Bien qu'il soit très âgé, le metteur en scène a présidé le jury du festival.
- Ce film a obtenu plusieurs Césars, mais le public ne l'apprécie pas.
— Bien qu'il ait obtenu plusieurs Césars, le public n'apprécie pas ce film.

■ EXERCICE 2. — Écoutez !
- Il est fort mais il n'arrive pas à soulever la malle.
— Malgré sa force, il n'arrive pas à soulever la malle.
■ A vous !
- L'artiste avait le trac mais elle a très bien joué.
— Malgré son trac, l'artiste a très bien joué.
- Tu as fait un beau discours mais tu n'as convaincu personne.
— Malgré ton beau discours, tu n'as convaincu personne.
- Il a des défauts mais je l'aime bien.
— Je l'aime bien malgré ses défauts.
- Nous avions un petit budget mais le film a été tourné.
— Le film a été tourné malgré un petit budget.
- Il n'y a pas de vedette dans ce film. Mais ce film est un succès.
— Ce film est un succès malgré l'absence de vedette.

EXERCICES

EX. 1, pp. 128-129
1. Lecture des deux portraits de femme.
2. Expliquer les mots :
   - *La raison d'État* = l'intérêt de l'État.
   - *Le connétable* = le commandant de l'armée française à cette époque.
   - *Empoisonner* = faire mourir par le poison.
   - *Emprisonner* = mettre en prison.
   - *Le corsaire* = capitaine de navire armé.
   - *La régence* = période (1643-1661) pendant laquelle Anne d'Autriche et Mazarin ont gouverné la France en attendant la majorité de Louis XIV.

- Louis XIV *(1638-1715) dit le Roi-soleil. Il a incarné la monarchie absolue de droit divin : il était seul maître après Dieu dans son royaume. La France est devenue un État très centralisé. La noblesse a été soumise. Avec son Premier ministre Colbert, il assurera à la France une position dominante en Europe. Il a fait construire le château de Versailles. La vie de la cour est réglée par un cérémonial précis entièrement tourné vers le culte du roi. Mais les fastes de la cour, le prestige de la France ne doivent pas faire oublier les révoltes paysannes, les famines et les guerres.*
- Le Berry *est une région du centre de la France située entre la Sologne et le Massif Central.*

3. Comparer les destins des deux femmes en remplissant la grille suivante :

la/les passion(s)	l'esprit d'indépendance sociales	la résistance aux conventions	la vie d'aventures

4. En quoi ces deux femmes ont-elles eu un destin extraordinaire pour cette époque ?
La société était dominée par l'homme. Les femmes du peuple devaient s'occuper de leurs enfants et travailler. Le sort des femmes de la classe dirigeante était moins pénible. Mais leur place dans la société était définie par des règles très strictes. La société les destinait au mariage et à la vie familiale. Les parents choisissaient les conjoints. Ils concluaient des mariages de raison. Les femmes avaient exceptionnellement des activités politiques, sociales ou artistiques en dehors de la famille. C'est à partir du XIXe siècle que les femmes font la conquête de leurs droits politiques et vont revendiquer l'égalité avec les hommes.

5. Présenter d'autres femmes qui ont eu dans l'histoire un destin extraordinaire. Faire raconter l'histoire de femmes connues des élèves. On pourra évoquer Cléopâtre, Jeanne d'Arc, Marie Curie ou Maria Callas.
6. *Adèle H* et *Camille Claudel* (p. 129).
a) Lecture.
b) Expliquer : *se confondre, quête, désespéré*.
c) Travail de groupes : les femmes sont-elles plus que les hommes enclines à vivre des passions absolues ? Mise en commun et discussion collective.
d) Faire raconter des exemples de passions absolues, tirés de la vie, de la littérature ou du cinéma.
La vie quotidienne offre de nombreux exemples (amour passionné, amour aveugle, crimes passionnels). Mais on pourra aussi faire évoquer des exemples célèbres tirés de l'histoire ou de la culture des élèves. Par exemple :

- Molière   :   la passion du théâtre.
- Van Gogh   :   la passion de la peinture.
- Danton   :   la passion de la révolution.
- Napoléon   :   la passion de la guerre.
- De Gaulle   :   la passion de la France.
- Cousteau   :   la passion de la nature.

De la littérature on peut retenir :

- Phèdre   :   la jalousie dévorante (Racine).
- Tristan et Yseult   :   la passion partagée mais coupable (Béroul et Thomas).
- Macbeth   :   l'ambition (Shakespeare).
- Grandet   :   l'avarice (dans *Eugénie Grandet* de Balzac).
- Dantès   :   le désir de vengeance (dans *Le Comte de Monte Cristo* d'Alexandre Dumas).
- Carmen   :   l'amour sans lois (Mérimée).
- Roméo et Juliette :   l'amour frappé d'interdit (Shakespeare).

• Rodin : *sculpteur français (1840-1917). Sa sculpture se caractérise par la recherche du mouvement et le souci d'expressivité. Chez lui le corps humain se charge de passion et d'énergie. On lui doit notamment* Le Baiser, Les Bourgeois de Calais *et* Le Penseur.

7. *Documents,* p. 130.
a) Découverte du document intitulé : « Une jeune femme, Julie… »
   - Analyser la passion en utilisant la grille suivante :

Oubli du monde et de ses réalités	Oubli des autres	Oubli de soi

   - Expliquer la dernière phrase : « Pour que cette histoire finisse bien, il fallait qu'elle se termine. »
b) Exercice d'interprétation. Le professeur fait parler les élèves, ne dévoile pas sa pensée. Les élèves proposent leurs hypothèses. Expliquer la citation de Jacques Hassoun.
c) Les réactions dues à la passion (premier tableau, p. 130)
   - Commentaire personnel du tableau. Utiliser les questions introductives.
d) Les manifestations de la passion aujourd'hui (second tableau, p. 130).
   - Discussion collective. Faire justifier.
e) Aspects bénéfiques et destructeurs de la passion.
   - Travail par deux. Mise en commun et discussion.
La passion est :
   - exclusive, - excessive, - constante, - elle oriente le comportement de toute la personnalité : sa conduite, sa pensée, ses valeurs, - souvent égoïste, - souvent violente.

Aspects bénéfiques	Aspects destructeurs
- passions artistiques, intellectuelles, mystiques, politiques ; - la passion est dans ce cas un élément actif, dynamique et fertile. Elle permet aux passionnés de réaliser des œuvres inaccessibles aux êtres « normaux ».	- passions du jeu, de l'alcool, de la drogue ; - irrationnelle et inconsciente, la passion fait perdre aux passionnés toute lucidité, tout esprit critique ; - elle consume l'être qu'elle anime.

8) *Illustrations,* pp. 128-129
a) *Marie Mancini,* p. 128
   P. Zaminof, le scénariste, interroge Chantal Alexandre. Il souhaite avoir des précisions sur le tournage du film. Imaginer ses questions.

b) *George Sand, p. 129*
Un film va être réalisé sur la vie de George Sand. On vous confie le projet d'affiche qui doit accompagner la sortie du film. Imaginer l'affiche (images, scènes, personnages, titre du film). Justifier vos choix.
c) *Isabelle Adjani dans* Adèle H, *p. 129.*
Après ses nombreux échecs, Adèle écrit ses mémoires. Imaginer les six premières lignes.
d) *I. Adjani et G. Depardieu dans* Camille Claudel.
Rodin explique à un ami la passion de Camille pour la sculpture (voir « Goûts et préférences », p. 114).

EX. 2, p. 130
Travail préparatoire par deux. Puis élaboration collective au tableau.
a) *Exemple de lettre :* Frédéric, Je regrette de devoir t'écrire cette lettre. Mais ton comportement est inadmissible. Tu n'as pas hésité à partir. Pourtant, en ce moment j'ai besoin d'aide. Bien que je t'aie sorti du chômage, tu as quitté l'entreprise. Et ta présence aurait été utile. Malgré mon aide et mon amitié, tu as tout oublié. Ce n'est pas grave. C'est indigne. C'est bien pire. C'est dans les moments difficiles qu'on reconnaît ses vrais amis.

EX. 4, p. 131.
1. Travail d'équipes. Mise en commun après chaque activité.
a) Lecture
Expliquer :
   - *La disposition, l'éviction, le scandale, le « come back », le puritanisme, la permissivité, l'abus, la désuétude, l'arrêté, le critère.*
   - *Plénière, frileux, timoré, pornographique, pernicieux, municipal.*
   - *S'engouffrer, s'effondrer, d'aucuns.*
b) Faire les questions, p. 131.
c) Vous refusez la violence inutile à la télévision. Vous écrivez un article pour défendre votre point de vue (utiliser la rubrique « Convaincre », p. 127).

EX. 5, p. 131.
Exercice d'apprentissage. Utilisation de *sans* + infinitif ou *sans que* + subjonctif.
   - Ils sont partis en montagne sans avoir écouté la météo.
   - Le dentiste l'a soigné sans qu'il sente la moindre douleur.
   - Nous avons préparé une fête pour son anniversaire sans qu'il le sache.
   - Le journaliste a pris la photo sans que personne s'en aperçoive.
   - Le directeur a pris la décision sans que le conseil d'administration ait été consulté. (Le directeur a pris la décision sans avoir consulté le conseil d'administration.)
   - Je lui ai fait mal sans l'avoir fait exprès.
On emploie *sans* + infinitif lorsque les deux verbes ont le même sujet.

EX. 6, p. 134
Exercice de synthèse. Emploi de l'expression de l'opposition.
   - Le film a beau durer trois heures, il mérite d'être vu.
   - les images sont magnifiques en dépit de la banalité de l'intrigue.
   - Bien que certaines séquences soient très longues, certaines sont des chefs-d'œuvre.
   - Les acteurs ne sont pas des professionnels. Ils sont quand même excellents.
   - Les dialogues ont été écrits par un grand scénariste. Pourtant ils manquent de rythme.
   - Le metteur en scène a réalisé des prouesses techniques bien que le budget du film soit réduit.

EX. 7, p. 134.
Exercice de réemploi libre. Utilisation de l'expression de l'opposition. Travail par deux. Mise en commun après chaque activité.
   - *Le producteur de cinéma.* Nous avons réussi à faire le film malgré un budget réduit... bien que l'acteur principal nous ait quittés... en dépit des conflits avec le producteur...
   - *Une actrice jalouse.* Josiane a finalement été sélectionnée pour le rôle de Marie Mancini. Pourtant, elle n'a pas le physique qu'il faudrait... sans avoir participé aux essais... malgré sa mauvaise diction...
   - *L'homme politique en période de crise.* Il faut garder espoir, malgré les difficultés présentes... en dépit du chômage et des licenciements...
   - *Le jeune couple.* Nous avons finalement décidé d'avoir un enfant... bien qu'il y ait des risques, malgré l'avis du médecin... quoiqu'on nous l'ait déconseillé...

Exercice d'écoute à faire avec la cassette
EX. 8 p. 134
1. Première écoute : repérer le nombre de personnages, leur sexe, le sujet de la conversation.

2. Expliquer les mots :
   - *le reportage, un crâne, le cannibale, la savane, la mimique*
   - *immense, hostile, bestial, primitif.*
3. Deuxième écoute : relever les informations en rapport avec :
   - le titre   - l'interprétation   - les scènes remarquables
   - le sujet   - la mise en scène
4. Expression écrite. Travail par deux. Rédiger une critique du film. Mise en commun.

Hélène : Il est super ce film, non ?

Stéphane : Ah, moi, avec *La Guerre du Feu*, je m'attendais pas à ça ! J'avais peur que ça fasse un peu reportage sur la préhistoire. Et puis, non. Ça m'a beaucoup plu.

Marion : Moi, alors, ça m'a passionné du début jusqu'à la fin ! On comprend bien le chemin qu'il a fallu parcourir pour apprendre à faire du feu...

Hélène : Oui, on sent bien toute l'importance que les primitifs accordaient au feu. Ils le protégeaient. Ils l'entretenaient. Ils allaient le voler. Et même l'éteindre chez les ennemis...

Marion : Oui, le feu pour eux c'était la vie. C'était magique... Mais il y avait aussi autre chose qui est très bien rendu, c'est la fragilité et l'impuissance des hommes. Vous avez vu tous les dangers que les hommes couraient ! Ils sont poursuivis par les lions. Avant ça, attaqués par les loups. L'un deux est blessé par un ours. Et c'est pas tout. Au moment où ils trouvent un feu éteint, sous la cendre ils découvrent un crâne d'homme !

Stéphane : Oui, ils sont tombés sur des cannibales ! Ils devaient constamment se défendre. C'était la lutte permanente pour la vie ! Et quand on les voit avan-cer, tout petits, dans la vallée et dans la savane, on a bien l'impression qu'ils sont perdus dans une nature immense et hostile !

Hélène : C'est vrai que les paysages sont bien choisis de ce point de vue-là . Et puis la mise en scène est pas mal réussie, je trouve. Ça devait pas être évident de reconstituer cette époque-là. Pourtant avec les costumes en peau de bête, les peintures de guerre, les gestes et le langage des tribus, on a vraiment l'impression d'être en pleine préhistoire !

Marion : Il faut reconnaître aussi que les acteurs jouent bien. Ils parlent une langue inconnue. Mais on comprend tout grâce à leurs gestes, aux expressions, aux mimiques.

Stéphane : Il y a autre chose encore qui est très intéressant. Le guerrier qui est le héros devient de plus en plus humain. Au début il est bestial et primitif. Et puis, il évolue, en découvrant l'amour et la tendresse.

Hélène : Oui, il découvre pas seulement le feu mais aussi une tribu plus civilisée...

Marion : Et vous remarquerez que c'est grâce à une femme qu'il découvre les sentiments, le feu, un peuple plus évolué... et même le rire...

❑ DEUXIÈME SÉQUENCE

▨ OBJECTIFS

Vocabulaire	*Grammaire*
• Le cinéma et la photographie (p. 127) • *l'initiative* • *mesquine* • *s'écrouler, sacrifier*	• Cas particulier de la négation (p. 126)
Communication	*Civilisation*
• Convaincre • conseiller/déconseiller	• Le cinéma français (p. 129, 132, 133) • littérature : Michel Tournier et Jean Anouilh

▨ DIALOGUES ET DOCUMENTS

• *Illustrations, p. 125*

1. Utiliser les illustrations pour introduire le vocabulaire du cinéma

Le tournage (voir GRAMMAIRE ET VOCABULAIRE).

2. La séance de maquillage

- L'actrice n'est pas satisfaite de son interprétation.
La maquilleuse essaie de la convaincre du contraire.

Exemple :

- *Actrice*	:	Je ne suis pas satisfaite. Je n'arrive pas à entrer dans la peau du personnage. Je suis très énervée. Et je ne comprends pas exactement ce que C. Alexandre attend de moi...
- *Maquilleuse*	:	Ne t'inquiète pas. Ce n'est pas mal. C. Alexandre a dit à Backman que tu corresponds tout à fait au personnage et que tu avais été parfaite dans la dernière séance.

3. Scène de tournage d'un film

Imaginer le film qu'on tourne.

• *Découverte de la scène de tournage, p. 125.*

1. Lecture

2. Expliquer : *l'initiative, mesquin(e), s'écrouler, sacrifié.*

3. Écoute de la scène. Relever les éléments de la situation :

- qui sont favorables à M. Mancini,
- qui sont défavorables à M. Mancini.

Eléments favorables	Eléments défavorables
- L'amour de Louis XIV	- Le cardinal, la reine-mère, la cour sont contre - Le roi n'est pas un homme ordinaire - il doit épouser « cette Espagnole » pour servir l'intérêt du royaume

> • « L'Espagnole » : *il s'agit de Marie-Thérèse d'Autriche, fille de Philippe IV d'Espagne. Elle épousé Louis XIV comme le prévoyait le traité des Pyrénées.*

4. Réponses aux questions, p. 134

— **Relevé des différentes formes négatives du texte** (voir GRAMMAIRE ET VOCABULAIRE).

- de *n'*écouter *ni* mon cœur *ni* ce que me dit Louis.
- Le roi *n'*est *pas* un homme comme les autres.
- Je *n'*en trouve *que* des mesquines (*restriction*)
- *Non,...* je *n'*obéirai *pas, non que* je *ne* veuille *pas* moi aussi la paix..., mais je *n'*ai *pas* l'âme d'une sacrifiée.
- C'est *pas* mal (tour familier : suppression de *ne*)
- Tu *n'*es *plus* une enfant
- La séparation est *in*évitable (préfixe de sens négatif)
- *Ni* toi *ni* Louis *n'*y pouvez rien.
- *Jamais* de la vie on *ne* l'oubliera.

5. Entrevue entre le cardinal Mazarin et M. Mancini

Exemple :

- Mazarin	:	Marie, vous connaissez l'affection que je vous porte. Mais l'intérêt du royaume m'oblige à vous parler sans détours. Vous n'êtes plus une enfant. Et vos sentiments sont peu de choses en comparaison des intérêts de deux puissantes nations. Vous ne reverrez plus Louis et vous resterez digne de l'estime que je vous porte.
- Marie	:	Mon oncle, mais je suis à Louis et Louis me dit qu'il m'aime ! Et rien ne me fera renoncer à ma passion.
- Mazarin	:	Assez ! Laissez les grands mots aux héroïnes de tragédies et oubliez votre caprice. Tout est contre vous : la reine-mère, la cour et moi-même. La paix en Europe, la gloire du roi et la grandeur du royaume sont un seul et même choix. Il vous dicte la voie : vous ne reverrez plus Louis. D'ailleurs vous prendrez l'initiative de la rupture.

GRAMMAIRE ET VOCABULAIRE

• Le cinéma - la photographie (p.127)

1. Utiliser les images p. 125 pour introduire le vocabulaire du tournage (voir DIALOGUES ET DOCUMENTS).

2. Pour introduire le vocabulaire de la photographie, expliquer ce qu'il faut faire pour prendre une photo.

3. Pour introduire le vocabulaire de la critique de film, comparer l'accueil d'un bon et d'un mauvais film.

• Conseiller et déconseiller (p.127)

1. Introduire le vocabulaire et les structures lors de l'élaboration collective du dialogue entre Marie Mancini et son oncle. Faire imaginer les conseils et les mises en garde du cardinal, de la reine, de la cour.

2. Conseiller/déconseiller d'aller voir un film

(Voir « Civilisation », p.100.)
(Voir pp. 132-133 et la partie « Civilisation ».)

- **Cas particuliers de négation. (p.126)**

1. Relever les différentes formes négatives du texte, p.125.
2. Présenter les autres formes à partir du tableau, p.126.
3. Faire l'exercice : Mécanismes B, 1 et 2.

ACTIVITÉS

MÉCANISMES B

- Exercice de transformation : Utilisation de la négation devant l'infinitif.

- Exercice de transformation : Utilisation de la double négation *ni... ni... ne*

■ *EXERCICE 1. — Écoutez !* • Ne la dérangez pas, je vous en prie. — Je vous prie de ne pas la déranger. ■ *A vous !* • Ne vous énervez pas ! Je vous le conseille. — Je vous conseille de ne pas vous énerver. • Ne les fréquentez plus ! Elle vous le conseille. — Elle vous conseille de ne plus les fréquenter. • Ne conserve pas ces vieux médicaments. Je te le déconseille. — Je te déconseille de garder ces vieux médicaments. • Tu devrais lui demander une explication ! Si j'étais à votre place... — Si j'étais à votre place, je lui demanderais une explication. • Ne faites pas trop cuire la viande. Je vous le recommande. — Je vous recommande de ne pas trop faire cuire la viande.	■ *EXERCICE 2. — Écoutez !* • Alain ne me plaît pas. Pierre non plus. — Ni Alain ni Pierre ne me plaisent. ■ *A vous !* • Je n'ai pas invité Alain. Je n'ai pas invité Pierre. — Je n'ai invité ni Alain ni Pierre. • La presse n'a pas parlé de ce film. La télévision non plus. — Ni la presse ni la télévision n'ont parlé de ce film. • Tu ne connais pas le metteur en, scène. Tu ne connais pas les acteurs. — Tu ne connais ni le metteur en scène ni les acteurs. • Elle n'a pas apprécié les décors. Elle n'a pas apprécié les costumes. — Elle n'a apprécié ni les décors ni les costumes. • Ils n'ont pas approuvé le projet. Ils n'ont pas critiqué le projet. — Ils n'ont ni approuvé ni critiqué le projet.

EXERCICES

EX. 9, p. 134
Travail par équipes.
1. Lecture
2. Expliquer : l'obsession, le criminel, les dépouilles, sans trêve, mutuel, calfeutré, jumeau, acquérir.
3. Répondre aux questions de la page 135.

- Michel Tournier : *écrivain français né en 1924. Il est notamment l'auteur de* Vendredi *ou* les Limbes du pacifique, Le Roi des Aulnes *et* Les Météores. *Réalisme et symbolisme se mêlent dans son œuvre.*

Exercice d'écoute à faire avec la cassette
EX. 10, p. 135
- Première écoute : repérer les différentes sortes de bruits séquence par séquence.
- Deuxième écoute : imaginer les images qu'ils accompagnent.

Scénarios de bruitages : 1. Aboiements et grognements de chiens. - Une voiture klaxonne. - Crissements de pneus d'une voiture qui freine brusquement. - Concert de klaxons. - Sirène du SAMU.	2. Une porte grince sur ses gonds. Le vent souffle. - Pas lourds dans la neige. - On ouvre la porte - Grincements. - On rentre tandis que le tonnerre gronde.

	3. Bruit de chaînes sur la dalle. - Un objet métallique lime un barreau. - Sifflement et chantonnement éloignés qui se rapprochent. - La lime s'arrête. On la cache sous une dalle... - Sifflement et chantonnement. - Bruit d'un trousseau de clés. Bruit de serrure.	- Porte qui s'ouvre. On pousse une gamelle sur le sol. - On ferme. On s'éloigne. - L'objet métallique lime le barreau. - Bruit de pierre qu'on décelle. Bruit de barreau métallique qui tombe sur la dalle de pierre.

CIVILISATION

Huit œuvres du septième art, pp. 132-133

1. Faire appel aux connaissances des étudiants sur le cinéma français (films et metteurs en scène connus - spécificité du cinéma français).
2. Conversation : avez-vous vu certains de ces films ?
Quel film iriez-vous voir ? Justifier.
3. Imaginer votre dialogue avec un ami lors d'un festival de films français. Vous lui conseiller un film. Vous lui déconseillez d'autres films. Travail par deux. Jouer la scène.
4. Travail par deux. Choisir deux images et imaginés les paroles des personnages.

LITTÉRATURE

A travers la littérature : Antigone *de Jean Anouilh, p. 135*

1. Raconter le mythe d'Antigone.
2. Lecture.
3. Expliquer : *l'élan, le tombeau, le lambeau, l'usure, grignoter, arracher, pâlir, exigeant.*
4. Travail par deux : relever les détails qui caractérisent la conception de la vie, du bonheur, de l'amour
   - de Créon,
   - d'Antigone.
5. Mise en commun - Discussion.
6. Faire la dernière question, p. 135

- Antigone, *personnage tiré d'une tragédie grecque antique. L'héroïne défend, chez Anouilh, ses exigences de pureté et de justice face à la raison d'Etat représentée par Créon. L'héroïsme de la jeunesse s'oppose au réalisme.*
- Anouilh : *auteur dramatique français (1910-1987). On retrouve dans ses pièces humour et pessimisme.*

LEÇON 3

❑ PREMIÈRE SÉQUENCE

OBJECTIFS

Vocabulaire	Grammaire
• La mode (p. 139) • *le flot, l'appréhension, le mordant, la pince, le cachemire, la blouse, la coupe* • *flou* • *témoigner, convenir, être assorti, se fringuer*	• L'expression de la comparaison (p. 138)
Communication	**Civilisation**
• Dire l'apparence (p. 138) • établir des relations (p. 138) • comparer	• Langage et mode (p. 144) • le vocabulaire familier et argotique (p. 42) • la haute couture

DIALOGUES ET DOCUMENTS

• *Découverte du monologue de P.-H. Lamballe (p. 136)*

1. Lecture

2. Expliquer : la pince, le cachemire, la blouse, la couple, flou, convenir, être assorti, se fringuer, le flot, l'appréhension, le mordant.

3. Faire la liste des vêtements qu'il essaie. Trouver le jugement correspondant qu'il formule sur ses diverses tenues. Dites s'ils sont positifs (+) ou négatifs (—)

Vêtements	Appréciations
- ce costume	- il rappelle trop Didier (—) - pas question que tu fasses jeune cadre dynamique (—)
- ce pantalon de velours à pinces	- conviendra parfaitement (+)
- la veste	- certainement pas celle-ci (—) - elle fait rétro que c'est triste à mourir (—) - ça ne se porte plus ça (—) - de quoi aurais-tu l'air avec ça sur le dos ? (—) - d'aller à un bal costumé ? Non, merci (—)
- ta veste en cachemire	- c'est vrai, elle est assortie... (+) - mais non, ça ne va pas du tout (—) - pas d'épaules, manches trop longues, coupe floue (—) - on dirait que tu as mis une blouse qu'on passe chez le coiffeur (—)
- ton blazer avec un foulard rouge	- ça devrait faire très classe (+) - mmouii (onomatopée exprimant le doute, l'insatisfaction) (—) - c'est trop classique (—)
- la veste que tu portais hier	- tu te sens bien dedans, non ? (+)

4. Réponses aux questions, p. 140

— **Relevé des mots et expressions signifiant « être » ou « paraître »**

- *paraître* détendu
- il faut *montrer*
- il *rappelle* trop Didier
- que *tu fasses* jeune cadre
- tu *es* un créateur
- elle *fait* rétro

- de quoi *aurais-tu l'air* ?
- on *dirait* que...
- *ça devrait faire* très classe
- tu t'*es habillé*
- tu *es* le mec actif

(Voir GRAMMAIRE ET VOCABULAIRE.)

— **Discussion : faire produire des hypothèses explicatives.**
a) Quelle image P.-H. Lamballe veut-il donner ?
b) Qu'apprend-on sur sa personnalité ?
P.-H. Lamballe est très soucieux de son image :
- il veut ressembler à l'image de l'homme que diffuse la publicité et la télévision (détendu, énergique, original, créatif, distingué, toujours pressé par des rendez-vous importants — donc riche) ;
- peut-être est-ce un angoissé, un perfectionniste qui prévoit toujours tout et ne laisse jamais rien au hasard ;
- les exigences médiatiques de son métier ont envahi sa vie personnelle.

• ***Illustration (p. 136)*** (voir introduction du vocabulaire de la mode, partie GRAMMAIRE ET VOCABULAIRE).

GRAMMAIRE ET VOCABULAIRE

• **La mode (p. 139)**
Utiliser les situations suivantes pour introduire le vocabulaire :
- l'illustration p. 136
- les danses à la mode/les danses délaissées
- le mannequin de mode (voir illustrations, p. 144)
- le portrait du snob
- l'invitation, la cérémonie.

• **Comparer (p. 138)**
1. *Dire l'apparence*
a) Relever dans le texte les mots ou expressions qui permettent de parler de l'apparence : paraître, montrer, il rappelle, que tu fasses jeune cadre..., elle fait rétro..., tu aurais l'air, on dirait, ça devrait faire, c'est (trop classique).
b) Introduire *sembler,* synonyme de *paraître.*
c) Faire les exercices 4 p. 141, 5 p. 142.
2. *Introduire l'expression de l'identité et de la différence en utilisant la p. 138.*
a) *Même* et *autre.*
b) Préciser les deux sens de *autre.*
c) La ressemblance et la différence.
— Faire remarquer que :
- *tel* est variable en genre et en nombre.
    ex. : La ville est telle que je l'imaginais.
- *tel que* peut aussi servir à mettre en relation en indiquant l'idée de conséquence.
    ex. : Les difficultés sont telles qu'il a dû renoncer.
d) Les adjectifs qui indiquent la *ressemblance* et la *différence.*
Présenter les adjectifs en fonction de leur degré de synonymie. Proposer un exemple.
- *semblable, analogue, similaire, comparable :*
    ex. : Il leur est arrivé une aventure : | analogue
    | semblable
    | similaire
    | comparable |
- *proche, voisin(e)*
    ex. Le français et l'italien sont des langues | proches
    | voisines. |
- - *ressemblant :*
    ex. : La caricature n'est pas très réussie. Elle n'est pas très ressemblante.
- *conforme :*
    ex. : La photocopie est conforme à l'original.

- *différent(e), distinct(e)* :
    - ex. : Jusqu'au XIXᵉ siècle, la France reste divisée en deux ensembles | distincts, | le Nord et le Sud.
    | | différents |

- *dissemblable* :
    - ex. : Les deux frères ont des comportements très dissemblables.
- *disparate* :
    - ex. : Sa maison est décorée avec des objets très disparates. Elle manque d'harmonie.

e) *Établir une relation entre deux objets, deux situations.*

Donner un exemple pour chaque mot :
- Le poète établit une *correspondance* entre la rose et l'amour.
- On peut établir un *parallélisme* entre les périodes de déclin des grandes civilisations.
- Les médecins ont établi des *corrélations* entre les habitudes alimentaires et l'état de santé des populations.
- La tour Eiffel | évoque | Paris
| | fait penser à |

f) Faire l'exercice 3, p. 140.

3. Utilisation de *suivant, selon, conformément à.*
— Commenter l'exemple du tableau.
— Faire réemployer les expressions dans la situation suivante :
George Sand a vécu en marginale parce qu'elle ne vivait pas conformément aux règles sociales, selon les habitudes de son temps, suivant la morale de l'époque...

4. *Le comparatif, p. 220*
Commenter le tableau, p. 220
Faire comparer deux régions du pays des élèves.

5. *L'idée de progression, p. 220*
— Utiliser le tableau, p.220.
— Faire les exercices Mécanismes A (p. 140).

EXERCICES

EX. 1, p. 140
Exercice d'apprentissage. Utilisation de *comme, tel/le (que), ainsi (que)*.
- C'est *comme* si elle avait été assommée...
- Je l'ai retrouvée *telle que* je l'avais laissée...
- Armelle, moi, *ainsi que* toutes les filles du corps de ballet...
- Ricardo est têtu comme une mule.
- Il dirige ce corps de ballet *comme* un général commande ses troupes.
- Myriam danse *comme* personne.
- Elle se déployait *telle* une fleur qui s'épanouit.

EX. 2, p. 140
Exercice d'apprentissage. Utilisation de *d'autant, plus/moins... que*. Travail par deux. Faire proposer plusieurs solutions lors de la mise en commun.
- Ils voyagent *d'autant moins* qu'ils ont un enfant, qu'ils ont acheté une maison...
- L'alcool lui est interdit. *D'autant plus* qu'il est très malade, qu'il conduit un taxi...
- On s'est *d'autant moins* intéressé à ce qu'elle disait qu'elle raconte toujours la même histoire, qu'elle parle trop fort,...
- Il faut que nous fassions *d'autant plus* d'économies que nous voulons faire le tour du monde, que nous allons prendre une année sabbatique...
- Je vais me coucher. *D'autant plus* que demain je dois me lever à 5 h, que j'ai passé une nuit blanche...
- Vous serez *d'autant plus* apprécié que vous utiliserez un langage simple, que vous ferez rire l'assistance,...

EX. 3, p. 140
Travail par deux. Utilisation de l'expression de la ressemblance (*faire penser à, évoquer, rappeler, établir une relation, une correspondance, une relation avec/entre...*, voir p. 138).
— Pour la recherche d'idées, proposer l'utilisation de grille de recherche (voir ci-dessous).
— Mise en commun. Favoriser la formulation d'hypothèses explicatives.

RIMBAUD

La blanche Ophélia	Un grand lys
- elle porte une robe blanche	- c'est une fleur blanche
- la forme de la robe	- la forme de la fleur
- elle est jeune et pure	- c'est le symbole de la pureté

ARAGON

J'ai tout appris de toi	Comme on boit aux fontaines	- Sa femme est une source de satisfaction du désir, une source d'enseignement et de découverte, une source d'inspiration
	Comme on lit dans le ciel les étoiles lointaines	- Sa femme lui a permis de comprendre des choses lointaines, inconnues - Elle lui a permis de retrouver son chemin. - Elle lui a permis de trouver son chemin (donner un sens à sa vie)
	Comme au passant qui chante on reprend sa chanson	- Sa femme lui a communiqué sa joie, sa bonne humeur

VICTOR HUGO

Sa barbe était d'argent	Un ruisseau d'avril
- La barbe est de couleur grise (argentée) - La barbe est fournie, elle évoque la force - La barbe est longue - La barbe est le symbole de la sagesse	- Le ruisseau a une couleur argentée - Au printemps, le ruisseau a un fort courant - Le ruisseau est long - Le ruisseau est le symbole de la vie qui passe.

ÉLUARD

La terre est bleue	Une orange
- La forme est ronde - La terre est bleue (océans) et orange (terres, déserts) - La nuit la terre est bleue	- La forme est ronde - Couleur orange : dans l'obscurité l'orange peut paraître bleue

- Rimbaud *(1854-1891), poète français. A vingt ans son œuvre fut achevée. Il a beaucoup influencé la poésie moderne.*
- Aragon *(1897-1982), poète et écrivain français. Il est l'un des fondateurs du surréalisme.*
- Victor Hugo *(1802-1885), poète et écrivain français. C'est l'un des grands représentants du romantisme en France.*
- Éluard *(1895-1952), poète français. C'est l'un des grands représentants du surréalisme..*

EX. 4, p. 141
Travail par deux. Mise en commun après chaque activité.
a) Préparation écrite avant de faire jouer la scène.
b) Faire formuler les hypothèses. On ne donne la solution qu'après avoir fait chercher les élèves. Il s'agit d'une partie d'une machine à fabriquer des escaliers et d'une photocopieuse de poche.

EX. 5, p. 142
Travail par deux. Mise en commun après chaque activité.
a) Faire choisir et préparer l'un des deux monologues.
Faire réutiliser les expressions du jugement sur l'apparence (voir monologue, p. 136).
b) Même démarche pour la rédaction de lettre.

EX. 6, p. 143
Exercice d'interprétation collective. Utilisation de l'expression de la ressemblance (p. 138).

- *une faim de loup*	=	une faim très vive
- *un appétit d'oiseau*	=	un très petit appétit
- *un froid de canard*	=	un très grand froid
- *une fièvre de cheval*	=	une grosse fièvre
- *un canard boiteux*	=	personne qui ne suit pas le même chemin que les autres ; entreprise incapable de survivre, à cause de sa mauvaise gestion.
- *un rat de bibliothèque*	=	personne qui passe son temps à lire des livres dans les bibliothèques.
- *un caractère de cochon*	=	personne qui a mauvais caractère.
- *un bouc-émissaire*	=	personne qu'on rend responsable de tous les malheurs qui arrivent.

- *Dans l'Antiquité, lors de la fête de l'Expiation, le grand prêtre des Juifs chargeait un bouc de tous les péchés d'Israël. Puis il l'envoyait (émissaire = envoyé) vers le désert.*

- *une brebis galeuse*	=	personne qu'on rejette comme si elle avait la peste.

EX. 7, p. 142

A faire en prolongement de la partie « Civilisation » intitulée « Langage et modes », p. 144.

Travail par deux. Faire utiliser la liste des équivalents placés sous le texte de l'exercice.

- *foutre*	= mettre	- *se pointer*	= arriver	
- *cramer*	= brûler	- *s'en taper*	= s'en moquer	
- *faire baver*	= rendre jaloux	- *à mort*	= beaucoup	
- *filer*	= donner	- *planté*	= debout	
- *le fric*	= l'argent	- *engueuler*	= réprimander	
- *faire des cadeaux*	= être généreux	- *banquer*	= payer	
- *un super job*	= un bon métier	- *une merde*	= ici, quelqu'un sans importance	
- *un petit con*	= un imbécile			

Exercice d'écoute à faire avec la cassette

EX. 8, p. 142

1. *Première écoute :* Faire la liste des objets appartenant à Sylvianne et qui sont mentionnés dans la conversation.

2. a) Expliquer : *prétentieux, fofolle (foufou), provocant, frivole, indulgent, fouiller.*

   b) Faire expliquer : *avoir la main verte, se donner un genre, avoir de la classe, son jardin secret.*

- *fofolle*	= légèrement folle
- *avoir la main verte*	= savoir bien s'occuper des plantes
- *se donner un genre*	= se donner des manières recherchées
- *avoir de la classe*	= avoir de la distinction, des qualités
- *son jardin secret*	= partie personnelle, intime et secrète des sentiments, de la vie d'une personne.

> • La Comédie-Française : *Société de comédiens née en 1680 à l'époque de Molière, sur ordre de Louis XIV. Aujourd'hui, elle représente surtout des pièces tirées du répertoire classique.*

3. *Deuxième écoute :* portrait de Sylvianne d'après les objets dont elle s'entoure. Utiliser la grille, p. 142.

4. D'après les propos des deux interlocutrices, faire leur portait. Imaginer leurs sentiments envers Sylvianne.

   - Cécile a une certaine admiration pour Sylvianne. Elsa se montre jalouse, envieuse. Elle a du mal à dissimuler son hostilité, sa rancœur.

Elsa : T'es déjà allée chez Sylvianne, toi ? T'as vu cet appartement ? Qu'est-ce qu'elle est snob ? Oh la la ! quel luxe ! On se croirait dans un musée ! Ça manque vraiment d'vie !... J'sais pas, moi, c'est...

Cécile : Tu trouves ! Moi, j'pense qu'elle a plutôt bon goût... Elle a très bien meublé son appart. Et ses tapis persans, j'voudrais bien les avoir chez moi ! Y'a vraiment aucune faute de goût ! Quant à ses plantes vertes, elles sont superbes ! Elle doit avoir la main verte. C'est vraiment magnifique ! Et, tu as remarqué ces photos et ces tableaux !...

Elsa : Oui mais,... j'trouve qu'elle est un peu prétentieuse... Elle affiche tout ce qu'elle fait !

Cécile : Arrête un peu ! Arrête ! Elle prend des photos superbes ! Elles sont super bien cadrées. Celles qu'elle a prises en Égypte et au Kenya sont très très belles. Et ses toiles, je les trouve vraiment pas mal du tout, tu sais. Elle a un côté artiste, c'est sûr !

Elsa : Mm,... Oui peut-être... Ce qu'elle a de pas mal, à la rigueur, c'est sa collection de disques. Mais alors, je ne pourrais pas mettre la musique du matin au soir, comme elle fait. Et en plus, je ne supporte pas sa manière de se déplacer en dansant : ça fait fofolle !

Cécile : Tu ne crois pas que tu exagères un peu ! Moi, elle me semble plutôt spontanée et bien sans sa peau, non ?

Elsa : Elle en fait un peu trop ! Ça me déplaît ! Elle manque de simplicité. Elle veut se donner un genre. C'est comme sa façon de s'habiller. Elle porte tou-

jours des tenues sophistiquées ou provocantes. Elle se prend pour la femme fatale ! Et tu as déjà fouillé sa garde-robe ! On se croirait à la Comédie-Française ! Chez elle, tout est dans l'apparence ! Rien que de la frime ! Oui.

Cécile : Hou ! Ce que tu peux être méchante ! Moi, je dirais tout simplement qu'elle a de la classe ! Elle est sympa et son côté cultivé ne me déplaît pas du tout. Elle m'a montré sa collection de livres d'art sur l'Italie. C'est impressionnant. Et elle pourrait te parler de Rome, de Naples ou de Florence pendant dans heures... Mais c'est vrai, elle adore ce qui est beau et élégant... Elle est comme ça, c'est tout... quoi.

Elsa : Et sa salle de bains ! Tu as vu ça ! Je veux bien qu'on s'occupe de sa petite personne. Mais il y a des limites quand même ! On se croirait chez l'esthéticienne !... Et ça cocotte. Oh non, vraiment je maintiens qu'elle est légère et frivole !

Cécile : Tu ne vas pas recommencer ! Écoute, j'ai essayé ses deux parfums préférés : « Nil » de Barthélémy. C'est très épicé et très oriental ! Et « Athéna » de Di Marco, ça fait très... très... distingué... profond... et je dirais même... mystérieux.

Elsa : Ah la la ! Mystérieux comme ce journal soit-disant intime qu'elle tient. Et la scène qu'elle m'a faite quand j'ai voulu y jeter un œil ! Son « jardin secret ». Pff ! Je crois qu'elle n'est pas très sincère. Et pas très franche ! Si tu veux mon avis !

Cécile : En tout cas, elle m'a parlé de toi. Et elle s'est montrée un peu plus indulgente que toi !

---

6. *Le superlatif*, p. 220

— Commenter le tableau, p. 220

— Faire imaginer les compliments adressés à une jeune fille par son amoureux.

7. Si... tant... tellement que, p. 220
Ex. : Il parle si vite qu'on ne le comprend pas.
— Faire remarquer que la subordonnée indique une idée de conséquence.
— Faire imaginer les conséquences possibles : P.-H. Lamballe est | si | pressé que...
| tellement |

ACTIVITÉS

MÉCANISMES A

• Exercice de transformation : utilisation de *d'autant plus/moins... que* + indicatif.

• Exercice de transformation : *utilisation de autant (de)... que, moins (de)... que, aussi... que.*

■ **EXERCICE 1. — *Écoutez !***
• Il grossit. Il n'arrête pas de manger.
— Il grossit d'autant plus qu'il n'arrête pas de manger.
■ *A vous !*
• Elle est fière. Elle a réussi à son bac.
— Elle est d'autant plus fière qu'elle a réussi à son bac.
• Il est très jaloux. Son épouse est très belle.
— Il est d'autant plus jaloux que son épouse est très belle.
• Elle est très timide. Elle ne connaît personne.
— Elle est d'autant plus timide qu'elle ne connaît personne.
• Elle n'est pas très attirante. Elle est mal habillée.
— Elle est d'autant moins attirante qu'elle est mal habillée.
• Cette robe n'est pas chère. Elle l'a faite elle-même.
— Cette robe est d'autant moins chère qu'elle l'a faite elle-même.

■ **EXERCICE 2. — *Écoutez !***
• Pierre parle beaucoup. Moi aussi.
— Je parle autant que Pierre.
■ *A vous !*
• Pierre travaille beaucoup. Moi beaucoup moins.
— Je travaille beaucoup moins que Pierre.
• Marie mange beaucoup de fruits. Pierre beaucoup moins.
— Pierre mange beaucoup moins de fruits que Marie.
• Elle connaît bien la mode. Moi aussi.
— Je connais aussi bien la mode qu'elle.
• Vous connaissez très bien l'Italie. Moi beaucoup moins.
— Je connais l'Italie beaucoup moins que vous.
• Tu es très bon en anglais. Yves beaucoup moins.
— Yves est beaucoup moins bon en anglais que toi.

☐ DEUXIÈME SÉQUENCE

OBJECTIFS

Vocabulaire	*Grammaire*

• La publicité (p. 139)
• Les odeurs et les couleurs (p. 139)
• *la campagne, l'élégance, la désinvolture, la clientèle, l'affectation, le maniérisme, la grâce*
• *suggérer, viser, évoquer, sécuriser, associer*
	• Emploi du subjonctif après :
	  - les verbes signifiant proposer, suggérer (p. 143)
	  - les verbes d'opinions à la forme négative (p. 143)

Communication	*Civilisation*
• proposer, suggérer (p. 138) • exprimer son opinion (p. 139)	• La publicité (p. 145) • littérature : l'évocation des souvenirs à travers deux exemples célèbres (la madeleine de Proust et la pervenche de Rousseau)

- **Illustration p. 137 :** introduire le vocabulaire de la publicité (voir GRAMMAIRE ET VOCABULAIRE).

- **Découverte de la conversation p. 137**

1. Lecture de la conversation :

Faire repérer :
- les participants à la réunion ;
- le produit dont il s'agit ;
- l'objet de la réunion ;
- le public visé ;
- les noms proposés pour le produit.

participants	produit	objet de la réunion	public visé	noms proposés
- Régine Lapierre (fondatrice de la société) - M. Navarro (responsable de la publicité) - B. Sannier (directeur commercial) - P.-H. Lamballe (publicitaire) - J. Marconnat (directeur d'agence de publicité)	- un nouveau produit pour hommes	- mettre au point la campagne publicitaire du produit - arrêter le nom du produit	- une clientèle raffinée	- DANDY - CARRARE

2. Expliquer :
- *la campagne, la clientèle, viser, suggérer, évoquer, associer, sécuriser*
- *l'élégance, la grâce, l'affectation, le maniérisme, la désinvolture*

3. Écoute de la conversation. Faire les questions, p. 143

a) *Première écoute : relever les images et idées associées aux mots DANDY et CARRARE.*

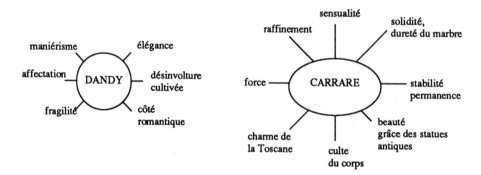

- **La Toscane :** *région de l'Italie centrale, célèbre pour la beauté et la douceur de ses paysages, la splendeur de ses villes d'art (Florence, Sienne). C'est l'un des grands foyers de la culture italienne (civilisation étrusque, Renaissance).*
- **Carrare :** *la ville de Carrare, située en Toscane, est célèbre pour la beauté et la qualité de son marbre depuis la plus haute antiquité.*
- **Le dandy :** *homme qui affiche une élégance aristocratique dans sa tenue et ses manières. Le dandy sait aussi avoir de l'esprit, se montrer désinvolte et impertinent.*
- **Le dandysme** *de certains poètes français du XIXe siècle (Musset, Baudelaire) consistait à rechercher la perfection esthétique dans la tenue et le comportement social tout en sachant mépriser les conventions sociales et les sentiments bourgeois.*

b) Deuxième écoute : relever les expressions qui permettent :
— de suggérer,
— de demander un avis,
— de donner un avis.

suggérer	demander un avis	donner un avis
- Je vous rappelle qu'il s'agit de... - Je propose que...	- Que diriez-vous de... ? - Qu'en pensez-vous ? - Mais je crois que M.L. a préparé un autre projet. - Quel est votre sentiment sur le projet de M.L. ?	- Ça m'a semblé... - C'est assez bien trouvé. - Je n'ai pas l'impression que... - Effectivement, ... - Voici donc mon projet - Si vous permettez un mauvais jeu de mot, ... - Je trouve au contraire l'idée excellente.

Voir GRAMMAIRE ET VOCABULAIRE.

GRAMMAIRE ET VOCABULAIRE

• **La publicité (p. 139)**

Conversation dirigée à partir de l'affiche et du produit (parfum), p. 137.
Aborder successivement : - la campagne publicitaire
                          - les supports publicitaires
                          - l'exposition, la foire.

• **Suggérer / proposer (p. 138)**

1. Rechercher une suggestion dans le monologue, p. 136
   Si tu mettais la veste que tu portais hier ?
2. Présenter les autres formes en faisant paraphraser (dire autrement) la même idée.
3. Introduire les autres solutions non trouvées par les élèves (p. 138).
4. Réemploi à partir de la situation suivante :
   Quel cadeau pourrait-on faire à Amalia (50 ans) pour son anniversaire ?
   (offrir des fleurs, organiser une fête, aller au restaurant, ...)
5. Faire les exercices : Mécanismes B1, p. 143 et 13, p. 147.

• **Exprimer son opinion (p. 139)**

1. Introduire les expressions en reprenant les opinions des personnages de la conversation p. 137 et en les reformulant avec les expressions non découvertes.
2. Faire l'exercice : Mécanismes B2, p. 143.
3. Réemploi à partir de la situation suivante : La peine de mort est-elle juste ou injuste ? Justifier. Faire réemployer les expressions de la p. 139 pour introduire l'opinion.
4. Faire l'exercice 9, p. 143.

• **Les odeurs et les couleurs (p. 139)**

Introduire ce vocabulaire avant l'exercice 11, p. 145.

ACTIVITÉS

MÉCANISMES B

- Exercice de transformation : utilisation du subjonctif après les verbes signifiant *proposer* ou *suggérer*.
- Exercice de transformation : utilisation du subjonctif après les verbes d'opinion à la forme négative.

■ **EXERCICE 1. — Écoutez !**
- Si on allait au cinéma ? Je le propose.
— Je propose qu'on aille au cinéma.
■ *A vous !*
- Si nous faisions la cuisine ? Je le suggère.
— Je suggère que nous fassions la cuisine.
- Si on passait un week-end en Tunisie ? Ça te plairait ?
— Ça te plairait qu'on passe un week-end en Tunisie ?
- Si on suivait un stage photo cet été ? Tu aimerais ça ?
— Tu aimerais qu'on suive un stage photo cet été ?
- Si vous nous mettiez un peu de musique. Je le suggère.
— Je suggère que vous nous mettiez un peu de musique.
- Si nous prenions l'avion pour aller à Londres. Il le propose.
— Il propose que nous prenions l'avion pour aller à Londres.

■ **EXERCICE 2. — Écoutez !**
- Tu crois qu'il serait malade ?
— Non, je ne crois pas qu'il soit malade.
■ *A vous !*
- Tu crois qu'elle viendrait avec nous ?
— Non, je ne crois pas qu'elle vienne avec nous.
- Vous pensez qu'il faudrait changer de vêtements ?
— Non, je ne pense pas qu'il faille changer de vêtements.
- Vous pensez que nous devons nous méfier de lui ?
— Non, je ne pense pas que vous deviez vous méfier de lui.
- Vous croyez qu'on pourra réussir ?
— Non, je ne crois pas qu'on puisse réussir.
- Tu penses qu'elle résoudra son problème ?
— Non, je ne pense pas qu'elle résolve son problème.

EXERCICES

EX. 9, P. 143

Exercice d'apprentissage. Utilisation du subjonctif après les verbes d'opinion à la forme négative, interrogative (voir p. 139), après les verbes de suggestion (voir p. 138), dans les propositions relatives après *le seul, le premier* (voir p. 86).

- Mireille est la seule qui ne soit pas venue.
- Ils ont suggéré que nous gardions les enfants ...
- C'est la plus grande ville que nous ayons visitée.
- Les Martin ont suggéré que nous partions en vacances avec eux.
- Penses-tu que ce soit une bonne idée ? (Il y a une incertitude.)
- A midi Michel m'a appelé. C'est la première personne qui m'a téléphoné. (Certitude.)
- Je pense que tu pourras y aller en « jean ».
- Je ne crois pas qu'on puisse s'habiller n'importe comment.

EX. 10, P. 144

Exercice d'écoute à faire avec la cassette

1. Première écoute.
a) Repérer la situation : qui parle ? de quoi ?
b) Faire correspondre les commentaires et les photos, p. 144.
2. Deuxième écoute.
a) Présenter les trois parties du commentaire l'une après l'autre. Les élèves conservent les illustrations, p. 144 sous les yeux pendant l'écoute ;
b) Noter les remarques sur la composition de chaque ensemble (vêtement, forme, matière, couleur) ;
c) Utiliser l'image pour expliquer les mots incompris.

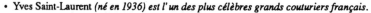

- Yves Saint-Laurent *(né en 1936) est l'un des plus célèbres grands couturiers français.*
- La haute couture : *on désigne ainsi les grands couturiers de réputation mondiale, qui créent des modèles originaux. Ceux-ci sont présentés chaque saison. Parmi les plus connus, il faut citer Cardin, Dior, Chanel, Saint-Laurent, Courrèges, Lacroix.*

Femme commentant un défilé de mode : Du couturier Yves Saint-Laurent, voici un tailleur sport assez original dans les tons jaune safran. La veste est assez longue, large aux épaules et plutôt cintrée avec des poches plaquées et de larges revers décorés de boutons de cuir noir. Veste et jupe sont en flanelle et décorées d'un galon rouge et noir en zig zag. Sous la veste, un chemisier à carreaux rouges, safran et noir, largement échancré. L'ensemble est complété par un chapeau de feutre noir à plumes, agrémenté d'un galon, des gants montant sur les poignets et des bas en voile noir. [photo de gauche]
Du même couturier, voici maintenant un ensemble fantaisie dont le style rappelle un peu le folklore d'Europe centrale. C'est un lainage composé d'une jupe à longues franges serrée par une ceinture brodée à boucle blanche, un chemisier à col officier fermé par un bouton blanc et une veste boléro aux épaules carrées et piquée de bandes rouges. Des couleurs vives. Le rouge, le bleu, le rose et le jaune s'harmonisent pour former des motifs végétaux. Ça fait un ensemble très original à porter pour un cocktail ou dans les soirées décontractées. Il est complété par des bottes rouges, des bas noirs et des gants épais, rouge et noir eux aussi. [photo de droite]
Toujours d'Yves Saint-Laurent, une tenue de ville plus classique cette fois. C'est un tailleur dans les tons gris anthracite que l'on porte sur un chemisier de soie bleu pétrole, agrémenté d'un col cravaté noué. La veste est courte, carrée des épaules, avec des revers décorés d'une broche. La jupe est droite et assez courte. Pour apporter une note pittoresque à cet ensemble qui a beaucoup d'allure, des bas bordeaux et des escarpins. [photo du centre]

EX. 11, p. 145

Travail d'équipes. Organiser le travail sous forme de tableau. Utiliser l'expression de la mise en relation *(faire penser à, évoquer, rappeler, la ressemblance, la correspondance, la relation, voir p. 138)*.

	public	personnage(s)	décor	cadrage	éclairage	détails	texte
Jean-Louis Scherrer	les femmes	- une femme bronzée et sensuelle (épaule nue) - lèvres maquillées et ongles peints en rouge - une main est gantée, l'autre nue - collier de pierreries transparentes qui évoque le flacon de parfum	- fond blanc et noir qui équilibre l'espace occupé par le buste - composition très classique	- plan rapproché incomplet. On ne voit qu'une partie du visage (les lèvres) et du buste - les deux mains sont au premier plan : elles célèbrent le parfum	- le contre-jour met en valeur le bras et les mains	- pureté de ligne du bras et de la main qui tient le flacon de parfum	- il associe le parfum à la couture donc aux idées de beauté, d'élégance, de luxe
Nino Cerruti	les hommes	un homme s'avance sur une balustrade. Il essaie de garder son équilibre. Il semble souriant et décontracté malgré le danger. S'agit-il d'un jeu fantaisiste ? Vient-il de quitter sa maîtresse ?	- nuit de pleine lune - montagne noire à l'horizon	- plan moyen : le personnage est cadré « de la tête aux pieds » - l'homme est au second plan - le paysage en toile de fond - le flacon et son emballage sont au premier plan	- la pleine lune éclaire la scène - lueurs de l'aube derrière la montagne (?)	- la couleur jaune du flacon l'anime d'une lumière interne - la tache rouge sur l'emballage est une note sensuelle dans la nuit - la lune est un symbole féminin	- il associe le parfum avec l'envie de jouer, c'est-à-dire l'insouciance, le goût des risques de la vie, le goût des émotions
Paco Rabanne	les jeunes gens	deux jeunes gens et une jeune fille évoquent : - la jeunesse, - la beauté, - la santé (le sport) - le désir (le regard de la jeune fille)		- gros plan sur trois visages	- photo noir et blanc	- le flacon est placé dans le coin inférieur gauche et associé à l'ensemble des idées connotées	- il n'y a pas que le sport dans la vie, il y a aussi l'amour (le couple) et l'amitié (le jeune homme à lunettes) et... Paco Rabanne.

EX. 12, P. 146

Travail par équipes. Mise en commun après chaque activité. Faire les questions, p. 146.
L'originalité de la publicité :
• identification de la voiture à un jouet (paquet-cadeau ouvert). La publicité ne fait pas appel au désir de puissance, de luxe, de sensualité mais à l'adulte resté enfant ;
• humour du texte qui, tout en décrivant les diverses options du véhicule (nombreuses pour une voiture bas de gamme), insiste sur la notion d'un fonctionnement parfait.

EX. 13, P. 147

Travail par deux. Mise en commun après chaque activité. Utilisation de l'expression de la suggestion (voir p. 138). Choisir une scène. La préparer par écrit avant de la jouer. Ou rédiger la lettre avant de la lire.

LITTÉRATURE

• *A travers la littérature : le souvenir (p. 147)*

1. La madeleine de Proust

a) Lecture.

b) Écrire les mots suivants dans le désordre au tableau et faire chercher leur équivalent dans le texte.

- *cérémonie religieuse*	=	la messe
- *ce qui vit sans le corps*	=	l'âme
- *petite goutte*	=	gouttelette
- *la construction*	=	l'édifice
- *plonger dans un liquide*	=	tremper
- *apprécier le goût*	=	goûter
- *se décomposer*	=	se désagréger
- *rester*	=	subsister
- *faiblir*	=	fléchir
- *fragile*	=	frêle
- *qui n'est pas matériel*	=	immatériel
- *durable*	=	persistant
- *qu'on peut toucher*	=	palpable

b) Faire les questions p. 147.

c) Raconter des souvenirs liés à une image visuelle, à une chanson, à un parfum, à une émotion.

> • Proust, Marcel *(1871-1922), écrivain français, auteur de* A la recherche du temps perdu, *qui marque une étape importante dans le roman du XXᵉ siècle.*

2. La pervenche de Rousseau

a) Lecture.

b) Expliquer : *herboriser* (= prendre des plantes pour les étudier), *le buisson* (= bouquet de petits arbres).

c) Faire les questions, p. 147.

> • Rousseau, Jean-Jacques *(1712-1778), écrivain et philosophe de langue française. Dans ses écrits, il recherche le secret du bonheur et de la compréhension mutuelle.*

LEÇON 4

❏ PREMIÈRE SÉQUENCE

OBJECTIFS

Vocabulaire	Grammaire
• La pollution (p. 151) • *l'environnement, la menace, la serre, la couche, le taux, la calotte, le globe, l'algue* • *écologiste, terrestre, maritime* • *accomplir, rendre hommage, dénoncer, se mobiliser, consacrer, fondre, doubler, absorber*	• L'expression de la conséquence (p. 150) • l'idée de moyen (p. 150)
Communication	Civilisation
• L'enchaînement des idées dans un discours (p. 150)	• La crise de la sidérurgie (p. 152) • le nucléaire en France (p. 154)

DIALOGUES ET DOCUMENTS

* **Illustrations, p. 148** (voir GRAMMAIRE ET VOCABULAIRE)

1. Nature préservée et nature polluée. Décrire et comparer les images. Donner un titre à chacune.

2. Conservation dirigée : introduire le vocabulaire de la pollution (p. 151) et le vocabulaire du texte :

- *l'environnement, la menace, la serre, la couche, le taux, la calotte, le globe, l'algue*
- *écologiste, terrestre, maritime*
- *accomplir, rendre hommage, dénoncer, se mobiliser, consacrer, fondre, doubler, absorber.*

* **Découverte du discours de Jean Bourdon, p. 148**

1. Lecture.

a) *Première partie. « Mesdames et Messieurs, ... terrestre ou maritime. »*
— Faire chercher dans le discours un synonyme de chacun des mots suivants :

- *désorienter, gêner*	=	déranger
- *les idées, les intérêts*	=	la cause
- *faire connaître et critiquer*	=	dénoncer
- *faire la liste*	=	énumérer
- *la lutte*	=	le combat

b) *Deuxième partie. « Pour ce qui est de "l'effet de serre" ... à la couche d'ozone. »*
— Faire la liste des mots ou expressions associés à « l'effet de serre ».
la pollution industrielle, l'augmentation du taux de gaz carbonique, l'atmosphère, le réchauffement de la terre, la température, s'élever, la calotte glacière, fondre, le niveau de mers et des océans, recouvrir, la carte agricole et politique du monde, bouleverser.
c) *Questions, p. 152*
— **Plan de la conférence de J. Bourdon.**

```
    I. Introduction :      A.  Remerciement de l'invitation.
                               Félicitation pour l'action de défense de la nature.
                           B.  Spécificité de l'intervention :
                               - la hiérarchie des causes défendues
                               - les lieux communs de la presse
                               - les vraies menaces

   II. Développement :     A.  Annonce du plan.
                           B.  L'effet de serre
                           C.  Les trous de la couche d'ozone
                           D.  Les conséquences de la pollution
                           E.  La destruction de l'environnement végétal :
                               ① terrestre
                               ② maritime

  III. Conclusion :  A. ...  B. ...  (non annoncée, mais prévisible).
```

— **Analyse du développement sur « l'effet de serre ».**

... B. L'effet de serre

① La thèse (position) développée par les médias.
   a) Exposé de la thèse des médias.
   b) Les conséquences dramatiques annoncées.
   c) Réfutation de la thèse des médias.
② Développement d'une thèse opposée :
   a) Affirmation de la stabilité de la température terrestre :
      - faible variation dans le temps
      - la période glaciaire
      - variation de la température solaire.
   b) Hypothèse de l'autorégulation de la terre.
   c) Exemple d'autorégulation : les algues.
C. Annonce du second point développé : la couche d'ozone.

2. *Écoute de la cassette*

a) *Écoute sélective : l'annonce du plan de la conférence.*
   - « Au cours de cet exposé ... terrestre ou maritime. »
   - Relever les mots qui permettent d'annoncer le plan de la conférence.

```
— Au cours de cet exposé, je traiterai de trois questions :
      - Dans une première partie, je développerai les problèmes concernant ...
      - Un deuxième point sera consacré à ...
      - Enfin, troisième et dernier point, ...
```

b) *Écoute sélective : la critique de « l'effet de serre »*
   - « D'abord je voudrais ... à la couche d'ozone. »
   - Relever les mots qui permettent d'enchaîner les arguments et les idées.

Mots ou expression de liaison	Valeur argumentative
- D'abord	- position de l'argument (première)
- Je voudrais vous faire remarquer que ...	- introduire une remarque
- Et pourtant	- opposer une idée
- En somme,	- résumer une idée
- Par quels moyens y arrive-t-elle ?	- poser un problème
- Je donnerai un exemple	- donner un exemple
- Or	- introduire un argument nouveau
- et c'est la raison pour laquelle ...	- conclure
- Venons-en maintenant à ...	- annoncer la suite

3. *Revenir à la transcription de la conférence.*

Introduire les expressions qui permettent l'enchaînement des idées dans un discours (p. 150).
— Faire paraphraser (dire autrement) les expressions contenues dans le discours (ex. : Au cours de cet exposé, je développerai trois questions ... Dans une première partie, je traiterai de ...) (voir GRAMMAIRE ET VOCABULAIRE)

GRAMMAIRE ET VOCABULAIRE

• **La pollution (p. 151)**

Le vocabulaire est introduit à partir des illustrations, p. 148 (voir DIALOGUES ET DOCUMENTS).

• **L'enchaînement des idées dans un discours (p. 150)**

1. Utiliser le discours de J. Bourdon, p. 148 (voir DIALOGUES ET DOCUMENTS).

2. Réemploi et introduction des autres expressions (p. 150) à partir des situations suivantes :

a) Construction collective, au tableau, de l'introduction de la conférence de l'ingénieur qui va présenter le robot « Éva » (p. 72).

- Rechercher les idées (déplacement, capacités, utilisations possibles, programmation, commercialisation, entretien, ...).
- Classer les idées.
- Présenter les idées en utilisant les expressions, p. 150.

b) Autres situations de conférence utilisables.

Rédiger l'introduction d'une conférence sur :

- L'Europe technologique (voir p. 81)
- Le cinéma français (voir pp. 132-133)
- Les phénomènes étranges.

• **L'expression de la conséquence (p. 150)**

1. Relier les mots ou expressions, dans le discours de J. Bourdon, qui indiquent l'idée de conséquence.

2. Faire réemployer les mots relevés pour réunir les idées suivantes :

- la pollution augmente - l'environnement est détruit → La pollution augmente au point que l'environnement est détruit.

3. Introduire les autres expressions à partir du tableau p. 150 et en utilisant le thème de la pollution.

4. Faire remarquer qu'on ne trouve jamais le subjonctif après les expressions indiquant la conséquence. Car la conséquence apparaît comme une certitude.

5. Faire les exercices : Mécanismes A1 et 2, 1 et 2 p. 152, 3 p. 153, 5 p. 154.

ACTIVITÉS

MÉCANISMES A

• Exercice de transformation. Expression de la conséquence : utilisation de *si* + adjectif + *que*.

• Exercice de transformation. Expression de la conséquence : utilisation de :
— verbe + *tellement que* ...
— *tellement de* + nom + *que*.

■ *EXERCICE 1. — Écoutez !*
• La région est très polluée. A tel point que l'atmosphère est irrespirable.
— La région est si polluée que l'atmosphère est irrespirable.
■ *A vous !*
• L'eau est contaminée. A tel point qu'il est défendu d'en boire.
— L'eau est si contaminée qu'il est défendu d'en boire.
• La ville est très grande. A tel point qu'elle est devenue inhumaine.
— La ville est si grande qu'elle est devenue inhumaine.
• La destruction de la faune est très préoccupante. A tel point que des mesures d'urgence s'imposent.
— La destruction de la faune est si préoccupante que des mesures d'urgence s'imposent.
• Tes propos sont très confus. A tel point qu'on ne te comprend pas.
— Tes propos sont si confus qu'on ne te comprend pas.
• Elle est complètement folle. A tel point qu'elle ne sait plus ce qu'elle fait.
— Elle est si folle qu'elle ne sait plus ce qu'elle fait.

■ *EXERCICE 2. — Écoutez !*
• Le taux de gaz carbonique augmente beaucoup. Donc, l'air se réchauffe.
— Le taux de gaz carbonique augmente tellement que l'air se réchauffe.
■ *À vous !*
• Elle travaille beaucoup. Donc, elle réussira.
— Elle travaille tellement qu'elle réussira.
• Il y a beaucoup de voitures. Donc, la circulation est devenue impossible.
— Il y a tellement de voitures que la circulation est devenue impossible.
• Nous produisons beaucoup de déchets. Donc, il faut les recycler.
— Nous produisons tellement de déchets qu'il faut les recycler.
• Vous fumez beaucoup trop. Donc, vous risquez des ennuis de santé.
— Vous fumez tellement que vous risquez des ennuis de santé.
• Elle a beaucoup de charme. Donc, elle doit avoir un succès fou !
— Elle a tellement de charme qu'elle doit avoir un succès fou !

EXERCICES

EX. 1, P. 152

Exercice d'apprentissage. L'expression de la conséquence. Travail par deux. Mise en commun.
- Jean est le meilleur. *C'est la raison pour laquelle* il a été sélectionné.
- Il parle fort *de façon* à être entendu par tout le monde.
- Il fait une chaleur épouvantable à *tel point qu'*on ne peut pas travailler.
- Valérie est claustrophobe *au point de* ne pas pouvoir prendre le métro.
- La discussion a été violente *au point que* Jacqueline a éclaté en sanglots.
- Les freins du camion étaient usés. *C'est pourquoi*, ils ont cédé.
- Nous avons beaucoup dépensé cette année. *Aussi* ne partirons-nous pas en vacances.
- J'ai sonné. Personne n'a répondu. *Donc*, je suis reparti.

On emploie de *façon à / au point de + infinitif* lorsque les deux verbes ont le même sujet.

EX. 2, P. 152

Exercice de réemploi de l'expression de la conséquence (p. 150). Travail par deux. Mise en commun : lecture de quelques articles.

Exemple : Dans les années 80 une grave crise a frappé la sidérurgie lorraine. En effet, le minerai lorrain n'était pas assez riche *de sorte qu'*il a été concurrencé par le minerai suédois et mauritanien. D'autre part, les usines étaient *si* vétustes *qu'*elles n'étaient plus rentables. Par ailleurs, l'État avait décidé de restructurer la sidérurgie *de façon à* privilégier les zones de Fos près de Marseille et Dunkerque dans le Nord. *C'est pourquoi* de nombreuses installations ont été fermées et de nombreux emplois supprimés. *C'est la raison pour laquelle* les gens ont quitté le bassin sidérurgique. *En conséquence*, tous les secteurs économiques sont atteints : les banques, les commerces, les services et les collectivités locales. Et *donc*, le tissu économique régional est détruit.

EX. 3, P. 153

Travail par équipes. Mise en commun après chaque activité.
1. Lecture.
2. Expliquer : *le suicide, l'éblouissement, l'aurore boréale, une échappée, la conception du monde.*
3. Faire la liste des conséquences négatives. Imaginer les conséquences positives.

Conséquences négatives	Conséquences positives
- perte de l'identité eskimo : culture, traditions, valeurs anciennes, langue (?) - chômage - alcoolisme	- logement, confort - vêtement - nourriture - santé - ouverture sur le monde

4. Débat collectif : les mariages entre personnes de nationalités différentes.
a) *Conséquence :* quitter son pays, vivre loin de ses parents, de ses amis, être déraciné, s'adapter à une vie nouvelle, accepter une autre langue, une autre culture, s'enrichir de cette nouveauté.
b) *Conditions de réussite d'un mariage entre personnes de nationalités différentes :* s'aimer, aimer le pays d'accueil, sa langue, sa culture, apprendre la langue, s'entendre avec la famille du conjoint, se faire des amis dans le nouveau pays, s'entendre sur l'éducation des enfants, respecter les croyances, les différences de l'autre, savoir faire des concessions.

> • Groenland : *grande île située au nord de l'Amérique. Elle est en grande partie recouverte de glace. Elle dépend du Danemark.*

EX. 4, P. 153

Travail par équipes. Réemploi du vocabulaire de la pollution (p. 151) et des moyens permettant l'enchaînement des idées (p. 150).
Les images doivent permettre de déclencher des idées. Procéder en trois moments :
a) Recherche et classement des idées.
b) Travail préparatoire écrit.
c) Lecture de quelques productions.
    a. Recherche collectives d'idées et classement des idées au tableau.
Exemple :

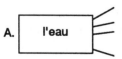

A. l'eau

Il existe de grandes quantités d'eau sur terre.
L'eau douce est rare (3 % du volume total).
L'homme pollue cette eau (déchets industriels, décharges, pollution chimique agricole - engrais -, produits de nettoyage - maison, voiture).
La sécheresse nous rappelle que l'eau est rare. Il faut l'économiser et la protéger.

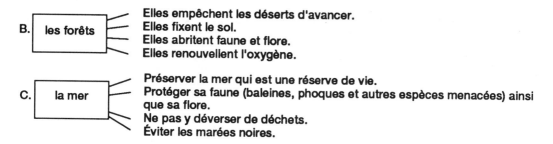

B. **les forêts**
- Elles empêchent les déserts d'avancer.
- Elles fixent le sol.
- Elles abritent faune et flore.
- Elles renouvellent l'oxygène.

C. **la mer**
- Préserver la mer qui est une réserve de vie.
- Protéger sa faune (baleines, phoques et autres espèces menacées) ainsi que sa flore.
- Ne pas y déverser de déchets.
- Éviter les marées noires.

b. Utiliser les expressions (p. 150) permettant d'enchaîner les parties du discours.

EX. 5, P. 154
Travail par deux. Travail écrit préparatoire. Mise en commun. Diviser le travail en trois étapes.
1. Chaque groupe recherche des idées et les classe.
2. Formulation des idées :
- utiliser l'expression de la conséquence, p. 150 ;
- réutiliser les expressions pour énumérer, p. 74.
3. Mise en commun : lecture de quelques productions.

EX. 6, P. 154. Travail par deux. Travail écrit préparatoire. Mise en commun.
1. Lecture individuelle. 2. Explication des mots :

- *le péril*	= le danger	- *le plutonium*	(voir ci-dessous)
- *la dose*	= la quantité	- *fissile*	(voir ci-dessous)
- *le décès*	= la mort	- *admissible*	= supportable
- *le seuil*	= la limite	- *inoffensif*	= sans danger
- *la particule*	= une très petite partie	- *catastrophique*	= très dangereux
- *le combustible*	= ce qu'on brûle	- *encombrer*	= prendre trop de place
- *le retraitement*	(voir ci-dessous)	- *survenir*	= arriver
- *le résidu*	= le reste	- *nier*	= dire qu'une chose n'existe pas
- *la fission*	(voir ci-dessous)	- *accumuler*	= se charger de, se remplir de.
- *le surgénérateur*	(voir ci-dessous)		

• Le surgénérateur. *Pour les partisans du nucléaire, le surgénérateur présente un grand avantage. Il permet de produire plus de combustible (matière fissile) qu'il n'en consomme. Donc l'homme n'aura plus à craindre l'épuisement des mines d'uranium naturel. Mais les écologistes affirment que les surgénérateurs sont encore plus dangereux que les réacteurs classiques.*
• Superphénix *est le nom du surgénérateur construit par la France dans l'Isère (région de Grenoble). Il devrait permettre de tirer 50 fois plus d'énergie d'une tonne d'uranium que les anciennes centrales. Il permet aussi de réutiliser le* plutonium *qui est un résidu de la fission de l'uranium. Superphénix a été mis en service en 1986.*
• La fission *est une technique qui consiste à diviser l'atome pour produire une grande quantité d'énergie (fission → adjectif : fissile). Ne pas confondre avec* la fusion *: technique qui consiste à réunir des atomes pour produire une énorme quantité d'énergie. Cette technique n'est pas encore bien maîtrisée.*
• La Hague *est une usine de retraitement des déchets radioactifs. Après son utilisation, le combustible nucléaire doit être retraité. C'est-à-dire qu'on sépare les éléments utilisables des produits très radioactifs qui doivent être isolés. La* Hague *se trouve en Normandie.*

3. Relever les arguments contre le nucléaire. Les classer.
4. Rédiger l'introduction et l'annonce du plan de votre conférence sur ce sujet. Réutiliser les expressions permettant l'enchaînement des idées, p. 150.
5. Mise en commun : jouer la scène.

EX. 7, P. 155.
Cet exercice sera fait dans la deuxième partie de la leçon.

Exercice d'écoute à faire avec la cassette
EX. 8, P. 155.
1. *Première écoute :* relever les faits qui soulèvent des problèmes.
2. Expliquer : *la promesse, l'urgence, la décharge, (l'eau) potable, alerter l'opinion, la chute, être en suspens, provisoirement.*
3. *Deuxième écoute :* relever les arguments de chaque interlocuteur.

Écologiste (voix masculine) : Voilà bien longtemps que je souhaitais vous rencontrer pour aborder avec vous ces diverses questions. Je pense que vous avez pris connaissance de nos propositions.

Le Maire (voix masculine) : Oui, j'ai lu le catalogue de mesures que vous m'avez fait parvenir. C'est très intéressant. Mais, vous savez une municipalité se fixe des priorités. Et, ... on décide en partant d'un budget... Alors...

Écolo : Mais... lors de votre campagne vous avez fait des promesses précises. Maintenant, il faut les tenir ...

Le Maire : Elles seront tenues... Mais... chaque chose en son temps.

Écolo : Il y a pourtant, Monsieur le Maire, des urgences dramatiques. Tous nos concitoyens seront très sensibles à la façon dont vous réglerez la question de la décharge communale. On a enfoui les ordures dans le sol. Et ce n'est pas une solution ! Vous le savez, les déchets en décomposition produisent des gaz. Ça remonte et ça s'échappe du sol. Les bâtiments du voisinage ont dû être abandonnés. Et ce qui est plus grave, les eaux souterraines sont polluées. Nos analyses ne laissent aucun doute sur l'origine de cette pollution ! C'est pourquoi ...

Le Maire : Écoutez, mon jeune ami, les contrôles ordonnés par la municipalité sont négatifs. Ils ont été effectués deux fois. L'eau est parfaitement potable. Je tiens les résultats du laboratoire à votre disposition... La question a été vivement débattue au Conseil municipal. Et nous avons décidé de nous en tenir à ces résultats.

Écolo : Je ne vous cache pas que nous envisageons d'alerter l'opinion par voie de presse...

Le Maire : C'est votre droit le plus strict... Mais... vous allez alimenter un faux débat...

Écolo : Il y a trois autres points que je voulais vous rappeler.

Le Maire : Oui, je m'en souviens. Mais, je crois que vous n'êtes pas très réalistes. On ne peut pas interdire le centre ville à la circulation automobile. Vous imaginez les conséquences pour les commerçants ? Leurs réactions peuvent être tout à fait imprévisibles ! Rappelez-vous leur opération « ville morte » et... certains slogans extrémistes...

Écolo : Je sais. Mais ne croyez-vous pas qu'il faudrait faire preuve d'imagination avant qu'il ne soit trop tard. Avant que l'air ne soit irrespirable et la circulation impossible !

Le Maire : Mais... nous travaillons en ce sens. Nous avons entrepris un travail de sensibilisation et de dialogue. Nous étudions aussi la solution d'un parking extérieur. Et nous envisageons également de rendre le stationnement payant dans le centre ville...

Écolo : Et en ce qui concerne la pollution sonore et les chiens, qu'en est-il ? Le bruit empêche une partie de la cité de dormir. Et les chiens sont à l'origine de quatre chutes graves !

Le Maire : Dans l'immédiat, nous avons convaincu les jeunes motards de délaisser le centre. Et nous pensons même créer un circuit auto-moto à l'extérieur de la ville. Les jeunes ne devraient plus gêner personne. Mais il faut être patient...

Écolo : Mais ce n'est qu'un projet. Et il pourrait fort bien mourir dans les tiroirs...

Le Maire : Croyez-moi, nous y réfléchissons sérieusement... Pour ce qui concerne la question des chiens et de leurs excréments qui souillent nos trottoirs, c'est autre chose. C'est à la fois plus simple et plus délicat... Nos anciens qui souffrent de solitude n'apprécieraient pas qu'on taxe leur seul compagnon. Et... nous n'avons pas les moyens de renforcer les services qui assurent la propreté de la ville. Alors, ... la question est provisoirement en suspens...

❏ DEUXIÈME SÉQUENCE

▨ *OBJECTIFS*

Vocabulaire	*Grammaire*
• Les animaux (p. 151) • classer (p. 151) • l'intelligence - la folie (p. 151) • *l'insecte, le reptile, le bocal, le formol,* *le comportement, l'instinct, le jeton, la consigne* • *encombré, bourré, conditionné* • *tendre, gratter, acquérir*	• L'idée de moyen (p. 150)

Communication	*Civilisation*
• Conseiller (p. 155) • argumenter (p. 156, 158) • expliquer (p. 158) • décrire (pp. 158-159)	• La protection de l'environnement (pp. 156-157) • littérature : « Aube » de Rimbaud

DIALOGUES ET DOCUMENTS

• *Illustration : Diane Fossey et les gorilles du Rwanda, p. 49*

1. Expliquer la présence de la personne parmi les singes

Faire formuler des hypothèses :
- étudier et comprendre leur mode de vie ;
- faire un reportage sur les gorilles ;
- sauver les gorilles de la disparition ;
- les protéger | contre les chasseurs qui les tuent ;
  | contre les braconniers qui les capturent pour les zoos.

2. Comparer le gorille à l'homme

- Le gorille :
  - taille : *peut atteindre jusqu'à 2 mètres.*
  - poids : *peut dépasser 200 kg.*
  - milieu : *vit dans les plaines (Guinée, Zaïre, Gabon) ou dans les forêts de hautes montagnes (Rwanda).*
  - vie sociale : *une famille est constituée d'un petit groupe composé d'un mâle adulte, de une ou trois femelles et de jeunes.*
  - rôle du mâle : *il défend le territoire. Il cherche à intimider l'adversaire en frappant sa poitrine de grands coups de poings.*
  - agressivité : *le gorille est un monstre débonnaire. Sa férocité est légendaire.*
  - nourriture : *il est essentiellement végétarien (feuilles, fruits, graines, pousses de bambou).*
  - force : *il est doué d'une force prodigieuse.*
  - coutume : *chaque soir, il fait un lit de branches avant de se coucher.*
- Diane Fossey : *elle avait consacré sa vie aux gorilles pour les protéger. On l'a retrouvée assassinée.*

3. Conversation dirigée. Pourquoi l'homme s'intéresse-t-il aux animaux ?

— Pour en faire un animal domestique en vue d'en tirer :
  - sa nourriture : viande, lait ;
  - une matière première : cuir, laine.
— Pour l'apprivoiser en vue d'en faire :
  - un gardien, un chasseur (ex. : le chien) ;
  - un animal de compagnie (ex. : le chat) ;
  - un outil de travail (ex. : le cheval) ;
  - un animal de cirque (ex. : le lion) ou de spectacle (le dauphin).
— Pour faire des essais en laboratoire (ex. : le rat).
— Pour les étudier (origine, migration, adaptation au froid, à la chaleur, à la pression sous-marine ; performances, vol, vision, repérage des obstacles — sonar —, intelligence, langage).

• *Découverte de l'article « Intelligence animale », p. 149*

1. Lecture individuelle du texte et de l'interview, p. 149

a) Chercher le contraire des mots ou expressions suivants :
- *débarrasser, ranger* ≠ encombrer
- *un mâle* ≠ une femelle
- *manquer d'attention* ≠ se concentrer
- *anesthésier* ≠ réveiller
- *autorisation* ≠ interdiction
- *la stupidité, la bêtise* ≠ l'intelligence.

b) Expliquer les mots :
- *l'insecte, le reptile, le bocal, le formol, le comportement, l'instinct, le jeton, la consigne.*
- *encombré, bourré, conditionné.*
- *tendre, gratter, acquérir.*

c) Découverte approfondie de la partie : « Quand Bernadette Lievreau ... pour saisir le plateau ».
— **La surprise du journaliste** (voir question p. 155)
Le journaliste a gardé l'image du naturaliste d'autrefois. La réalité a changé. Aujourd'hui, le naturaliste s'intéresse moins à la description physique des animaux. Il travaille sur du vivant. Ce qui l'intéresse, c'est leur comportement social, leur comportement amoureux, leur intelligence, leur capacité d'apprentissage ou d'adaptation et d'invention.

vision d'autrefois	réalité actuelle
- murs couverts de planches piquées de papillons multicolores - tables encombrées d'insectes emprisonnés dans des boîtes - bocaux de formol contenant des reptiles	- étagères bourrées de livres et de dossiers - ordinateur - grande caisse remplie de jouets d'enfant

— **L'intelligence de l'animal. Relever :**
  - les idées habituelles des gens.
  - les idées de B. Lievreau.

Idées habituelles	Idées de B. Lievreau
- L'intelligence est le domaine réservé de l'homme.	- Ce qui m'intéresse, c'est leur intelligence.
- Ce sont des mécaniques parfaitement conditionnées.	- Sa passion, c'est la capacité d'adaptation et d'invention.
- Leur comportement est seulement guidé par leur instinct.	- L'intelligence n'est pas le domaine réservé de l'homme.

2. Écoute de l'interview

« Je voulais vous impressionner ... qui ne sont pas sous leurs yeux », p. 149.

a) *Première écoute :* relever les preuves de l'intelligence animale (voir question p. 155) :
  - Betty, le chimpanzé, se reconnaît dans un miroir.
  - elle est capable d'acquérir un langage simple à base de jetons.
  - elle peut demander quelque chose, répondre, comprendre une interdiction, décrire des actions.
  - elle comprend la relation conditionnelle.
  - elle comprend bien que l'objet évoqué soit absent.
  - elle peut donc se représenter les choses.

b) *Deuxième écoute :* relever les mots ou expressions indiquant l'idée de moyen (voir GRAMMAIRE ET VOCABULAIRE).
  - *(Par) un moyen (très simple)*
  - *à l'aide de* + nom
  - *grâce à* + nom
  - *par l'intermédiaire de* + nom.

GRAMMAIRE ET VOCABULAIRE

• L'idée de moyen (p. 150)

1. Relever les expressions indiquant l'idée de moyen dans l'interview (voir DIALOGUES ET DOCUMENTS).

2. Introduire les autres expressions (p. 150). Animation grammaticale.

a) La question portant sur l'idée de moyen :
« *Comment* avez-vous pu vous en rendre compte ? »

b) Présenter les autres moyens à partir d'un exemple. Faire varier l'expression de l'idée de moyen :
« Je lui donne une consigne *à l'aide* des jetons. »

c) Introduire : *un moyen, un procédé, une méthode, une façon, une manière* en partant des méthodes pour maigrir.

d) Le moyen adroit : utiliser la ruse du cheval de Troie.

e) Les moyens malhonnêtes : le piège du chasseur, la machination politique (l'assassinat).

3. Faire l'exercice 7, p. 155.

• Les animaux, p. 151

1. Animation lexicale : introduire le vocabulaire général (animal domestique/sauvage, herbivore, carnivore, omnivore).

2. Les mammifères et les poissons (voir *Le Nouveau Sans Frontières II,* p. 27 et 130).

3. Faire relever dans les listes (insectes, oiseaux, reptiles, p. 150) les mots connus. Faire traduire en langue maternelle par les élèves.

4. Traduire les mots inconnus en langue maternelle.

5. Faire l'exercice 12, p. 158.

• L'intelligence - la folie, p. 151

Présenter le vocabulaire en utilisant les situations suivantes :

1. La description du cerveau, la mesure de l'intelligence.

2. Les qualités du savant, du détective, du commissaire de police.

3. Le fou.

4. Faire l'exercice 10, p. 156.

• Classer (p. 151)

Animation lexicale : utiliser les situations suivantes :
  - les activités de la bibliothécaire ;
  - les espèces animales, les catégories de films ;
  - le collectionneur ;
  - le zoo.

ACTIVITÉS

MÉCANISMES B

- Exercice de transformation : utilisation du plus-que-parfait + négation + *en* + pronom personnel COI.

- Exercice de transformation : utilisation du plus-que-parfait + négation + nom COD + pronom COI.

■ *EXERCICE 1. — Écoutez !*
- Vous aviez donné des instructions à Patrick ?
— Non, je ne lui en avais pas donné.
■ *A vous !*
- Il vous avait demandé des précisions ?
— Non, il ne m'en avait pas demandé.
- Tu avais promis des photos à Sandrine et à Gilles ?
— Non, je ne leur en avais pas promis.
- Elles avaient réservé des places à Christiane et Marie ?
— Non, elles ne leur avaient pas réservé.
- Tu lui avais proposé un autre rendez-vous ?
— Non, je ne lui en avais pas proposé un autre.
- Ils vous avaient prêté de l'argent ?
— Non, ils ne nous en avaient pas prêté.

■ *EXERCICE 2. — Écoutez !*
- Vous aviez montré cette lettre à Patricia ?
— Non, je ne la lui avais pas montrée.
■ *A vous !*
- Elle vous avait dit qu'elle partait à New York ?
— Non, elle ne me l'avait pas dit.
- On vous avait permis de jeter les ordures à côté de la poubelle ?
— Non, on ne me l'avait pas permis.
- Tu lui avais payé la place de cinéma ?
— Non, je ne la lui avais pas payée.
- Elle nous avait expliqué l'itinéraire ?
— Non, elle ne nous l'avait pas expliqué.
- Tu avais offert les cadeaux à tes invités ?
— Non, je ne les leur avais pas offerts.

EXERCICES

EX. 7, p. 155.

Travail de groupes. Mise en commun. Trouver le plus grand nombre d'idées. Utiliser l'expression de l'idée de moyen (p. 150).

a) *Exemples de moyens, procédés, astuces, stratégies pour :*
— *vaincre le trac :* par l'intermédiaire de la relaxation, grâce au yoga, grâce à une préparation psychologique, avec des cachets, avec un verre de whisky, grâce à la plaisanterie ou à l'humour, etc. ;
— *voyager à prix réduit :* par l'intermédiaire du chemin de fer, avec la « carte jeune » ou « famille nombreuse », en faisant de l'auto-stop, par l'intermédiaire de petites annonces, etc. ;
— *bronzer sans attraper de coups de soleil :* au moyen d'une crème à bronzer, au moyen d'une pilule anti-rayon, avec un maillot filtrant, en changeant souvent de position, en dosant la durée des expositions au soleil, etc. ;
— *soigner une blessure en forêt :* nettoyer la blessure à l'eau d'un ruisseau, immobiliser le membre blessé, au besoin faire un garrot, attendre l'arrêt de l'épanchement sanguin avant de repartir, etc. ;
— *réussir une mayonnaise :*
   - tous les éléments doivent être à la même température ;
   - mettre le sel, le poivre et le vinaigre dès le début ;
   - en cas d'échec, ajouter une cuillerée à soupe d'eau froide. Laisser reposer une bonne minute avant de battre ;
   - en ajoutant un peu de farine, etc. ;
— *faire passer le hoquet :*
   - avec un grand verre d'eau qu'on avale en se bouchant les oreilles. (demander l'aide d'une personne) ;
   - grâce à des graines de poivre qu'on croque ;
   - en suçant un morceau de sucre avec du vinaigre ;
   - en concentrant son attention sur un problème angoissant ;
   - en maintenant une assiette en équilibre sur le bout du doigt ;
   - en bloquant sa respiration, etc. ;
— *arrêter de fumer :*
   - au moyen de chewing-gum qu'on mâche ;
   - au moyen de pastille qu'on suce ;
   - grâce à des cigarettes insupportables ;
   - grâce à l'acupuncture ;
   - en réduisant progressivement les cigarettes, etc. ;
— *aborder une jeune femme sans se faire rabrouer :*
   - avec de l'humour et le sourire ;
   - grâce à un bébé superbe qu'on tient dans ses bras ;
   - au moyen d'une fleur qu'on offre ;
   - avec un chien (si la personne en a un) ;
   - en lui proposant une interview pour un journal ;
   - grâce à une photo qu'on a prise et qu'on lui offre, etc.

b) *Autres mystères et solutions*
— Comment mettre un bateau dans une bouteille ?
— Comment met-on la pâte dentifrice dans les tubes ? Etc.

EX. 9, p. 155
Travail par deux. Préparation écrite. Mise en commun.
a) Utiliser le vocabulaire des rubriques « Classer », p. 151 et « Nettoyer », p. 151. Exemple de dialogue.

Le directeur	:	Robert, vous me rangerez tout ça !
L'employé	:	Comment est-ce que je vais faire ? Il n'y a pas beaucoup de place. Et la pièce n'est pas propre. Il faudrait laver le sol et épousseter les étagères et les meubles. La femme de ménage passe demain.
Le directeur	:	Oui, mais vous pouvez déjà faire le tri. Vous jetterez les vieux papiers. Vous mettrez un peu d'ordre. Je dois recevoir une visite importante.
L'employé	:	Oui, mais il y a tellement d'affaires que ce sera très long. Et il n'y a pas beaucoup de place pour le rangement. Et en plus je ne pourrai pas faire le travail le plus urgent.
Le directeur	:	Eh bien, répartissez-vous le travail avec Mona.

b) Utiliser le vocabulaire des rubriques « Salir », « Nettoyer », « Classer », « L'intelligence », p. 151.

Tu devrais commencer par *nettoyer, ranger* ta chambre. Tante Ginette nous a dit que ce n'était pas très *propre*. Tu ne peux plus vivre comme ça. Tu devrais aussi te *raser* et te *laver*. Je sais bien que tu as peur de l'eau, mais quand même ! Tu devrais comprendre que tu n'as plus 20 ans. Le temps de l'aventure est passé. Tu devrais *faire preuve* de plus de *perspicacité*. Il faut que tu trouves un emploi stable. Tu as beaucoup de qualités. Ça devrait être facile ! Il faut aussi que tu penses à te marier. Il faut que tu construises du solide. *Réfléchis* un peu. Fais *preuve de discernement*. La vie ne nous attend pas. Elle passe très vite. Et après, nous regrettons nos erreurs.
                    Ton père et ta mère qui t'aiment.

EX. 10, p. 156
Faire cet exercice après avoir introduit le vocabulaire de la rubrique « L'intelligence - la folie », p. 151.
1. Travail individuel. Remettre les parties de l'article dans l'ordre.
    Solution : 1a - 2f - 3g - 4c - 5h - 6e - 7b - 8d.
2. Faire les questions, p. 156.

> • *Aujourd'hui on oppose souvent artificiellement* intelligence *et* créativité. *L'intelligence serait la capacité à comprendre et à raisonner. C'est la qualité des bons élèves en mathématiques. La créativité serait le pouvoir d'imaginer, d'inventer, de trouver des solutions à un problème concret. C'est la qualité des artistes, des créateurs, des inventeurs. Le quotient intellectuel (QI) est le rapport entre l'âge mental, mesuré par des tests, et l'âge réel. Il est de 1 chez un sujet considéré comme « normal ».*

Exercice d'écoute à faire avec la cassette
EX. 11, p. 157
1. *Première écoute :* indiquer dans quel ordre les idées ci-dessous apparaissent dans le commentaire du naturaliste. Écrire les idées au tableau. Les élèves numérotent l'ordre d'apparition. Mise en commun.

- l'apparence (1)   - l'organisation sociale (7)
- le déplacement sur terre (4)   - l'origine (3)
- le comportement amoureux (6)   - le déplacement dans l'eau (5)
- un animal agressif (10)   - le milieu de vie (2)
- un conseil de prudence (9)   - le défilé militaire (8).

2. Expliquer les mots :

- *dégénéré*	=	qui a perdu les qualités de sa race.
- *maladroit*	=	qui n'a pas d'habileté.
- *courtois*	=	poli.
- *touchant*	=	qui inspire la tendresse.
- *le paléontologue*	=	il étudie les êtres vivants disparus d'après les fossiles.
- *la nageoire*	=	organe qui permet de nager.
- *le retraité*	=	personne qui a cessé de travailler.
- *le caillou*	=	petite pierre.
- *le rassemblement*	=	le groupe.
- *la colonne*	=	la file.
- *sautiller*	=	faire de petits sauts.
- *se méfier*	=	être prudent.
- *poignarder*	=	frapper d'un coup de couteau.

3. *Deuxième écoute :* faire la question, p. 157.

Réponses :   a) faux   d) faux   g) vrai
             b) faux   e) vrai   h) faux
             c) vrai   f) vrai

Un naturaliste (voix masculine) : Regardez-les bien, ces oiseaux. Comme ils ont l'air distingué ! On dirait qu'ils portent le smoking ! Ce sont des manchots. Ils vivent toute l'année sur les côtes de l'Antarctique... Comment sont-ils arrivés là ? On ne le sait pas exactement. D'ailleurs, les paléontologues n'ont aucune certitude sur leur origine. D'après certains, ce seraient des oiseaux dégénérés... Et selon d'autres, ils descendraient des reptiles... Oui, ce sont de drôles d'oiseaux ! Ils sont incapables de voler ! Parce que leurs ailes ont été transformées en nageoires... Observez bien leur comportement sur terre... Par exemple celui-ci ! Il se déplace tranquillement en sautillant. Et en plus, il se balance d'un côté et de l'autre. Un peu comme... Charlie Chaplin !... Et ces deux-là, à quoi est-ce qu'ils jouent ?... Ils glissent, le ventre sur la glace... Sans se préoccuper de leur smoking !... Mais... ils sont bien maladroits sur terre, ces manchots ! Et hop, voilà un autre apprenti skieur !... Que voulez-vous, ils ne sont pas vraiment à l'aise sur terre... Leur élément à eux, c'est la mer ! Et ce sont alors de vrais champions ! Eh oui ! Dans l'eau, ils peuvent parcourir jusqu'à neuf mètres à la seconde ! Et... attention au numéro de plongée !... Ils descendent couramment à vingt mètres de fond pour rechercher leur nourriture. Surtout ne vous fiez pas à cette allure gauche et embarrassée de petit retraité ! Les manchots peuvent même réaliser de véritables exploits. Ils atteignent jusqu'à 350 mètres de profondeur ! De quoi faire rêver bien des plongeurs !... Je vous le disais. Ce sont de curieux oiseaux... Et celui-ci, que peut-il bien faire ? Mais, regardez donc comme il est courtois ! Il dépose solennellement un petit caillou brillant aux pieds de l'élue de son cœur ! C'est son petit cadeau, à lui. Sa façon de déclarer son amour... Et ces deux-là ! Regardez, comme ils s'embrassent tendrement du bout du bec... C'est vraiment touchant... Et ce couple-là ! Quelle organisation ! Pendant que Madame couve, Monsieur va faire les courses, enfin... pêcher ce qu'il faut de nourriture... Et qu'est-ce que c'est que ce rassemblement-là ! Est-ce que les manchots auraient des habitudes militaires ?... Eh, oui, ils se rangent parfois en colonnes pour exécuter une sorte de danse militaire. Est-ce qu'il y aurait un service militaire chez les manchots ? Et regardez, comme ils battent le rythme de leurs petites ailes palmées ! C'est vraiment curieux ! Eh oui, je vous le disais. Méfiez-vous de cet air pacifique !... Les manchots ne craignent pas l'homme. Pas du tout. Mais gare à celui qui les approche de trop près ! En essayant de caresser l'un d'eux, un membre de l'expédition a vu sa main poignardée d'un coup de bec ! Attention, le manchot n'est pas agressif, mais... il a horreur d'être apprivoisé...

EX. 12, p. 158.

Discussion collective. Utiliser l'expression du moyen, p. 150. Exemples :
   - Le rat tient compte de ses erreurs pour trouver la sortie d'un labyrinthe.
   - Le singe se sert d'un bâton pour attraper une banane hors de sa portée.
   - Certains oiseaux utilisent des pierres pour casser la coquille des œufs qu'ils veulent manger.
   - Les abeilles sont capables, par la danse, d'indiquer à leurs semblables où se trouvent les fleurs avec le pollen.
   - Les dauphins auraient un langage.
   - Tous les animaux « savants » qui exécutent des numéros de cirque sont capables d'un apprentissage.
   - Les loups chassent parfois en horde (groupe) pour capturer une proie importante, par exemple un renne.

EX. 13, p. 158

Travail par deux. Mise en commun après chaque activité.
1. Lecture : trouver les mots ou expressions équivalentes (écrire les mots au tableau) :
   - *les coups de fusils*   = la pétarade
   - *l'audace*   = le culot - familier
   - *la sanction*   = l'amende
   - *la confiance*   = le crédit
   - *la volonté*   = la détermination
   - *la parole qui blesse*   = l'insulte
   - *le chasseur qui ne respecte pas la loi* = le braconnier
   - *le pigeon*   = la tourterelle
   - *tuer*   = massacrer
   - *approuver*   = cautionner
   - *qu'on peut manger*   = comestible
   - *qui ne respecte pas la loi*   = illégal.
2. Expliquer :
   - *cynégétique* = qui concerne la chasse
   - *scandaleux*   = indigne
   - *joli*   = beau
3. Relever les critiques adressées aux chasseurs.
4. Montrer que l'auteur n'est pas objectif.
L'auteur manque d'objectivité. « Il est à la fois juge et parti. » Il présente les faits de façon favorable à son opinion personnelle. Il joue sur les bons sentiments du lecteur (la pitié). Il parle en son nom personnel. Jamais il ne cite directement l'opinion de ses adversaires.

a) Il décrit la migration fatigante des tourterelles. Les chasseurs les attendent sans pitié. (« Le véritable danger du prodigieux voyage. »)

b) Les chasseurs tueraient les mères avant la ponte des œufs et la naissance des petits.

c) Les chasseurs sont présentés comme des êtres « sans foi ni loi » (« démarche inadmissible », « braconnier », « mépriser », « sacré culot », « tués illégalement », « violence », «insultes », « cette scandaleuse habitude », « cautionnent le braconnage »).

d) Ils tueraient par plaisir (« s'amuser à massacrer », « divertissement ») des oiseaux qu'ils ne mangent pas (« à peine comestible »).

e) Il accuse les responsables d'avoir « la haine de la vie ».

EX. 14, p. 158

Travail par deux. Rédiger trois à quatre lignes pour définir chaque activité. Mise en commun.

Exemples :

- *Il fait la collection des papillons.* Il se promène dans la campagne avec son filet à papillons. Dès qu'il aperçoit l'un de ces insectes, il s'approche lentement. Il lève son filet et l'attrape. Puis, il prend le petit animal avec soin et le met dans une boîte. Plus tard, il sera piqué sur une planche.

- *Elle collectionne les timbres.* Elle en a déjà rassemblé plus de 4 000. Ils sont presque tous rangés et classés par pays dans plusieurs albums. Mais dans une grande boîte en fer, il y a ceux qui ne sont pas encore triés. Dans une autre boîte, on trouve les timbres qu'elle va échanger contre d'autres.

EX. 15, p. 159

Travail par deux. Mise en commun.

1. Lecture et explication.

- *le tabouret*	=	petit siège sans dossier (dessin)
- *le python*	=	serpent
- *l'embranchement*	=	une division
- *la chitine*	=	substance qui correspond à la peau chez l'insecte
- *la facette*	=	petite face
- *le sécateur*	=	ciseau de jardinier (dessin)
- *le cafard*	=	petit insecte
- *le baiser*	=	signe d'amour ou d'affection (mime)
- *la nervure*	=	ligne sur une surface (dessin)
- *l'anneau*	=	division externe de l'animal (dessin)
- *la trachée pulmonaire*	=	l'équivalent des poumons chez l'homme
- *le cafard*	=	petit insecte des cuisines
- *le ptère*	=	d'un mot grec qui signifie « aile »
- *dégueulasse*	=	(mot familier) repoussant, laid
- *baveux*	=	qui coule comme un liquide gras
- *affublé*	=	équipé
- *assoupi*	=	endormi
- *velouté*	=	qui ressemble au velours
- *ramper*	=	se déplacer comme un serpent
- *se vanter*	=	être fier
- *être friand de*	=	aimer beaucoup
- *tromper son ennui*	=	trouver un moyen pour ne pas s'ennuyer
- *vombrir*	=	faire un bruit de moteur
- *un coléoptère*	=	sorte d'insecte (ex. : le hanneton).

2. Questions

Ce texte de Pierre Desproges est totalement fantaisiste et très représentatif d'une tendance de l'humour français : la parodie.

a) L'auteur imite le style scientifique des descriptions zoologiques mais en ménageant des glissements vers la fantaisie et le délire verbal. En voici quelques exemples :

- n. m., du latin insectus, sous le tabouret → l'étymologie est une pure invention. Mais comme dans un texte scientifique Desproges les justifie par un développement explicatif (un animal si petit qu'il peut à l'aise passer sous un tabouret).

- « Leur corps, généralement peu sensible à la caresse, est entouré d'une peau à chitine d'aspect volontiers dégueulasse. »

b) Relevez :

- *une approximation :* « le thorax ... affublé d'un nombre invraisemblable de pattes », « percé sur les côtés de maints trous ».

- *une familiarité :* « il n'y a pas de quoi se vanter », « dégueulasse ».

- *une remarque juste mais inhabituelle dans un texte scientifique :* « deux antennes que l'enfant aime à couper au ciseau pour tromper son ennui », « les sécateurs baveux dont la vue n'appelle pas le baiser ».

- *un jeu de mot :* « coller aux ptères » (coléoptère).

- *une incongruité :* « les ordures ménagères dont il est friand », « signalant sa présence au creux de l'oreille interne de l'employé de banque assoupi ».
- *un exemple de délire verbal :* « Certains vivent en Seine-et-Marne... »

c) Présenter un animal d'une manière amusante.
- Décrire l'animal en imitant le discours scientifique.
- Introduire des glissements humoristiques.

CIVILISATION

• *La protection de l'environnement (pp. 156-157)*

1. Lecture du texte, p. 156.
2. Discussion.

a) Comparer le système de protection des sites en France et dans votre pays.
b) Présenter les écologistes de votre pays (idées, projets, audience électorale).
c) Certains lieux remplis de légendes doivent-ils être protégés comme la Crau ou leur disparition est-elle inévitable ?

• *Illustrations, p. 157*

Travail par deux : le paysage de montagne est menacé par la construction d'un barrage. Le marais est menacé par un tourisme rationnel de masse. Vous êtes écologiste. Imaginer cinq slogans de défense pour chaque site.

LITTÉRATURE

• *« Aube ». Rimbaud, p. 159*

1. Lecture. Expliquer :
- *l'entreprise* = ici, la conquête ; *s'écheveler* = se dépeigner ; *chasser* = poursuivre
2. Travail collectif. Voir questions, p. 159.

a) L'aube est considérée comme une femme :
- J'ai embrassé l'aube,
- une fleur qui me dit son nom,
- wasserfall (cascade) qui s'échevela,
- je reconnus la déesse,
- je levai un à un les voiles,
- elle fuyait,
- je la chassais,
- je l'ai entourée avec ses voiles amassés,
- j'ai senti son corps immense,
- l'aube et l'enfant tombèrent.

b) On assiste aux différentes étapes d'une scène de séduction.
- La révélation du nom par la fleur.
- L'apparition de la tête blonde.
- La reconnaissance de la déesse.
- L'approche de l'intimité.
- La fuite et la poursuite.
- L'abandon et la possession.
- Le sommeil.
- Le cri de victoire (« j'ai embrassé l'aube »).

c) Le narrateur donne l'impression d'être à l'origine des transformations entraînées par le lever du jour. Il se donne un rôle actif et non pas de simple spectateur passif. On a l'impression d'assister à l'enlèvement de l'aube par un jeune faune grec.

BILAN

■ 1.

• L'équipe nationale a perdu étant donné qu'elle était mal préparée ; à cause de la fatigue des joueurs ; la supériorité des adversaires a provoqué le découragement de nos joueurs.

• Il y a eu une flambée de violence en raison de l'augmentation des prix. L'augmentation des prix a déclenché (est à l'origine de) la flambée de violence. Il y a eu une flambée de violence car le gouvernement a voulu augmenter les prix.

• Il est riche grâce à un héritage inattendu. Il est riche à force d'économies. Il est riche du fait de son travail.

■ 2

• Les « restaurants du cœur » ont été créés pour que les pauvres puissent manger à leur faim.

• Ils existent afin que les démunis et les sans-abri ne sombrent pas dans le désespoir.

• Ils sont nés pour créer un élan de solidarité.

• Ils ont été lancés en vue d'impliquer l'ensemble de la population et de lui faire prendre conscience que la pauvreté existe toujours.

• La finalité des « restaurants du cœur » est d'aider les malheureux à passer les trois mois d'hiver.

■ 3.

• Il est finalement parvenu au sommet du mont Blanc bien que le vent ait soufflé très fort. Pourtant, il était mort de fatigue, en dépit de son vertige.

• Elle a eu beau prendre un taxi, elle n'est pas arrivée à l'heure.
Elle n'est pas arrivée à l'heure. Cependant, elle était partie très tôt.
Elle n'a pas cessé de courir. Elle n'est quand même pas arrivée à l'heure.

• Certains problèmes écologiques ne sont pas aussi graves qu'on pourrait le penser. Par contre d'autres doivent être traités d'urgence.
Toutefois, d'autres exigent des mesures immédiates.
Il faut tout de même les résoudre pour préserver notre cadre de vie.

■ 4.

• Le fils : Je veux bien t'aider à condition de pouvoir partir faire du camping.

• Le père : Je t'autorise à partir à condition que tu m'aides à refaire les peintures et si tu changes les papiers peints avec moi.

• Le fils : Je suis d'accord à moins que ça ne dure plus de 15 jours. Et sauf si tu fais le travail en juillet.

■ 5.

• - L'angine lui a donné mal à la gorge.
- L'angine a provoqué une forte fièvre.
- En conséquence, il est resté au lit. (Il est donc resté au lit.)

• - L'augmentation du prix du pétrole a entraîné celle de la plupart des produits.
- L'inflation résulte de l'augmentation du prix du pétrole.
- L'augmentation du prix du pétrole est à l'origine de l'instabilité sociale.

• - La soirée était tellement ennuyeuse que j'ai failli m'endormir.
- La soirée était ennuyeuse de sorte que j'ai été désagréable avec Didier.
- La soirée était ennuyeuse. Alors je suis partie à 11 h.

■ 6.

• Entre les goûts de Jacqueline et ceux de Patrick, il n'y a aucun point commun.

• Il y a une grande ressemblance entre le père et le fils.

• Au cours de leur vie, ces deux femmes ont fait la même chose. Elles ont suivi un itinéraire similaire.

• C'est un fabulateur. Le récit qu'il a fait de son accident n'est pas du tout conforme à la réalité.

• On ne peut pas établir de corrélation entre le meurtre et la présence du suspect dans le quartier de la victime.

• Le raisonnement logique permet de déduire, alors que le raisonnement par analogie permet d'inventer.

■ 7.

• Il n'est pas exactement comme je l'imaginais. Il est plus petit que dans les films. Et il a les épaules moins larges. Mais il a l'air aussi séduisant qu'au cinéma. On dirait qu'il est un peu plus âgé. Mais il a toujours le même charme. Je le trouve toujours aussi attirant...

■ 8.

a) Et si vous écriviez un roman ?
• Vous pourriez suivre un cours par correspondance.
• Pourquoi ne pas méditer sur votre vie passée ?
• Je vous suggère de relire *A la recherche du temps perdu.*
b) Vous pourriez dire que vous avez rencontré un très vieil ami d'enfance.
• Et si vous disiez que votre patron vous a imposé des heures supplémentaires ?
• Je vous propose de raconter comment vous avez échappé à une agression.
• Je suggère que vous disiez la vérité !

■ 9.

Au début, le parcours n'a présenté aucune difficulté car la piste était rectiligne, dure et en bon état. Après 40 km, j'ai buté sur deux virages à 90°. C'était des obstacles tout à fait inattendus. Ensuite les dunes de sable se sont succédé pendant plus de 50 km. C'était très dur parce que je risquais de m'ensabler. Après j'ai attaqué la montagne, il a fallu être très prudent. Il ne fallait pas chercher à faire de la vitesse car la piste était étroite. Et en plus, elle surplombait une falaise à pic. J'ai dû franchir tous les lacets de la montagne avec une grande patience. Entre les km 125 et 130, j'ai failli tomber dans le ravin à cause du verglas et de la neige. Mais je m'en suis bien sorti et j'ai atteint le col. La victoire était proche. Toutefois, lors de la descente de la face sud qui présente une pente à 10 %, j'ai dû faire très attention. Et vers le km 160, j'ai eu du mal à éviter les rochers de la piste. Après, il y avait des risques d'éboulement, et je suis parvenu à éviter la chute de deux très gros rochers.

■ 10. Test culturel

1. Les Alpes et les Pyrénées.
2. Marseille était un grand port colonial qui établissait des liaisons entre l'Afrique du Nord, le Moyen-Orient et l'Extrême-Orient.
3. Michel Platini (football).
   Yannick Noah (tennis)
   Jeannie Longo (cyclisme)
4. « La Nouvelle Vague » : c'est un courant cinématographique des années 60 qui a rejeté la tradition classique du cinéma américain pour faire un cinéma-vérité traitant de psychologie et de problèmes de société.
5. Réponse personnelle (voir pp. 132-133).
6. Secteurs de l'industrie française célèbres à l'étranger : l'aéronautique, l'armement, l'agro-alimentaire, les vins, la mode, les parfums.
7. Un parc national est une vaste étendue à l'intérieur de laquelle la nature (faune, flore et milieu naturel) est protégé et contre l'action destructrice de l'homme.
8. Les « Verts » sont une autre façon de désigner les écologistes.
9. La poésie de Rimbaud : sensuelle, fraîche, onirique.
10. *Antigone* d'Anouilh et *La guerre de Troie n'aura pas lieu* de Giraudoux.

LEÇON 1

UNITÉ 4

❑ PREMIÈRE SÉQUENCE

OBJECTIFS

Vocabulaire	Grammaire
• Dégradation et amélioration (p. 169) • *l'inspection, l'état, la rouille, la charpente, le rivet, la poutrelle, la constatation, le porte-parole, la récupération* • *effectuer*	• Le gérondif et le participe présent (p. 166) • les autres formes en -*ant* (p. 166)
Communication	Civilisation
• Expliquer • caractériser • argumenter	• La tour Eiffel (p. 164)

DIALOGUES ET DOCUMENTS

• *Illustration, p. 164*

1. Identifier le support

- hebdomadaire intitulé *Le Petit Journal illustré*
- date de publication : 22 novembre 1925
- il s'agit probablement d'un magazine populaire à sensations.

2. Décrire la scène. Raconter. Expliquer

- Il s'agit d'une catastrophe : la tour Eiffel s'écroule.
- Il fait nuit. Le ciel est rempli de lueurs d'incendie.
- Les hommes, les femmes et les enfants fuient.
- On a représenté les conséquences d'une catastrophe : guerre, bombardement, incendie, attentat.
- On veut annoncer une menace, frapper l'imagination du lecteur en dramatisant la scène.

> • La tour Eiffel : *elle a été construite par l'ingénieur G. Eiffel pour l'exposition universelle de 1889. Sa construction a duré deux ans. Aujourd'hui, elle atteint 320 m de hauteur. Elle est considérée comme le symbole de Paris.*

• *Découverte de l'article de presse, p. 164*

1. Lecture. 2. Expliquer.

- *L'inspection*	=	le contrôle, l'examen.
- *L'état*	=	la situation, la manière d'être.
- *La rouille*	=	le résultat de l'action de l'air humide sur le fer.
- *La constatation*	=	l'observation.
- *Le porte-parole*	=	celui qui a parlé pour une autre personne.
- *La récupération*	=	l'utilisation des choses usées.
- *La charpente, le rivet, la poutrelle*	=	faire un dessin.
- *Effectuer*	=	faire.

2. Questions p. 168

a) Informations sur l'état de la tour Eiffel	b) Mesures envisagées par la ville de Paris
- état inquiétant de la construction - la rouille recouvre une partie de la charpente métallique - de nombreux rivets de fixation ont sauté - certaines poutrelles risquent de se détacher - menace pour les visiteurs - une administration négligente qui laisse pourrir une des merveilles de Paris	- va-t-on démolir la tour Eiffel ? - la destruction pure et simple de l'édifice est à l'étude - la récupération de 7 000 tonnes d'acier permettrait la construction de plusieurs usines.

c) **Relevé et classement des verbes en *-ant* :** voir « GRAMMAIRE ET VOCABULAIRE ».

GRAMMAIRE ET VOCABULAIRE

• **Le gérondif et le participe présent (p. 166)**

1. Relever et classer les verbes et adjectifs terminés par -ant ou -ent dans l'article p. 164.

Gérondif	*en affectant*	*en* + verbe en *-ant*, invariable
participe présent	*menaçant, négligeant, dépassant, permettant*	forme invariable
participe passé	*ayant sauté*	voir accord du participe passé
adjectif verbal	*inquiétant, négligente*	forme variable

2. Présenter les autres formes à partir du tableau, p. 166.
a) Leur formation (voir p. 166).
b) Le gérondif : forme invariable.
  - Préciser les différentes valeurs (voir p. 166).
  - Préciser que le sujet du verbe au gérondif est obligatoirement celui du verbe principal. « En entrant, le feu fumait » n'est pas correcte.
  - Faire les exercices : Mécanismes A1 p. 168, 1 et 2 p. 168.
c) Le participe présent : forme invariable.
  - Présenter les deux constructions : nom + participe présent ; proposition dont le verbe est au participe présent.
  - Faire les exercices : Mécanismes A2 p. 168, 3 et 4 p. 168.
d) Introduire les formes composées du participe.
— La formation des formes composées : on suit les mêmes règles que :
  - pour la formation des temps composés de la conjugaison active ;
  - pour la formation des formes composées de la conjugaison passive.

	Présent Indicatif	Participe présent	Passé composé	Participe passé composé
Conjugaison active	je construis	construisant	j'ai construit	ayant construit
	je tombe	tombant	je suis tombé(e)	étant tombé(e)
	je me lève	me levant	je me suis levé(e)	m'étant levé(e)
	radical + terminaison du présent/indicatif	radical + terminaison en -ant	j'ai \} + participe je suis \} passé	ayant \} + participe étant \} passé
Conjugaison passive	je suis réveillé(e)	étant réveillé(e)	j'ai été réveillé(e)	ayant été réveillé(e)
	je suis + participe passé	étant + participe passé	j'ai été + participe passé	ayant été + participe passé

— Les formes composées du participe (actives et passives) marquent l'antériorité (voir exemples p. 166).
— Faire les exercices : Mécanismes A2 p. 168, 3 et 4 p. 168.
e) *L'adjectif verbal et le participe présent.*
— *Le participe présent* est invariable. Il caractérise une action ou un état passager.
  Ex. : Négligeant le feu rouge, la conductrice passe.

— *L'adjectif verbal* indique un état durable. Il se rapporte toujours à un nom. Il est variable.

   Ex. : Marie et sa sœur sont des fillettes très négligentes.

Souvent l'orthographe distingue les deux formes :

Participes présents	Adjectifs verbaux
communiquant	communicant(e)
convainquant	convaincant(e)
provoquant	provocant(e)
fatiguant	fatigant(e)
négligeant	négligent(e)
précédant	précédent(e)

— Faire l'exercice 5, p. 169.

• La dégradation / l'amélioration p. 167

1. Faire relever les mots du texte en rapport avec l'idée de dégradation et d'amélioration (p. 164).

2. Animation lexicale à partir des situations suivantes :
   - les monuments en péril, les vieux quartiers ;
   - la voiture en mauvais état ;
   - les vêtements du mendiant ;
   - la mauvaise santé.

3. Faire l'exercice 6, p. 169.

▓ *ACTIVITÉS*

MÉCANISMES A

• Exercice de transformation : utilisation du gérondif.

• Exercice de transformation : utilisation du participe présent comme équivalent d'une proposition relative.

■ **EXERCICE 1. — *Écoutez !*** • Si vous poussez fort, vous réussirez à ouvrir la porte. —En poussant fort, vous réussirez à ouvrir la porte. ■ *A vous !* • Quand il est entré dans le salon, il a remarqué un magnifique buffet. —En entrant dans le salon, il a remarqué un magnifique buffet. • Si elle évite de manger des pâtisseries, elle perdra du poids. —En évitant de manger des pâtisseries, elle perdra du poids. • Alors qu'ils creusaient, ils ont découvert un trésor. —En creusant, ils ont découvert un trésor. • Comme vous conduisez imprudemment, vous avez provoqué l'accident. —En conduisant imprudemment, vous avez provoqué l'accident. • Parce que tu t'es battu jusqu'à la fin, tu as gagné. —En te battant jusqu'à la fin, tu as gagné.	■ **EXERCICE 2. — *Écoutez !*** • La porte qui donne sur la cour est ouverte. —La porte donnant sur la cour est ouverte. ■ *A vous !* • La façade qui a subi des dégradations doit être restaurée. —La façade ayant subi des dégradations doit être restaurée. • La fenêtre qui ouvre sur le jardin doit être repeinte. —La fenêtre ouvrant sur le jardin doit être repeinte. • Le mur qui a été détruit va être reconstruit. —Le mur ayant été détruit va être reconstruit. • Il pense aménager le jardin qui s'étend devant la maison. —Il pense aménager le jardin s'étendant devant la maison. • La toiture est détériorée. Elle va être réparée. —La toiture étant détériorée, elle va être réparée.

EXERCICES

EX. 1, p. 168

Exercice de transformation. Le gérondif peut avoir diverses valeurs (simultanéité, cause, condition, manière, opposition, voir p. 166).

   - Il a trébuché parce qu'il descendait l'escalier quatre à quatre.
   - Au moment où elle ouvrait la porte, elle aperçut un inconnu dans le jardin.
   - Bien qu'il soit alité pour cause de grippe, M. Dupuis continue à diriger son entreprise. (Idée d'opposition et de simultanéité : emploi du subjonctif présent.)

- Si vous économisez sou par sou, vous finirez par pouvoir vous offrir le voyage au Canada dont vous rêvez.
- C'est par des histoires drôles qu'il est parvenu à la faire sourire.
- Bien qu'il ait été poli et gentil avec moi, il m'a tout de même trompé. (Idée d'opposition et d'antériorité : emploi du subjonctif passé.)

EX. 2, p. 168
Travail par deux. Mise en commun. Utilisation du gérondif. *Exemples :*
- Gagner bien sa vie : en créant une entreprise performante, en devenant voyant, en découvrant une mine d'or, en jouant à la bourse, en épousant une riche héritière, en créant le « tube » (la meilleure chanson) de l'été, ...
- devenir célèbre : en battant un record du monde, en obtenant le prix Nobel, en devenant très riche, en se faisant élire président de la République, en présentant le journal télévisé, ...
- résoudre le problème de la délinquance : en supprimant le chômage, en donnant une formation aux jeunes, en leur proposant des activités culturelles et sportives, en leur donnant un idéal, ...
- rendre les villes propres : en installant des quartiers à l'extérieur, en interdisant la circulation automobile, en décentralisant les activités, en augmentant les poubelles, en créant un service de nettoyage permanent, ...

EX. 3, p. 168
Travail par deux. Mise en commun. Utilisation du gérondif et du participe présent. Exercice de transformation.
En sortant de prison, Jo la Carcasse respira avec indifférence l'air... Ignorant où il allait passer la nuit, il se dirigea vers le bas de la ville. Ayant traversé le quartier résidentiel, il prit la rue qui conduisait au port. Il marchait lentement, regardant à droite et à gauche et se retournant de temps en temps. Ayant passé des années dans le milieu marseillais, il s'était habitué à vivre dans l'insécurité et il se méfiait. Il remarqua vite l'homme faisant semblant de chercher une introuvable adresse et qui le suivait à distance.

EX. 4, p. 168
Travail par deux. Mise en commun. Utilisation des diverses formes simples et composées du participe (voir p. 166).
- Le repas étant terminé, passons au salon.
- Ayant de grosses difficultés d'argent, il a dû vendre son magasin.
- On l'a surprise, volant un livre dans une librairie.
- Le vieux quartier de la gare ayant été démoli, on va aménager l'espace en jardin public.
- Ma veste s'étant déchirée dans la bousculade, je dois aller me changer.
- Le grand artiste ayant peint cette toile est mort dans la pauvreté.

EX. 5, p. 169
Travail par deux. Mise en commun. Utilisation du participe présent ou de l'adjectif verbal (voir p. 166).
- provoquant   - (les recettes) excédant... (le budget est en) excédent
- convaincants   - (les cartes) de résidents... (étrangers) résidant
- négligeant

EX. 6, p. 169
Dégradation et amélioration. Travail par deux. Mise en commun après chaque activité. Utilisation du vocabulaire de la rubrique « Dégradation et amélioration » p. 167.
1. Rédaction du texte de presse
a) Préparation à la rédaction : recherche collective d'idées (écrire les mots importants au tableau)
- Décrire les images, p. 169.
- Proposer d'autres idées : sites naturels ou culturels à sauver.
- Reformuler la liste des dangers p. 169 en phrases complètes. Compléter la liste.
b) Rédaction. c) Mise en commun. *Exemple possible :*

SAUVONS NOTRE PATRIMOINE NATUREL ET CULTUREL.

Notre patrimoine se dégrade. Des chefs-d'œuvre essentiels de l'humanité risquent de se détériorer définitivement si nous n'agissons pas très vite. Les pierre du Parthénon sont rongées par la pollution automobile. Les façades des grandes cathédrales sont encrassées, les sculptures et les reliefs mutilés. Personne ne s'inquiète. Venise s'enfonce chaque année un peu plus du fait de la fragilité du sous-sol. La lagune est polluée. Les palais s'abîment. Et on ne fait rien. Certains pays pauvres voient leur patrimoine pillé. On ne s'en préoccupe pas. Au contraire, on continue à détruire les vallées pour construire des barrages, les champs pour les remplacer par des villes ou des zones industrielles ou commerciales. L'espace rétrécit. Le mal s'aggrave. On laisse faire. Et l'été, comme des insectes nuisibles, les touristes envahissent tout. Le mal avance comme le cancer. Faut-il se résigner ?

---

d) Imaginer le scénario de l'émission de télévision.

Indiquer que le scénario peut se composer des éléments suivants :
- Les scènes retenues. L'ordre des scènes. Titres.
- Les plans importants.
- Les commentaires.
- La musique.
- Les indications techniques nécessaires au tournage.

- *L'Acropole a été la citadelle d'Athènes dans l'Antiquité. Elle avait été construite sur un rocher d'une centaine de mètres de hauteur. De magnifiques monuments s'y dressaient. (Le Panthéon, l'Erechthéion, les Propylées.)*
- *Le Parthénon : temple d'Athéna. C'est le monument le plus prestigieux de la Grèce antique. Périclès le fit construire sur l'Acropole par Phidias au Ve siècle avant J.-C. Il représente la perfection et l'équilibre grec.*
- *Venise est une ville menacée. Le sol de la lagune, sur laquelle la ville a été construite, s'enfonce progressivement. Par ailleurs, l'effet des marées est plus sensible. D'autre part les eaux de la lagune sont polluées par les déchets organiques et industriels qu'on y jette. Des opérations de sauvetage sont en cours.*

Exercice d'écoute à faire avec la cassette
EX. 9, p. 170.

1. Expliquer la situation de communication avant écoute : voir p. 170, Livre de l'élève.
2. Expliquer le vocabulaire suivant, avant l'écoute.
   - *la chaudière :* permet de produire de la vapeur qui sert pour le chauffage ou la production d'énergie.
   - *le carambolage :* accident dans lequel plusieurs automobiles se sont heurtées.
   - *le brouillard givrant :* brouillard qui produit une pellicule de glace sur le pare-brise de la voiture.
   - *le poids lourd :* très gros camion qui transporte des charges très lourdes.
3. *Première écoute :* faire repérer les thèmes de la conversation téléphonique.
4. *Deuxième écoute :* prendre des notes et rédiger les articles. Pour faciliter la prise de notes et la rédaction des articles, rappeler les questions que pose le journaliste : Qui ? Quoi ? Où ? Quand ? Pourquoi ? Comment ?

Le correspondant : C'est Thomas Boissier de Clermont-Ferrand. Il y a du nouveau ici.

Sophie : Ah, oui. Et quoi donc ?

Le c. : Eh bien d'abord une grève qui a éclaté ! Et, je crois que ça va être dur...

S. : Et, ça se passe où cette grève ?

Le c. : Eh bien, c'est tout le personnel de COMECA, oui, c'est-à-dire des Constructions Mécaniques de l'Allier qui n'a pas repris le travail ce matin, à Montluçon... Ils fabriquent des chaudières à gaz...

S. : Et combien de personnes sont concernées par cette grève ?

Le c. : Oh, ça fait à peu près 600 personnes, si on compte les trois groupes d'ateliers...

S. : Et pour quelles raisons on en est arrivé là ?

Le c. : Alors, d'après ce que j'ai pu savoir, la direction parle de licencier la moitié des effectifs... Et... Et bien sûr, les syndicats ont déclaré l'union sacrée. Et ils sont absolument opposés à tout ça. Voilà, on en est là...

S. : Donc, actuellement, il n'y a pas de négociation en vue, ça risque même de se durcir... ? ... C'est ça ?

Le c. : Oui, c'est ça. Oui, d'après la direction, il n'y aurait pas d'autre solution pour sauver l'entreprise... Mais les syndicats reprochent à la direction sa mauvaise gestion et une absence de politique commerciale efficace... Ils ne veulent rien négocier. Ils exigent que la direction annule d'abord tous les licenciements. Ça risque de chauffer parce que la situation est complètement bloquée des deux côtés.

S. : Et quoi d'autres, sinon ?

Le c. : Eh bien, un gigantesque carambolage sur la nouvelle autoroute qui relie Paris à Clermont.

S. : Et c'est arrivé où, plus précisément, et quand ?

Le c. : Ce matin à six heures, à la hauteur de la sortie pour Riom, à 12 km au nord de Clermont.

S. : Et c'est très grave, alors ?

Le c. : Oui, surtout au point de vue des dégâts matériels. On compte à peu près 35 voitures accidentées. Heureusement, il n'y a que des blessés légers. C'est un miracle ! Ça aurait pu être bien pire.

S. : Et vous avez une idée des causes de ce carambolage ?

Le c. : Eh bien, c'est très simple. Un automobiliste en état d'ivresse circulait à contre-courant sur l'autoroute. La folie, quoi ! Vous vous rendez compte ! En plein brouillard givrant ! Et il faisait nuit noire encore, par-dessus le marché ! Heureusement, les autres roulaient à allure modérée ! Et par chance, il n'y avait pas de poids lourds, sinon c'était la catastrophe !

❑ DEUXIÈME SÉQUENCE

▓ *OBJECTIFS*

Vocabulaire	*Grammaire*
• La délinquance (p. 167) • l'argent (p. 167) • *l'appel d'offre, le lascar, le complice, la fortune, l'imposteur* • *fictif, malin, colossal, présumé* • *décupler, se ruer, chuter, s'avérer, empocher, bénéficier, dénoncer, intenter*	• Le discours rapporté (p. 221)

Communication	*Civilisation*

• L'expression de la probabilité et de l'improbabilité (p. 166)	• Les escrocs (p. 173)
	• la presse écrite (pp. 172-173)
	• les Français et l'argent (pp. 173-174)
	• Littérature :
	  - Nathalie Sarraute
	  - Molière

▓ *DIALOGUES ET DOCUMENTS*

• *Découverte du dialogue, p. 165*

Il est conseillé de commencer par introduire la rubrique « Délinquance » (p. 167, voir GRAMMAIRE ET VOCABULAIRE).

1. Lecture du dialogue. Relever et expliquer les mots qui sont associés à :
- l'idée d'escroquerie
- au monde des affaires et de l'argent.

idée d'escroquerie	monde des affaires
- l'affaire devait être tenue secrète - des noms d'emprunt - une société fictive - ni bureau, ni boîte aux lettres - le compte a été vidé - les deux lascars - ne plus donner signer de vie - il est peu vraisemblable que vous les revoyiez un jour - vous vous êtes fait avoir - des escrocs particulièrement malins	- proposer un rendez-vous - discuter d'un marché important - l'affaire - l'achat et la récupération - une proposition écrite - ils représentaient la SLP - une société accréditée par le ministère pour conduire l'affaire - le siège - un télégramme - faire un virement - la banque, le numéro de compte

2. Introduire : un appel d'offre, un lascar, fictif, malin.

3. Questions, p. 170.

- avril (1925)	- réception d'une lettre du ministère des Postes proposant à R. Bougerot un rendez-vous au Ritz pour discuter d'un marché important.
- ?	- le rendez-vous au Ritz : rencontre avec deux personnes dont P.A. de la Condamine. Démolition de la tour Eiffel. Appel d'offre pour la vente et l'achat de 7 000 tonnes de fer. Proposition écrite adressée à la SLP.
- le lendemain (du premier rendez-vous)	- télégramme fixant un nouveau rendez-vous au Ritz. Offre de R. Bougerot acceptée. Demande de virement d'un tiers de la somme proposée pour la ferraille.
	- disparition des escrocs. Le compte crédité a été vidé.
- 3 janvier 1926	- entrevue avec le détective C. Filochard.

• Le Ritz *est un hôtel de luxe.*

— **La conversation au Ritz. Exemple :**

- *P.A. de la Condamine* : Nous avons pris contact avec vous afin de traiter un marché important. Il s'agit de la vente des 7 000 tonnes de fer provenant de la tour Eiffel qui sera démolie. Un appel d'offre doit être lancé.
- *Autre interlocuteur* : Le ministère tient à ce que cette affaire demeure secrète. La tour Eiffel conserve de nombreux défenseurs. Il ne faut surtout pas que la presse s'empare de cet événement. C'est pourquoi l'affaire doit être conduite rapidement par l'entreprise désignée...
- *P.A. de la Condamine* : Si vous êtes intéressé par le marché, il vous faudra adresser une proposition écrite à la SLP que nous représentons. C'est la SLP qui s'occupera de l'affaire. Elle est accréditée par le ministère.
- *R. Bougerot* : Messieurs, l'affaire est claire. Elle m'intéresse. Et, si j'obtenais les 7 000 tonnes de fer à bon prix, vous et moi pourrions trouver un arrangement...

— **Écoute de la cassette : relever les constructions de phrases permettant de rapporter les paroles de quelqu'un.**

- vous proposant un rendez-vous...	- ils m'ont répondu que...
- la lettre précisait...	- un télégramme me fixant un nouveau rendez-vous
- ces messieurs m'ont dit que...	- ils m'ont demandé de...
- je leur ai demandé si...	- la somme que j'avais proposée.

- Transformer les parties au discours rapporté en discours direct.
- Poursuivre avec le travail sur le discours rapporté (voir GRAMMAIRE ET VOCABULAIRE).

• *Découverte des articles du 2 avril et du 10 septembre, p. 165.*

Il est conseillé d'introduire la rubrique « l'argent » p. 167 avant de commencer le travail (voir GRAMMAIRE ET VOCABULAIRE).

1. Expression orale : travail par deux.

— Chaque membre de la paire lit un seul article. Puis chacun, à tour de rôle, communique les informations lues à son partenaire. Celui qui écoute pose des questions et demande des précisions.
— Introduire le vocabulaire inconnu des deux textes pendant la phase de travail préparatoire à l'échange d'informations.

- *le chagrin*	= la tristesse d'avoir perdu quelqu'un	- *dénoncer*	= accuser	
- *la fortune*	= l'argent, la richesse qu'on possède	- *intenter un procès*	= faire un procès	
- *colossal*	= très grand	- *un imposteur*	= menteur qui abuse de la confiance des gens	
- *présumé*	= supposé			
- *empocher*	= mettre dans sa poche	- *un complice*	= celui qui aide un malfaiteur	
- *bénéficier*	= profiter	- *décupler*	= multiplier par dix	
- *s'apprêter*	= être prêt à	- *se ruer*	= se précipiter	
- *la succession*	= les biens qu'on laisse après sa mort, l'héritage	- *chuter*	= tomber	
- *le testament*	= document où sont écrites les volontés du mort	- *s'avérer*	= apparaître	

2. *Réponses aux questions, p. 173*

— **Expliquer en quoi consiste l'escroquerie de Victor de La Ferrière.**
Il affirme que son chiffre d'affaires avait décuplé. Il peut donc vendre ses actions par exemple 100 F au lieu de 10 F. Les gens achètent pensant que la valeur de chaque action va encore augmenter. Six mois après la valeur des actions baisse brutalement. Les gens vont donc revendre pour perdre le moins possible. Les actions se revendent par exemple à 10 F. Portal les rachète à ce prix, après s'être mis d'accord avec La Ferrière. Résultat : les deux complices gagnent 90 F sur une action par l'intermédiaire du jeu boursier.
— **Imaginer les détails qui ont permis à Juliette Michaud de découvrir que Xavier était un imposteur.**
Faire formuler des hypothèses :
   - les différences physiques (visage, cheveux, taille, signes particuliers) ;
   - une mauvaise connaissance de la famille élargie ;
   - une mauvaise connaissance de la maison familiale ;
   - l'oubli de souvenirs d'enfance partagés.

GRAMMAIRE ET VOCABULAIRE

• La délinquance (p. 167)

Animation lexicale à partir des situations suivantes :
- les synonymes du mot *malfaiteur* ;
- les différents types de délits ;
- la prison, la vie en prison.

• Le discours rapporté (p. 221)

— Présenter ce point de grammaire dans le prolongement de la découverte du dialogue, p. 165 (voir DIALOGUES ET DOCUMENTS).
— Présenter les deux tableaux, p. 221.
— Faire l'exercice 7, p. 170.

• L'expression de la probabilité et de l'improbabilité (p. 166)

1. Relever et classer les expressions qui indiquent la probabilité ou l'improbabilité dans le dialogue, p. 165 :
- Il est probable que c'étaient des noms d'emprunt.
- Cette SLP sera *sans doute* une société fictive.
- C'est très probable.
- Il y a de fortes chances pour que le compte ait été vidé.
- Il est peu vraisemblable que vous les revoyiez un jour.

2. Présenter les autres expressions à partir du tableau p. 166.
— Distinguer les constructions employant l'indicatif / le subjonctif.
- L'indicatif indique une probabilité forte.
- Le subjonctif indique une probabilité faible ou l'improbabilité.
— Le futur peut aussi exprimer la probabilité. Il est souvent accompagné dans ce cas de *sans doute* qui, contrairement à son sens primitif, indique non pas la certitude mais la probabilité.
    Ex. : Cette SLP sera sans doute une société fictive.
— Faire l'exercice 8, p. 170.

• L'argent (p. 167)

Conversation dirigée : utiliser les situations suivantes :
- les synonymes du mot *argent* - la forme de l'argent ;
- le salaire ;
- la banque et le besoin d'argent ;
- comment payer quelque chose ;
- l'épargne ;
- la spéculation financière.

ACTIVITÉS

MÉCANISMES B

• Exercice de transformation : passage du discours direct au discours rapporté.

• Exercice de transformation : utilisation des constructions exprimant la probabilité ou l'improbabilité, suivies du subjonctif.

■ EXERCICE 1. — *Écoutez !*
• Il m'a dit : « Viens me voir ».
— Il m'a dit d'aller le voir.
■ *A vous !*
• Elle m'a dit : « Demain nous irons au théâtre.»
— Elle m'a dit que demain nous irions au théâtre.
• Tu nous avais expliqué : « Elle gagne beaucoup d'argent.»
— Tu nous avais expliqué qu'elle gagne beaucoup d'argent.
• Vous lui demanderez : « Payez-moi par chèque.»
— Vous lui demanderez de vous payer par chèque.
• Elle criait : « Je prouverai mon innocence.»
— Elle criait qu'elle prouverait son innocence.
• Ils avaient dit : « Nous avons aperçu l'assassin.»
— Ils avaient dit qu'ils avaient aperçu l'assassin.

■ EXERCICE 2. — *Écoutez !*
• Vous croyez qu'il viendra ?
— Non, il est peu probable qu'il vienne.
■ *A vous !*
• Vous croyez que j'aurai fini ?
— Non, il est peu probable que vous ayez fini.
• Tu penses qu'il a de l'argent à la banque ?
— Il est peu probable qu'il ait de l'argent à la banque.
• Vous pensez qu'on le laissera en liberté provisoire ? C'est vraisemblable ?
— Il est peu vraisemblable qu'on le laisse en liberté provisoire.
• A votre avis, on le mettra en prison ? Ça se peut ?
— Il se peut qu'on le mette en prison.
• Selon toi, il risque une lourde peine ? Ça se pourrait ?
— Il se pourrait qu'il risque une lourde peine.

EXERCICES

EX. 7, p. 170

Discours rapporté. Travail par deux. Mise en commun après l'activité. Passage du discours direct au discours rapporté (voir p. 221).

a) Préciser la situation de départ.

Traiter le premier paragraphe collectivement avec les élèves.

Attention aux changements des pronoms, des temps des verbes, à l'introduction des verbes du discours rapporté.

b) Exemple possible :

L'inspecteur Richard : « Je viens de parler avec le commissaire Le Blanc. Il m'a demandé si j'avais les résultats de l'autopsie. Je lui ai dit qu'on ne les avait pas encore, mais que ça ne saurait tarder. Je lui ai aussi signalé que j'avais téléphoné au médecin légiste cinq minutes avant et que ce dernier m'avait promis les résultats pour 15 h. Et je lui ai demandé s'il n'y avait rien de nouveau de son côté. Il m'a dit qu'il avait interrogé Bousquet, et que son comportement lui avait paru bizarre. Il a ajouté qu'il voulait tout savoir sur lui. Il m'a conseillé de le prendre avec moi pour perquisitionner chez Bousquet. Il m'a suggéré de nous renseigner auprès de sa banque. Il a insisté en disant qu'il voulait connaître toutes ses rentrées d'argent depuis un an. Je lui ai fait remarquer que nous ne devrions pas abandonner la piste Marie Lenoir. Il m'a rassuré en me disant que l'inspecteur Poulet s'en occupait .»

EX. 8, p. 170

Travail par deux. Mise en commun. Utilisation de l'expression de la probabilité et de l'improbabilité.

1. Lecture du texte.
2. Expliquer.
   - *se volatiliser* = disparaître
   - *seconder* = accompagner
   - *désargenté* = sans argent
   - *le maître-chanteur* = personne qui menace quelqu'un de révélations pour obtenir de l'argent.
3. Faire les questions p. 170.

EX. 9, p. 170

Cet exercice a été fait dans la première séquence.

EX. 10, p. 171

Travail par équipes. Mise en commun. Faire utiliser le vocabulaire de la rubrique « Escroc », p. 167.

1. Imaginer l'histoire racontée par les images p. 171 avant de lire le texte.
2. Lecture. Rechercher dans le texte les mots qui ont le sens suivant :
   - *soutenir* = parrainer
   - *objet aux pouvoirs magiques* = le talisman
   - *personne naïve, qu'on trompe facilement* = le gogo
   - *pauvre* = démuni
   - *rendre plus intelligent, plus fin* = raffiner
   - *la compétence professionnelle* = la qualification
   - *intéressant* = alléchant
   - *qui convient* = idoine
   - *frapper l'esprit des gens* = faire tilt, familier
   - *possible* = potentiel
   - *l'officier administratif qui constate la régularité d'une affaire* = l'huissier.

> • Bernard Tapie : *homme d'affaires français. Par sa réussite rapide, il symbolise l'homme d'action énergique et volontaire, au discours franc et direct. Il est aussi député de Marseille et président du club de football professionnel de Marseille (en 1990).*
> • Francis Bouygues : *P.-D.G. de la plus grande entreprise de construction française. Son groupe a acheté T.F.1, l'une des chaînes de télévision française. Il possède l'une des plus grosses fortunes en France.*

3. Faire les questions, p. 171.
4. Exemples d'autres types d'escroqueries :
   - Rester jeune...
   - Maigrir sans difficulté...
   - Retrouver la santé...
   - Devenir séduisant...
   - Faire repousser ses cheveux...
   - Se faire des amis...
   - Apprendre le français en une semaine...
   - Développer sa mémoire...

EX. 11, p. 173

Travail par deux. Mise en commun après chaque activité. Utilisation de la rubrique l'argent p. 167.
1. Avant la lecture. Regarder les images. Imaginer le comportement de ces deux personnes par rapport à l'argent.
2. Lecture. Expliquer :
- *les impôts* = les taxes qu'il faut payer à l'État ;
- *fructifier* = développer son capital ;
- *la dette* = l'argent qu'on doit ;
- *investir* = placer son argent pour gagner plus ;
- *le vison* = petit animal dont on fait des manteaux très chers ;
- *le saumon* = poisson dont la chair est très apprécié ;
- *les droits* = les sommes qu'il faut payer à l'auteur du livre ;
- *la pierre* = l'immeuble, la maison ;
- *la fourmi* = une personne économe (sens figuré).
3. Faire les questions, p. 173.
a) Analyse et comparaison des deux réponses. Traits de caractères révélés :

Danièle Thompson	Claudine Auger
- Elle aime dépenser (dépensière). - Elle a le goût de l'argent, de la vie facile, de l'art. - Elle aime surtout la qualité de la vie. Elle n'a pas le souci de l'apparence (« Dans la vie, ce n'est pas le vison, c'est le saumon »). - Elle est imprévoyante. Elle ne pense pas à l'avenir.	- Elle est prudente. - Elle n'est pas dépensière. - Elle est prévoyante. Elle se préoccupe de l'avenir. - Elle est entreprenante (« faire de la coproduction »). - Elle est préoccupée par l'avenir de son pays. - Elle est généreuse, humaine.

b) Travail individuel. Rédiger votre réponse à la question : « On vous donne cent briques, vous faites quoi ? »
c) Commentaire du tableau statistique, p. 174. Travail écrit par deux.
Les 2/3 des Français (69 %) disposent d'un compte commun à la banque. Ils retirent l'argent en fonction des besoins et des dépenses à faire. Cette attitude progresse. Elle est devenue très fortement majoritaire.
Une autre tendance apparaît : chacun participe aux dépenses communes, mais dispose de son propre budget. Cette attitude a doublé en 10 ans, passant de 7 à 15 %.
Les situations où une seule personne contrôle budget familial diminuent très fortement.
On peut expliquer cette évolution. D'une part les femmes travaillent et ont conquis souvent leur autonomie financière. D'autre part, les rapports d'autorité sont progressivement remplacés par des relations de confiance et par la discussion. Enfin, une certaine prospérité favorise les initiatives individuelles.

Exercice d'écoute à faire avec la cassette

EX. 12, p. 174

1. Préciser la situation (voir p. 174) avant l'écoute.
2. Écoute de l'ensemble des réactions. Relever le nombre de réponses favorables/défavorables.
3. Écoute fractionnée : écouter chaque réaction. Décrire les personnes, imaginer leur personnalité d'après leur réaction.

Le faux mendiant : Vous n'auriez pas 500 F, s'il vous plaît ?
Une petite vieille : C'est honteux de voir des choses pareilles de nos jours ! Mais l'argent, ça se gagne ! Il faut apprendre à travailler ! Allez ouste ! Je ne supporte pas qu'on prenne les gens pour des imbéciles... Vous vous moquez du monde.
Le faux mendiant : Vous n'auriez pas 500 F, là... ?
Un déménageur : Bon mais pas con, mon vieux ! Bon mais pas con ! Toujours plus ! Vous leur donnez la main. l' vous prennent le bras...
Le faux mendiant : Vous n'auriez pas 500 F, mademoiselle ?
Une jeune femme BCBG : Quel culot ! C'est pas croyable ! On accepte vraiment n'importe quoi ! Mais où va-t-on ?
Le faux mendiant : Vous n'auriez pas 500 F, monsieur ?
Un cadre : Eh mon vieux ! C'est une bonne idée ça ! Mais je connais l'astuce ? Plus c'est gros, mieux ça marche. Malheureusement avec moi, ça ne prend pas.

Le faux mendiant : Vous n'auriez pas 500 F ?
Un vieux monsieur : Ah mon pauvre ! Les temps sont durs et la vie n'est pas toujours facile ! Tenez ! Prenez donc ça. Je ne serai pas plus pauvre et vous pas plus riche.
Le faux mendiant : Merci. Merci beaucoup monsieur... Vous n'auriez pas 500 F, s'il vous plaît ?
Une secrétaire : D'accord, mais vous repasserez la semaine prochaine quand j'aurai gagné au loto !
Le faux mendiant : Vous n'auriez pas 500 F, c'est important !
Un cynique : Vous avez raison ! Du fric, ils en ont plein les poches. Il suffit de demander. Ils ne savent pas quoi en faire. Mais votre numéro, il est pas encore au point. Il faut répéter encore ! Répéter.
Le faux mendiant : Vous n'auriez pas 500 F, monsieur ?
Un jeune homme : Encore un truc de la caméra invisible ! Ils ne manquent pas d'imagination ! C'est fou, ce qu'ils vont chercher !

CIVILISATION

• *La presse écrite* (p. 172). Travail d'équipes. Mise en commun après chaque activité.

1. Lire la présentation de la presse.
2. Faire les questions a. et b., p. 172.

a) Les Français négligent les quotidiens. Cela s'explique par la concurrence de la radio et de la télévision qu'on écoute ou regarde le matin et le soir pour avoir les informations. La lecture d'un hebdomadaire complète souvent cette information.

— La presse régionale résiste mieux à ce mouvement. Elle est plus adaptée aux besoins de sa clientèle. Elle propose les mêmes informations (internationales et nationales) mais comporte en plus des rubriques régionales et locales.

— Les magazines sont en plein développement. Les magazines d'information ou d'opinion proposent des synthèses sur l'ensemble des problèmes ou questions importants. Ils évitent ainsi au lecteur la dispersion. D'autre part, ils s'adressent souvent à une clientèle précise et répondent de façon efficace à ses besoins spécifiques.

b) Comparer *Le Figaro*, quotidien d'information (national) et *Ouest France*, quotidien régional. Le tirage de *Ouest France* est le plus important pour les quotidiens (735 000 exemplaires par jour en moyenne, 924 822 pour le numéro reproduit, p. 172).

Le Figaro ne tire qu'à 394 000 exemplaires par jour. Les grands sujets d'actualité sont les mêmes : la tempête, l'URSS.

Le Figaro, journal plutôt à droite, insiste sur une initiative politique de J. Chirac.

Ouest-France s'adresse à une clientèle variée : on y trouve des annonces d'articles sur le sport (rugby, football, basket-ball), l'orientation professionnelle, sur le Liban.

> • J. Chirac : *homme politique français (1932). Il est le président du R.P.R. (Rassemblement pour la République). Il est maire de Paris. Il a été Premier ministre de 1974 à 1976 et de 1986 à 1988 pendant la période de « cohabitation ». Une majorité de droite gouvernait avec un président (F. Mitterrand) de gauche.*

3. Présenter rapidement votre presse nationale.
4. *Rechercher la coquille*, p. 173.

— Travail d'équipes. Utilisation du dictionnaire. Répartir les recherches par groupe. Mise en commun.

— Une coquille est une erreur. Une incongruité est une parole qui n'est pas convenable.

Titre	Explication de l'erreur ou de l'incongruité
L'inspecteur académique...	Il s'agit de l'*inspection* académique (division administrative dans le domaine de l'éducation).
Recette...	La coquille est dans l'emploi de *effeuillez-la* pour *écaillez-la*. Effeuiller = enlever les feuilles. Écailler = enlever les écailles.
Par ailleurs...	L'erreur est dans l'emploi du pronom « ceux-ci » qui renvoie aux chiens alors qu'il devrait renvoyer à leurs propriétaires.
Ce mardi...	La coquille réside dans l'emploi d'une expression imagée : *chercher à remonter la pente* (= chercher à améliorer sa situation). Cette expression est ici appliquée à des *descendeurs* (skieurs spécialisés dans la descente rapide).
L'orchestre du Liceo de Barcelone	On a imprimé *son chef a été tué* pour *son chef a été hué* (sifflé).
Météo	*Nuit* à la place de *jour*.
Le Docteur Hirayama	*Moralité* pour *mortalité*.
Un automobiliste	La construction de la phrase a été inversée.
Il est vrai	*Ne pas faire quelque chose de main morte* signifie le faire avec force, sans ménagement. L'amusant ici réside dans le rapprochement entre « coups de *pied* donné à la *tête* » et « de *main* morte ».

LITTÉRATURE

1. Texte de Nathalie Sarraute

« Mon gendre aime les carottes râpées » → c'est la mère de Gisèle qui parle à une amie.

« Monsieur Alain ... » → la mère à la cuisinière.

« Les carottes sont-elles assez tendres pour Monsieur Alain ? » → la cuisinière à Alain ou la mère à la cuisinière.

« Voyez mesdames, vous obtenez ... » → le camelot qui vend l'instrument à râper les carottes.

« Alain sera content ... » → la mère qui pense.

« Je ne prends que ça » → Alain à sa belle-mère.

« Oh Alain, on les a faites ... » → la mère à Alain.

2. *Tirade d'Harpagon*

On imaginera une gestuelle et des déplacements sur scène traduisant :
- l'égarement (il court en tous sens) ;
- le désir de possession (il serre contre lui sa cassette imaginaire) ;
- le dialogue avec des personnes imaginaires et avec son argent (il salue, il appelle, il écoute) ;
- la folie (renforcement caricatural par le mime des propos du personnage) ;
- la recherche de l'argent (il furète, ouvre les tiroirs, soulève les tapis) ;
- un dialogue avec le public.

Analyse d'un comportement proche de la folie :
- les propos décousus, saccadés ;
- les répétitions ;
- le manque de raison mais l'existence d'une logique de la folie ;
- les exagérations, l'emphase et la dramatisation de la situation ;
- l'assimilation d'un bien matériel à une personne chère.

LEÇON 2

❏ PREMIÈRE SÉQUENCE

OBJECTIFS

Vocabulaire	*Grammaire*
• La connaissance, l'ignorance (p. 179) • *l'ouvrage, le banc, le chignon* • *nul, quelconque* • *ratatiné, hautain* • *gratifier, pressentir, entrevoir*	• Les adjectifs et pronoms indéfinis (p. 178)
Communication	*Civilisation*
• Dire son ignorance	• La pauvreté en France (p. 176) • solitaires et marginaux • la vieillesse

DIALOGUES ET DOCUMENTS

- ### *Découverte de la lettre de Jacques Clavel (p. 176)*

1. Lecture individuelle.

2. Explication du vocabulaire :

- *l'ouvrage*	=	le texte littéraire
- *le banc*	=	siège long et étroit sans dossier (dessin)
- *ratatiné*	=	devenu petit et déformé
- *le chignon*	=	coiffure féminine. Les cheveux sont regroupés au sommet de la tête ou dans la nuque (dessin)
- *nul*	=	personne
- *gratifier de*	=	accorder
- *quelconque*	=	n'importe quel (traduire en langue maternelle)
- *pressentir*	=	prévoir confusément, se douter de
- *rebuté*	=	découragé, lassé (ici, arrêté)
- *hautain*	=	orgueilleux, méprisant
- *entrevoir*	=	sentir, deviner de manière imprécise
- *persévérer*	=	continuer
- *le courant ne passe pas*	=	la communication est difficile.

3. Réponses aux questions, p. 180

— **Définir l'objet de la lettre.** L'auteur écrit à une amie romancière pour lui indiquer qu'il a trouvé un sujet de roman grâce à ses conseils.

— **Expliquer pourquoi l'auteur fait la description de la vieille dame.**

Il décrit la vieille dame pour essayer de saisir ce qu'il y a de mystérieux et de secret dans sa vie. Il cherche une idée de départ pour écrire une histoire. Il cherche un secret à expliquer, un mystère à éclaircir. Il fait des hypothèses. Il imagine des pistes possibles pour créer une intrigue. (= L'enchaînement des actions d'une histoire.)

— **Portrait physique et comportement de la vieille dame**

Physique	Comportement
- fragile et ratatinée - elle porte un manteau sombre - ses cheveux blancs sont ramassés en chignon	- assise sur un banc - elle semble solitaire - personne ne s'assied jamais à côté d'elle - elle fait partie des « objets familiers ».

— **Mots indiquant une idée indéfinie.** Les faire traduire en langue maternelle.

Adjectifs indéfinis	Pronoms indéfinis	
- un (voisin) - (une banalité) quelconque - une certaine (attitude) - quelque (secret)	- quelqu'un - n'importe qui - nul ne (semble) - chacun - personne ne (s'assied) - certains - rien (d'autre) - autre	- aucun n'(a eu) - quelque chose - un rien (mystérieux) - rien (à raconter) - qui que (ce soit) - quoi qu'(elle fasse) - où qu'(elle aille)

— **Trouver les verbes qui indiquent que l'auteur fait des hypothèses** : *j'imagine que..., je pressens que..., j'entrevois...*
Faire paraphraser ces verbes : je sens que..., je devine que ...
— **Expression écrite.**
A la manière de Jacques Clavel, faire le portrait d'une personne familière dont vous ignorez tout. Faire des hypothèses sur le mystère qui accompagne la vie de la personne. Exemple :
   Ma voisine s'appelle Émilie-Aude de La Mésange. Elle est très belle. Elle est superbe. Elle est toujours habillée à la mode. Mais on la voit très rarement. Elle rentre le matin. Elle ne parle à personne. Elle partage sa vie entre un caniche rose et la télévision. Sa vie est un grand secret et pourtant j'imagine...

• *Découverte du dessin humoristique, p. 176*

Il est conseillé de présenter préalablement les indéfinis, p. 178 (voir GRAMMAIRE ET VOCABULAIRE).

1. Décrire les personnages. Imaginer leur histoire

2. Expliquer l'humour du dessin

   La vieille dame allait « faire une bonne action ». Elle voulait donner une pièce au vagabond (clochard). Celui-ci refuse dédaigneusement. Il adopte une attitude digne et aristocratique. Il faut lui attribuer les propos : « J'ai mes riches ! ». Il refuse les dons (aumônes) sans importance. Par ailleurs la phrase « J'ai mes riches ! » rappelle celle employée souvent par les vieilles dames qui font la charité à un groupe précis de pauvres en disant : « J'ai mes pauvres ! ». Contrairement à la situation habituelle, c'est la vieille dame qui est décontenancée (humiliée). Peut-être faut-il aussi y voir une critique de l'attitude désinvolte de certains « assistés ».

3. Discussion collective. Pourquoi certaines personnes deviennent-elles clochards ? Comment peut-on les aider ?

4. Imaginer l'attitude des gens envers ce clochard. Utiliser les indéfinis (*certains, quelques-uns, tous, la plupart, personne, etc., voir p. 178*).

   • *Avec les effets de la crise (nombreuses suppressions d'emplois), depuis les années 80, le nombre de pauvres a augmenté en France. La pauvreté est réapparue. On appelle ce phénomène la « nouvelle pauvreté », Les nouveaux pauvres seraient des centaines de milliers. On compte parmi eux : des chômeurs de longue durée ayant épuisé leurs droits, des illettrés, des personnes non couvertes par la Sécurité sociale, des personnes sans logement, sans famille, en rupture de famille ou abandonnées par leur famille.*
   De nombreuses organisations caritatives s'efforcent d'aider les gens démunis (mendiants, vagabonds, clochards, marginaux), tels le Secours catholique, l'Armée du Salut, le Secours populaire, l'abbé Pierre et les groupements Emmaüs, mènent un combat contre la pauvreté depuis de nombreuses années. L'humoriste Coluche a fondé les « Restaurants du cœur » pour offrir le gîte et le couvert (le logement et la nourriture) aux gens très pauvres pendant l'hiver.
   • *Le R.M.I. (revenu minimum d'insertion) a été créé en 1988. Son but est d'assurer les besoins des plus démunis et de permettre leur réinsertion. Ce revenu minimum s'élève à environ 2 000 F par mois pour une personne seule (1990) et touche plus ou moins un demi-million de personnes. Pour l'obtenir, il faut déposer une demande auprès des services sociaux et s'engager à participer aux actions de réinsertion (retrouver un domicile fixe, participer à des activités sociales, reprendre un travail).*
   • *Les allocations de chômage : les salariés titulaires d'un contrat de travail involontairement privés d'emplois perçoivent une allocation chômage variant de 38 F à 107 F par jour en fonction des cas (1990).*

GRAMMAIRE ET VOCABULAIRE

• **Les indéfinis (p. 178)**

1. Relever les indéfinis dans la lettre, p. 176 (voir DIALOGUES ET DOCUMENTS).
2. Commenter le tableau, p. 178. Faire traduire les indéfinis en langue maternelle. Signaler que le pronom indéfini peut admettre un complément. Ex. : *rien à raconter, rien d'autre.*
3. Faire les exercices : Mécanismes A1 et 2 p. 180, 1, 2, 3 p. 180, 4 p. 181, 6 p. 182.

La connaissance / l'ignorance (p. 179)

Présenter les diverses expressions à partir des situations suivantes :
1. Connaissez-vous les droits des chômeurs ?
    - Oui, je suis informé de leurs droits.
Faire paraphraser en employant *je sais que...*
      Ex. :   Je sais qu'ils ont des droits.
              Je connais leurs droits.
2. Organiser un jeu questions-réponses. Faire employer les expressions des rubriques « J'ai oublié » et « Je ne sais pas ». Reprendre les contenus de civilisation des leçons passées.
      Ex. :   - Connais-tu la date de naissance de Gauguin ?
              - Non, je ne me la rappelle plus, etc.
3. Le chef du personnel présente le C.V. (curriculum vitæ) d'une candidate au directeur.
      Ex. :   Amélie PRADIER :
            - Au lycée, elle a acquis de bonnes connaissances générales.
            - L'université lui a donné un bon bagage d'anglais.
            - En travaillant chez un avocat, elle a acquis des notions de droit.
            - Son stage en entreprise lui a donné des rudiments d'économie, etc.
4. Faire l'exercice 7, p. 182.

ACTIVITÉS

MÉCANISMES A

• Exercice de transformation : utilisation du passé composé + indéfini (objet) + forme négative.

• Exercice de transformation : utilisation du passé composé + indéfini (personne) + forme négative.

■ *EXERCICE 1. — Écoutez !*	■ *EXERCICE 2. — Écoutez !*
• Vous lui avez demandé quelque chose ?	• Vous avez vu quelqu'un ?
— Non, je ne lui ai rien demandé.	— Non, je n'ai vu personne.
■ *A vous !*	■ *A vous !*
• Quelque chose est arrivé ?	• Quelqu'un est venu ?
— Non, rien n'est arrivé.	— Non, personne n'est venu.
• Vous lui avez parlé de quelque chose ?	• Vous attendez quelqu'un d'autre ?
— Non, je ne lui ai parlé de rien.	— Non, je n'attends personne d'autre.
• Quelque chose de grave s'est passé ?	• Tu as invité quelqu'un d'ennuyeux ?
— Non, rien de grave ne s'est passé.	— Non, je n'ai invité personne d'ennuyeux.
• Tu as remarqué quelque chose d'important ?	• Y a-t-il quelqu'un qui soit médecin ?
— Non, je n'ai rien remarqué d'important.	— Non, il n'y a personne qui soit médecin.
• Y a-t-il quelque chose de nouveau à signaler ?	• Quelqu'un m'a écrit pendant mon absence ?
— Non, il n'y a rien de nouveau à signaler.	— Non, personne ne t'a écrit pendant ton absence.

EXERCICES

EX. 1, p. 180

Exercice d'application. Travail par deux. Mise en commun. Utilisation de *quelconque, quiconque* ou d'un composé de *n'importe* (p. 178).

Robert :   - Bof, oui n'importe quoi ! Un sandwich quelconque fera l'affaire.
  - Ça m'est égal. N'importe où...
  - Bof, n'importe lequel ! Ils sont tous nuls. Aujourd'hui, si tu lis les critiques, quiconque utilise deux kilomètres de pellicule fait un film génial. Le résultat, c'est que n'importe qui peut se dire réalisateur et tourner un film quelconque sans avoir aucune expérience.

  • Bof ! : *interjection exprimant le doute ou l'indifférence.*

EX. 2, p. 180
Exercice de réemploi. Travail par deux. Mise en commun. Utilisation des indéfinis de quantité (p. 178).
  Presque tous les gens, c'est-à-dire 80 %, pensent qu'il est préférable d'avoir une activité ou de sortir pour ne pas vieillir. La plupart (60 %) font du sport. Certains (50 %) surveillent leur régime. Seuls quelques-uns (10 %) prennent des médicaments anti-vieillesse. Personne (0 %) parmi les gens interrogés ne pense qu'on peut vieillir en vivant comme à 20 ans, sans faire attention à quoi que ce soit.

EX. 3, p. 180
Exercice de réemploi. Travail par deux. Mise en commun. Utilisation de *nul, aucun, pas un* (voir p. 178).
  Exemple : « *Aucun* bruit *ne* doit me déranger. Je *ne* veux avoir *aucun* souci. Je *ne* reçois *aucune* visite d'amis. Et je *ne* lis *aucun* livre. *Nul* dérangement, *nulle* excursion ne doit m'éloigner de la plage. Je *ne* recevrai *pas un* seul coup de téléphone. Et, je *n'*enverrai *pas de* cartes postales. Je veux « bronzer idiot ».'

  • Bronzer idiot : *prendre le soleil sans faire la moindre activité intellectuelle ou physique.*

EX. 4, p. 181
Exercice d'application. Travail par deux. Mise en commun. Utilisation des indéfinis *qui que ce soit, quoi que...* + subjonctif, *quel/quelle que...* + subjonctif, *où que* + subjonctif.
Philippe :   - Pas de problème, *qui que ce soit,* je l'hébergerai.
  - *Quelles que soient* ses opinions politiques, je les respecterai.
  - *Quoi qu'il dise,* je me garderai de lui répondre.
  - *Quelles que soient* ses habitudes, j'essaierai de m'y faire.
  - *Quoi qu'il fasse,* je fermerai les yeux.
  - Ça, ça m'intéresse. *Où qu'il aille,* je l'accompagnerai.

EX. 5, p. 181
Exercice oral collectif.
1. Décrire chaque personnage. Imaginer :
  - sa personnalité ;
  - les raisons   de sa solitude,
                de sa rupture avec la société,
                de son rejet de la société ;
  - son recueillement, son exclusion ;
  - son mode de vie (manger, dormir, se vêtir) ;
  - ses sentiments (haine, amour, indifférence, déceptions, regrets, espoirs, souhaits, rêves) ;
  - ses découvertes.
2. Discussion. Sont-ils heureux ? Aimeriez-vous vivre en marge de la société ?
3. Faire la liste des autres situations de marginalité ou d'éloignement social :
  - la retraite dans un couvent ;
  - le berger de montagne ;
  - l'ermite dans le désert ;
  - la vie sur une île déserte ;
  - la vie dans une capsule spatiale.
De qui vous sentez-vous le plus proche. Pourquoi ?

  • Sans toit ni loi *(1985). Ce film d'Agnès Varda raconte les derniers jours d'une jeune fille trouvée morte dans une vigne, en plein hiver. Elle avait été repoussée par tout le monde gentiment ou sèchement. Le film constate qu'on peut mourir d'indifférence.*
  • Agnès Varda *(née en 1928). Metteur en scène. Elle a réalisé* Le Bonheur, Cléo de 5 à 7 *et* Sans toit ni loi.
  • Balthus *(1908). Peintre français. Il a peint de nombreux tableaux de jeunes filles fragiles et troublantes qui figurent dans des intérieurs ou des paysages baignés d'une lumière pâle.*

EX. 6, p. 182
Exercice d'apprentissage. Travail collectif. Sens de *tout* et *quelque.*
  - *Toutes les candidates*   = l'ensemble des candidates
  - *Toutes*   = l'ensemble des candidates
  - *tout émues*   = très émues

- *toute faute*	=	chaque faute
- *tout faux pas*	=	chaque faux pas
- *quelque deux mille personnes*	=	environ deux mille personnes
- *toutes les juger*	=	juger chacune d'elles
- *quelques-unes*	=	certaines
- *tout est perdu*	=	l'ensemble des chances de gagner
- *quelque miracle*	=	un miracle éventuel
- *quelque événement*	=	un événement
- *dans quelques instants*	=	dans peu de temps
- *tout grand ouvert*	=	très grand ouvert
- *toute la salle*	=	la totalité, l'ensemble.

Règles d'accord

- *Tout*, adjectif, s'accorde en genre et en nombre avec le nom qu'il accompagne. Ex. : Toute faute devra être corrigée.

- *Tout*, pronom, s'accorde en genre et en nombre avec le nom qu'il remplace. Ex. : Toutes ont la gorge serrée.

- *Tout*, adverbe, est invariable. On peut le remplacer par *très*. Ex. : Elles sont tout émues.

- *Quelque*, adjectif ou pronom, s'accorde comme *tout* avec le nom qu'il accompagne ou remplace.

- *Quelque*, adverbe, indique l'approximation devant un nombre. On peut le remplacer par *environ*. Il est invariable. Ex. : Quelque deux mille personnes.

EX. 7, p. 182

Travail par deux. Mise en commun. Utilisation :
- de l'expression de la connaissance, p. 179 ;
- des informations contenues sur la publicité, p. 182.

Préparation écrite avant le jeu de rôle.

a) - Avec *Quid* vous serez informés. Vous saurez tout sur... Vous serez au courant de... Vous pourrez acquérir des connaissances... des notions... des rudiments sur... Vous deviendrez savant...
- Au bureau, en classe, en famille..., vous pouvez prendre connaissance de...

b) Exemple : « Monsieur, Je tiens à vous exprimer la très grande satisfaction que j'ai éprouvée à la lecture de *Quid* (Édition 90). Toutefois, j'ai noté une erreur : ... Je suis persuadé que vous tiendrez compte de ma remarque et que vous ferez les corrections nécessaires. Je tiens toutefois à vous adresser mes félicitations pour la diversité et la qualité de vos informations. En espérant vous rendre service, veuillez croire, Monsieur, à l'expression de ma considération très distinguée. »

❑ DEUXIÈME SÉQUENCE

▒ OBJECTIFS

Vocabulaire	Grammaire
• La vieillesse et la mort (p. 179) • le jeu et la chance (p. 179) • *la Sécurité sociale, la silhouette, l'application,* *l'abnégation, la baguette, le formulaire, la bribe,* *le gravier, la loterie, l'ongle, une grille, le tiercé,* *le pincement* • *menu* • *trottiner, plaindre, procurer, confronter* • *inexorablement*	• Adjectifs et pronoms indéfinis
Communication	Civilisation
• Plaindre (p. 182)	• La vieillesse (p. 183) • les jeux (p. 177) • la santé en France (pp. 184-185)

▒ DIALOGUES ET DOCUMENTS

• *Découverte de l'extrait de carnet de J. Clavel, p. 177*

1. Lecture

2. Explication des mots et expressions

- *la Sécurité sociale*	=	ensemble des garanties et mesures sociales qui protègent l'individu contre certains risques et la mala- die (voir p. 184) ;
- *la silhouette*	=	la forme général du corps ;
- *menu*	=	qui a peu de volume, petit ;
- *trottiner*	=	marcher vite, à petits pas ;
- *l'application*	=	le soin, l'attention qu'on a pour faire un travail ;
- *l'abnégation*	=	le sacrifice de soi, de ses intérêts, le désintéressement ;
- *la succession*	=	la suite ;
- *inexorablement*	=	inévitablement et sans pitié ;
- *les aiguilles*	=	les deux aiguilles de la montre indiquent l'heure (dessin) ;
- *la baguette*	=	pain de forme allongée (dessin) ;
- *le formulaire*	=	l'imprimé administratif ;
- *la bribe*	=	la partie ;
- *s'en ficher* (familier)	=	se moquer de, ne pas accorder d'intérêt à... ;
- *se plaindre*	=	avoir de la pitié pour quelqu'un ;
- *se prendre en charge*	=	avoir un comportement responsable.

3. Réponses aux questions, p. 182

— **Pourquoi J. Clavel est-il « honteux et mal à l'aise » ?**
Il est gêné, embarrassé parce qu'il joue les espions. Il suit la vieille dame. Il veut s'informer sur elle parce qu'il en a fait un person- nage de roman. Il prend des notes. Le rôle d'espion est considéré comme malhonnête et malsain. Il observe sans autorisation la vie privée de la vieille dame.

— **La vie de la vieille dame est banale et mystérieuse.**
Elle mène la vie banale des vieilles gens. Mais elle rencontre régulièrement un jeune homme dans un café.

— **Faire des hypothèses sur la scène du café.**
Le jeune homme peut être :
- son petit-fils et ses parents ont divorcé ;
- un jeune délinquant qu'elle a rencontré au square ;
- un jeune marginal qui a fait une fugue ;
- un voisin qu'elle connaît depuis très longtemps.
Elle veut l'aider. Elle le plaint. Elle lui donne des conseils et peut-être même de l'argent.

4. Faire l'exercice 8, p. 182 : plaindre quelqu'un

• Découverte de l'extrait du roman de J. Clavel, p. 185

1. Lecture

2. Introduire les mots

- *le gravier*	=	petits cailloux qui recouvrent un chemin, une allée ;
- *l'ongle*	=	montrer la partie du doigt ou faire un dessin ;
- *le volet*	=	dessin ;
- *procurer*	=	donner ;
- *le pincement*, de « pincer »	=	serrer entre ses doigts (mimer) ;
- *confronter*	=	comparer.

3. Réponses aux questions, p. 185

— **Jeux mentionnés** : le Tac-o-tac, le jeu de loterie, la Loterie nationale, le Loto, le tiercé.

Les jeux de hasard sont réglementés et contrôlés par l'État.
• La Loterie nationale. C'est un jeu de hasard qui consiste à tirer au sort des numéros correspondant à des billets gagnants. 12 à 15 millions de Français achètent 1 ou 2 billets par an. L'espoir des joueurs est de gagner le gros lot qui peut rapporter jusqu'à 2 000 000 F.
• Le Tac-o-tac. C'est une variante de la Loterie nationale. Le joueur achète un billet à deux volets. En grattant avec l'ongle une pellicule grise on peut avoir la chance de voir apparaître une première somme. Le deuxième volet permet de jouer une deuxième fois après tirage.
• Le Loto national. Le jeu consiste à cocher six numéros sur une grille numérotée de 1 à 49. Dans le meilleur cas, les numéros cochés correspondent au tirage. La bonne combinaison peut rapporter plus de 10 000 000 de francs.
• Le Pari Mutuel propose aux amateurs de courses de chevaux diverses possibilités de paris. La forme de pari la plus populaire est le tiercé qui consiste à désigner les trois premiers chevaux d'une course dans l'ordre d'arrivée.
• Les casinos. Ce sont des salles de jeux ouvertes sur autorisation de l'État. On en compte 138 en France. Les casinos les plus connus sont ceux de Divonne-les-Bains, Enghien-les-Bains, Deauville, Nice, Cannes, Évian.

— **La suite de l'histoire. Exemple :**

Émilie va gagner le gros lot (une somme d'argent très importante). Toutefois, elle ne révélera à personne qu'elle est devenue très riche. Elle continue à mener une vie très simple. Mais secrètement, Émilie va utiliser son argent pour intervenir dans la vie des gens qu'elle connaît et qu'elle aime. Le jeune homme va pouvoir s'acheter le camion dont il rêvait pour se lancer dans le transport international. La petite Juliette, voisine pauvre, pourra apprendre la musique et jouer du piano. La vieille Mme Michu s'est vu offrir le caniche qui console sa solitude. Le balayeur sénégalais du square a trouvé, au pied d'une poubelle, l'argent nécessaire pour se payer le billet de vacances au pays... Émilie est devenue la fée discrète et anonyme du square...

• Découverte du dessin humoristique p. 177

1. Décrire les personnages principaux (l'agent, la vieille dame)

2. Imaginer le dialogue entre la vieille dame et l'agent

Faire employer l'expression de la connaissance et de l'ignorance (p. 179). Exemple :

- *L'agent*	:	Vous n'ignorez pas qu'il faut s'arrêter au feu rouge.
- *La dame*	:	Je suis parfaitement informée du code. Mais je suis pressée.
- *L'agent*	:	Vous avez aussi connaissance des sanctions qui menacent ceux qui ne le respecte pas ? ...
- *La dame*	:	Je ne m'en souviens plus.
- *L'agent*	:	Eh bien, je vais vous les rappeler.

GRAMMAIRE ET VOCABULAIRE

• La vieillesse - la mort, p. 183

Introduire ce vocabulaire avant l'exercice 9, p. 183.
Conversation dirigée à partir des thèmes suivants :
- les handicaps liés à l'âge ;   - la mort ;
- les prestations sociales ;   - les funérailles.
Faire l'exercice 9, p. 183.

• Le jeu et la chance, p. 179

Faire la liste des jeux connus par les élèves. Faire expliquer un jeu de cartes. Décrire le comportement du joueur. Comparer un jeu d'intelligence (les échecs) à un jeu de hasard.
Faire les exercices : 11 p. 185, 12, 13, 14 p. 186.

ACTIVITÉS

MÉCANISMES B

- Exercice de transformation : utilisation de *en* + verbe + indéfini.
- Exercice de transformation : utilisation de *tout* pronom COD du verbe.

■ *EXERCICE 1. — Écoutez !*
- Vous avez invité quelques amis ?
— J'en ai invité quelques-uns.

■ *A vous !*
- Quelques personnes sont venues ?
— Quelques-unes sont venues.
- On vous a offert plusieurs bouquets de fleurs ?
— On m'en a offert plusieurs !
- Il n'a pris aucune photo ?
— Il n'en a pris aucune.
- Chaque invité a été servi ?
— Chacun a été servi.
- La plupart des gens ne voulaient pas partir ?
— La plupart ne voulaient pas partir.

■ *EXERCICE 2. — Écoutez !*
- Vous avez lu ces livres ?
— Oui, je les ai tous lus.

■ *A vous !*
- Elle a bu son jus d'orange ?
— Oui, elle l'a tout bu.
- Tu as mangé les pommes ?
— Oui, je les ai toutes mangées.
- Vous avez vu les nouveaux films ?
— Oui, nous les avons tous vus.
- Ils ont repeint les fenêtres ?
— Oui, ils les ont toutes repeintes.

EXERCICES

EX. 8, p. 182

Travail par deux. Mise en commun après chaque activité.
— Avant de commencer l'exercice, relever dans l'extrait du carnet de J. Clavel p. 177 les expressions qui servent à plaindre :
- Tu me fais de la peine, tu sais...
- Je te plains, mon petit.
— Faire paraphraser ces expressions :
- Mon pauvre petit !
- Tu n'as (vraiment) pas de chance !
- Quelle malchance ! Mon Dieu !
- Ça me fait de la peine pour toi !

a) *Exemple de lettre :* Mon cher Barnabé, Quelle catastrophe ! Je vous plains. Après le tremblement de terre, c'est le cyclone qui a dévasté votre île. Vous n'avez vraiment pas de chance ! J'espère que pour Christine ce n'est pas très grave. Ce que tu m'as écrit est terrible. Tu avais mis toutes tes économies, toute ton énergie dans cette maison. Ton rêve était presque réalisé. Et le cyclone a tout ravagé. Ça me fait beaucoup de peine pour toi. C'est injuste ! Mais n'oublie pas que tu as un ami qui est prêt à t'aider...

           Courage et amitiés. Léon.

b) Jeu de rôles. Préparation écrite. Mise en commun.

EX. 9, p. 183

— Introduire le vocabulaire de la rubrique « La vieillesse et la mort », p. 179.
— Travail par deux. Mise en commun après chaque activité.
1. Lecture individuelle. 2. Expliquer les mots :

- *en proportion de* = en fonction de
- *prépondérant* = prédominant
- *le sage* = personne qui est parvenue à la maîtrise de soi et vit selon un modèle idéal de vie
- *la « décohabitation »* = (néologisme) la séparation des générations
- *la transmission,* de transmettre = donner ce qu'on a appris
- *le simulacre* = l'apparence
- *s'insurger* = se révolter
- *tricher* = tromper, mentir sur la valeur des choses.

2. Faire les questions, p. 183.

• Le vieillissement de la population. *10 millions de Français ont au moins 60 ans. Ils ne constituent pas un groupe social homogène. Mais les gens âgés représentent à la fois un poids économique important et une charge croissante pour la société. Le vieillissement de la population posera des problèmes graves vers 2005 quand arriveront à la retraite les générations nées dans les années 1945-1975.*

L'âge de la retraite. Depuis 1983, il a été fixé à 60 ans pour tous les salariés qui ont travaillé 37 ans et demi et réglé leurs cotisations.

• La séparation des générations. *Depuis les années 50, la famille élargie comprenant les grands-parents, les parents et les enfants a éclaté. Les gens âgés vivent souvent séparés de leurs enfants. Diverses causes peuvent expliquer ce phénomène :*

- la recherche d'un emploi entraîne souvent le déplacement des enfants ;
- l'éloignement géographique ;
- l'exode rural vers les villes ;
- la taille des maisons ou des appartements en ville ;
- le peu de disponibilité de l'homme et de la femme qui travaillent ;
- un changement de mentalité : l'apparition d'un comportement plus individualiste ;
- la création de structures d'accueil : foyers, maison de repos, hospices, hôpitaux, maisons religieuses ;
- l'organisation d'une vie du troisième âge : clubs, universités, activités ;
- la possibilité d'assurer sa survie matérielle, en toute indépendance, grâce à un revenu stable et régulier.

• Le troisième âge et la consommation. *Le nombre grandissant des retraités, la régularité de leurs revenus font qu'un véritable marché s'est constitué. Ce sont les gens qui dépensent le plus pour leur alimentation, leur santé, les voyages.*

• « Rester jeune ». *Dans une société où l'image du corps jeune et beau est l'objet d'un véritable culte, les personnes âgées s'efforcent de rester jeunes. Le temps libre dont bénéficie le retraité lui permet de se consacrer au sport, au voyage, aux activités culturelles et même de reprendre les études (université du troisième âge). Il vit ainsi une seconde jeunesse.*

• La sagesse de l'ancien. *Dans les sociétés traditionnelles, on désigne souvent par sagesse le fait d'atteindre la sérénité, la maîtrise de soi, de se détacher des choses matérielles, d'accorder sa juste valeur aux choses les plus simples de la vie pour se préparer à mourir. Dans une société de facilités matérielles où les valeurs religieuses ou méditatives sont en recul, la figure du sage s'estompe.*

Exercice d'écoute à faire avec la cassette

EX. 10, p. 184

Faire cet exercice après la partie civilisation intitulée « Santé ».
1. Lire attentivement la consigne de l'exercice, p. 184.
2. Préparer la grille d'écoute. Écrire les mots désignant les pratiques parallèles dans le désordre au tableau.
3. Première écoute : relever l'ordre d'apparition des diverses pratiques.
4. Deuxième écoute (fractionnée).
— Présenter chaque pratique.
— Expliquer les mots inconnus.
— Faire relever les informations sur la grille.
5. Mise en commun.

Mots à expliquer :
- *rompre* (participé passé = rompu) - *rompre l'équilibre* = faire cesser l'équilibre
- *le traitement* = le remède
- *réguler* = rendre régulier
- *une aiguille* = fine tige métallique (dessin)
- *l'allergie* = réaction anormale et excessive de l'organisme ; l'asthme est une allergie (traduire)
- *stimuler* = augmenter l'activité
- *les effets secondaires* = ce sont les effets inévitables mais non désirés d'un médicament, d'un traitement
- *le diagnostic* = consiste à définir une maladie d'après ses symptômes
- *palper* = toucher
- *l'iris* = partie circulaire et colorée de l'œil (dessin)
- *déceler* = trouver
- *le trouble* = le mauvais fonctionnement d'un organe
- *un calcul* = corps solide qui se forme dans certains organes (reins, vésicule, ...)
- *la vésicule biliaire* (traduire)
6. Troisième écoute : faire relever les formules qui permettent :
- d'effectuer une transition ;
- d'introduire une information nouvelle (expressions soulignées dans le texte ci-dessous).

Une spécialiste explique (voix féminine) : La médecine officielle ignore encore bien des choses. Et connaît bien des échecs. Et puis en devenant très technique, elle est devenue moins humaine. Alors des pratiques parallèles voient leur influence s'étendre.

C'est le cas de l'acupuncture. Son principe, c'est qu'il existe un équilibre entre deux formes d'énergie, l'une positive, l'autre négative. Si l'équilibre est rompu, les maladies apparaissent. Le traitement consiste à réguler la circulation de l'énergie dans le corps. Et pour cela, on utilise des aiguilles qu'on pique à des endroits précis du corps. Grâce à l'acupuncture on peut diminuer les douleurs et soigner des choses comme les allergies par exemple.

D'après l'auriculothérapie, il y a un rapport entre les diverses parties de l'oreille et les parties du corps. Alors, il y aurait par exemple le point de l'œil et le point de l'estomac. Et lorsqu'on connaît ces points, on peut les stimuler. On utilise cette technique notamment pour lutter contre le tabagisme et l'alcoolisme.

En phytothérapie, on se sert des plantes, des graines, des tiges, des feuilles, d'extraits pour traiter les maladies. Les doses sont adaptées à chaque malade, ce qui évite les réactions allergiques et les effets secondaires entraînés par les médicaments classiques.

Il y a aussi la mésothérapie. C'est une technique qui consiste à injecter de faibles doses de médicaments sous la peau. Et on se sert d'aiguilles très fines. On les implante le plus près possible de l'organe malade. Ça permet de diminuer la quantité de médicaments tout en augmentant son action.

Il faut ajouter la radiesthésie médicale. C'est une méthode de diagnostic. C'est fondé sur la sensibilité du corps à certaines radiations. On emploie un pendule pour établir le diagnostic et choisir le remède adapté au malade.

On peut encore citer l'ostéopathie. Les ostéopathes considèrent qu'il faut agir sur la structure du corps pour soigner l'organe. Oui, en agissant sur l'environnement, on peut rétablir un équilibre perdu. Et guérir. Par exemple, en palpant ou en massant on peut corriger la position et le mouvement des os. Et par conséquent améliorer le fonctionnement d'un organe. Sa circulation ou son innervation notamment.

En ce qui concerne la chirologie, elle étudie les lignes de la main et leur forme en vue d'établir un diagnostic.

On arrive enfin à l'iridologie. C'est aussi une méthode de diagnostic. On suppose que les maladies laissent des traces sur l'iris de l'œil du malade. On photographie l'iris et on l'analyse. Ça permet de déceler certains troubles. Par exemple, une tâche noire peut correspondre à un calcul dans la vésicule biliaire.

EX. 11, p. 185

Exercice de vocabulaire. Travail par deux. Mise en commun. Utilisation du vocabulaire de la santé et du jeu dans un sens figuré.

a)
- *il a misé sur une carrière* = il a choisi, il compte sur une carrière pour réussir dans la vie.
- *l'échiquier international* = le monde où s'opposent des intérêts contradictoires, où se joue une partie serrée.
- *il avance ses pions* = il progresse favorablement comme un joueur d'échecs
- *avoir toutes les cartes en main* = avoir tous les moyens pour atteindre un but
- *prendre la température* = vérifier le climat qui règne dans une réunion
- *je suis vacciné* = mon expérience désagréable m'évitera un autre désagrément.

b)
- *un champion* = un as
- *un gros avantage* = un gros atout
- *je vais m'y plier* = je vais jouer le jeu
- *tomber* = être mis en échec
- *manquer totalement de chaleur* = être aseptisé
- *grande agitation* = fièvre.

EX. 12, p. 186

1. Lecture individuelle. 2. Rechercher les équivalents dans le texte :
- *un fait extraordinaire* (= un miracle)
- *une masse de neige qui se détache de la montagne* (= une avalanche)
- *la perte d'un navire* (= le naufrage)
- *punir quelqu'un pour nous avoir blessé* (= se venger)
- *une légende* (= une mythologie)
- *comportement ou croyance irrationnel et inutile* (= superstition)
- *déplaire, ne pas aimer* (= répugner)
- *confirmer, approuver* (= corroborer).

3. Conversation collective, voir questions, p. 186.

Exercice d'écoute à faire avec la cassette

EX. 13, p. 186

1. Expliquer la consigne.
2. Avant écoute :
— Présenter le matériel nécessaire au jeu : le dé, la masse de jetons.
— Expliquer : la combinaison, l'ordre décroissant, la paire, l'essai (essayer), la pénalité.

3. *Première écoute* : écoute sélective. S'attacher à faire définir : *l'as, le brelan, la séquence, le pot, la charge, la décharge.*

4. *Deuxième écoute* : relever les informations nécessaires pour rédiger la règle du jeu, et plus précisément :
— le nombre de joueurs,
— le matériel nécessaire,
— les combinaisons et leurs valeurs,
— le fonctionnement du jeu,
— les phases du jeu,
— l'objectif final à atteindre.

Paul : Alors, tout d'abord, il faut que j'te dise, pour jouer on peut être deux ou plusieurs. Et il faut avoir trois dés ordinaires et une masse de jetons. Tu me suis, oui ?

Claire : Oui, oui, ça va, continue.

Paul : Bon, alors maintenant, quel est le but du jeu ? Eh bien, avec les trois dés, il faut réaliser la meilleure combinaison. Alors fais bien attention, c'est pas très simple. Tu devrais noter les combinaison.

Claire : Vas-y, je note.

Paul : Je te les donne par ordre décroissant. Donc, de la plus forte à la plus faible...
Premièrement, il faut savoir que le meilleur résultat c'est le 421. Un 4, un 2 et un as ou un 1 si tu préfères. Ça vaut tous les jetons du pot moins 1.

Claire : C'est quoi le « pot » ?

Paul : On verra après. Note bien les combinaisons pour l'instant...
Deuxièmement, on a la paire d'as suivie d'un autre chiffre. Dans ce cas, ça vaut le chiffre marqué sur le troisième dé. Par exemple, on peut faire 1-1-6. La valeur du coup sera donc de six jetons... Tu me suis toujours ?

Claire : Oui, ça va, continue.

Paul : Après, on a les six brelans. C'est-à-dire quand les trois dés ont la même valeur. Par exemple, tu peux avoir trois fois 1 ou trois fois 6, etc. Dans ce cas ta combinaison, elle vaut 3 jetons.
Et puis, quatrièmement, on a les quatre séquences. Une séquence c'est quand les trois chiffres se suivent dans l'ordre. Alors, on peut avoir 6-5-4, 5-4-3, 4-3-2 ou 3-2-1. Et chaque séquence vaut 2 jetons. Ça va ? Tu as bien compris ?

Claire : Ben oui, t'es très clair quand tu veux. Et je suis moins bête que je croyais.

Paul : Pour terminer, on a tous les autres résultats. Ça va de 665 à 221. Et le meilleur résultat vaut 1 jeton.

Claire : Et après, comment on joue ?

Paul : On y arrive... Voilà comment le jeu fonctionne : au départ chaque joueur reçoit le même nombre de jetons. Et on met onze autres jetons au milieu de la table. C'est ça ce qu'on appelle le « pot ». Après, on tire au sort avec un dé pour fixer l'ordre du jeu. Le premier joueur a droit à trois essais. Les suivants ne peuvent pas lancer les dés plus de fois que le premier.

Claire : Jusqu'ici, j'ai à peu près tout compris.

Paul : Fais bien attention à la suite. Ça va se compliquer. ... Il faut surtout pas oublier que le jeu consiste à se débarrasser de ses jetons. En les donnant aux autres joueurs. Et il faut savoir encore qu'une partie comporte deux phases : la charge et la décharge. Au cours de la charge, voilà comment ça se passe. Le perdant de chaque tour a une pénalité. Ça veut dire qu'il doit prendre dans le pot un certain nombre de jetons. Et ce nombre correspond aux points marqués par les autres joueurs... Alors quand le pot est vide, on entre dans la seconde phase du jeu : la décharge. Le gagnant de chaque tour donne au perdant un certain nombre de jetons. Bien sûr, ce nombre correspond aux points qu'il a marqués. Et, le premier qui n'a plus de jetons a gagné la partie. Voilà ! C'est tout !

Claire : J'ai compris. Enfin... je crois... Mais... ça ira encore mieux quand on aura fait une partie.

Paul : Bon alors, on y va ?

EX. 14, p. 186

Travail par deux. Mise en commun après chaque activité. Utilisation du vocabulaire du « jeu », p. 179.

a) *Elle* : Et si on allait au casino ?
   Lui : Mais tu perds toujours !
   Elle : Cette fois, je vais avoir de la chance, je le sens !
   Lui : Tu dis toujours la même chose ! La dernière fois tu as perdu ton salaire en moins d'une heure !
   Elle : Et si je gagnais. Imagine la fortune ! Je parie que cette fois, je gagne.
   Lui : Ah, tu ne vas pas recommencer ! etc.

b) *A* : Attends un peu ! D'où tu sors cette carte ?
   B : Oui, montre un peu ton jeu ! etc.

CIVILISATION

• *La santé pp. 184-185*

→ On s'attachera essentiellement à faire rechercher les différences dans les systèmes de santé et de protection sociale entre le pays des étudiants et les pays évoqués dans l'article.

→ On précisera par ailleurs les situations d'emploi des formules de la page 185. (Que dire dans des circonstances douloureuses ?)

LITTÉRATURE

1. Le Jardin d'acclimatation (p. 187)

Le Jardin d'acclimatation (prix Goncourt 1980) évoque le destin des différents membres d'une famille dispersée au hasard des événements, des évolutions personnelles et dominée par la figure du père.

C'est la présentation de ce père qui ouvre le roman. On y découvre un vieillard solitaire, mais encore fort, volontaire et sûr de lui. Né dans un milieu social aisé, élevé dans l'atmosphère et la morale stricte de la grande bourgeoisie, il semble le maître des lieux mais aussi le maître du temps.

— Relever et classer tout ce que l'on apprend sur H. Prouillan.

— On pourra ensuite faire produire des hypothèses sur le contenu du roman :

   →   H.P. est un homme à la retraite mais qui a eu un destin prestigieux.

   →   Le roman va évoquer l'enfance d'H.P.

2. Les Vieux de Jacques Brel (début)

On fera expliquer les images poétiques et les formules frappantes du texte.

— « Les vieux parlent... du bout des yeux » : il leur suffit d'un regard pour se comprendre.

— « Même riches ils sont pauvres » : pauvre de leur vie qui s'est écoulée.

— « et n'ont qu'un cœur pour deux » : évoque à la fois la faiblesse physique, leurs sentiments moins vifs et leur union dans la vieillesse.

LEÇON 3

❏ PREMIÈRE SÉQUENCE

OBJECTIFS

Vocabulaire	Grammaire
• Parties du corps et expressions imagées (p. 191) • les minéraux (p. 190) • *l'empreinte, la cendre, l'érosion, le sabot, l'orteil, l'ancêtre, la théorie, la croûte, le crâne, la mâchoire, la démarche, le mode* • *bipède* • *jalonner*	• Le subjonctif dans l'expression de la possibilité
Communication	*Civilisation*
• Expression de la possibilité (p. 192)	• L'archéologie préhistorique (p. 188) • Sumer, Les Cyclades, Mohenjo-Daro (p. 193)

DIALOGUES ET DOCUMENTS

• Illustration, p. 188

Utiliser les illustrations pour introduire le vocabulaire inconnu du dialogue et de l'article (p. 188).

- *l'empreinte*	=	trace laissée après un passage
- *la cendre*	=	ce qui reste après le jeu
- *l'érosion*	=	l'usure lente et progressive des formes du relief
- *le sabot*	=	(dessin)
- *l'orteil*	=	le doigt du pied
- *l'ancêtre*	=	celui qui nous a précédé
- *le bipède*	=	animal qui marche sur deux pieds
- *la théorie*	=	un système d'explications
- *la croûte*	=	partie externe du pain durcie par la cuisson (ici, partie superficielle du globe terrestre)
- *le crâne*	=	(dessin)
- *la mâchoire*	=	(dessin)
- *la démarche*	=	la façon de marcher
- *le mode de vie*	=	la manière de vivre
- *jalonner*	=	être placé le long de

• Découverte de l'interview de l'archéologue et de l'article de presse, p. 188

Réponses aux questions, p. 192

— Rédaction d'une fiche descriptive de la découverte

Mission archéologique
Lieu : Laetoli (Tanzanie)
Objets collectés : fragments d'ossements humains (crâne, mâchoire, dents, éléments du squelette appartenant à un adulte)
Traces relevées : empreintes d'éléphant, de sabots de girafe, marque d'un pied humain
Datation : il y a trois millions six cent mille ans - il y a près de quatre millions d'années

Conclusions ou hypothèses :   - L'homme mesurait environ 1,20 m. Cerveau : trois fois plus petit que le nôtre. Bas du visage large et massif. Mâchoire proéminente. Membres robustes. Démarche traînante.
  - Premier témoignage de la station bipède.
  - Il faudra revoir notre théorie.

• Le Rift *(de l'anglais* Rift Valley*) : longue crevasse qui court de la vallée du Jourdain (Asie occidentale) au lac Malawi au sud-ouest de la Tanzanie et à l'ouest du Mozambique (Afrique orientale).*
• *La gorge d'Olduvaï en Tanzanie est une des régions de la vallée du Rift où l'on a fait les plus importantes découvertes archéologiques. Notamment à Laetoli en 1978, les premières traces de pas. La forme la plus ancienne de l'homme est un squelette de femme (52 fragments) découvert en Éthiopie en 1974. Les archéologues l'ont appelé «*

— **Écoute de la cassette** : relever dans le dialogue p. 188 toutes les expressions qui indiquent la probabilité, la possibilité ou l'impossibilité.

probabilité possibilité	impossibilité
- on dirait... - c'est très possible... - il se pourrait bien que... - il se peut que... - c'est tout à fait inexplicable...	- c'est impensable - j'ai peine à le croire - probablement que non

Présenter l'expression de la possibilité, p. 190 (voir GRAMMAIRE ET VOCABULAIRE).

GRAMMAIRE ET VOCABULAIRE

• **L'expression de la possibilité, p. 190**
1. A partir d'une phrase du dialogue, présenter les autres formulations.
2. *Il se peut* que nous ayons là le premier témoignage de la station bipède.
3. Le verbe *risquer* s'emploie pour exprimer une possibilité défavorable.
   Ex. : Il risque d'être malade.
4. Les suffixes *-able* et *-ible* en fin d'adjectif indiquent la possibilité.
   Ex. : C'est faisable - C'est visible.
5. Les préfixes *in-*, *im-* et *ir-* en début d'adjectif en *able* ou *ible* indiquent l'impossibilité.
   Ex. : C'est impossible - C'est invisible - C'est irréalisable.
6. Faire les exercices : Mécanismes A1 et 2, 1 et 2 p. 192.

• **Les parties du corps (p. 191)**
1. Présenter les parties du corps   - à partir d'un dessin au tableau
                                      - en désignant les parties du corps.
2. Expliquer les expressions imagées p. 191 :
   - *être trempé jusqu'aux os* = être très mouillé
   - *avoir mal au crâne* = avoir mal à la tête
   - *prendre un coup dans les tibias* = être victime d'un mauvais traitement par surprise
   - *se tenir les côtes* = rire avec exagération
   - *un lavage de cerveau* = action psychologique exercée sur une personne pour briser sa volonté et ses réactions personnelles au moyen de contraintes physiques et psychologiques
   - *avoir mal au foie* = avoir mal à l'estomac
   - *avoir l'estomac dans les talons* = avoir très faim
   - *avoir de l'estomac* = avoir du courage, de l'audace, du cran
   - *avoir du cœur* = être généreux
   - *s'époumonner* = crier très fort

- *ne pas se faire de bile*	= ne pas se faire de soucis, ne pas s'inquiéter
- *tout repose sur ses épaules*	= il porte le poids de toutes les responsabilités
- *se serrer les coudes*	= être solidaire, s'entraider
- *il est arrivé à la force du poignet*	= il a réussi par ses efforts personnels
- *donner un coup de pouce*	= aider
- *il est artiste jusqu'au bout des ongles*	= il est artiste à un degré extrême, jusqu'à la perfection
- *il a les chevilles qui enflent*	= il se croit très important
- *c'est son talon d'Achille*	= point faible, côté vulnérable d'une personne. Allusion mythologique : le seul endroit du corps où le héros Achille n'ait pas été invulnérable.

• **Faire l'exercice 4 p. 193.**

• **Les minéraux (p. 190)**

Animation lexicale à partir des situations suivantes :
- l'exploitation du charbon : la mine, un mineur, la houille, forer, creuser, une galerie, trier, combler ;
- le travail du bijoutier : l'or, l'argent, le diamant, une perle, tailler, polir, une facette ;
- traduire les autres mots en langue maternelle.

ACTIVITÉS

MÉCANISMES A

• Exercice de transformation : utilisation des expressions indiquant la possibilité, suivies du subjonctif - *risquer de* + infinitif.

• Exercice de transformation : utilisation de l'expression *Il n'y a aucune chance pour que* + subjonctif.

■ *EXERCICE 1. — Écoutez !*
• Paul aurait une promotion ? C'est possible ?
— Oui, il est possible qu'il ait une promotion.
■ *A vous !*
• Il serait nommé directeur ? Il y a des chances ?
— Oui, il y a des chances pour qu'il soit nommé directeur.
• Elle obtiendrait le premier prix ! Ça se peut !
— Il se peut qu'elle obtienne le premier prix !
• Les Pyramides contiendraient encore des secrets ? Cela se pourrait ?
— Il se pourrait que les Pyramides contiennent encore des secrets.
• On aurait découvert une statut ancienne ! C'est possible !
— Il est possible qu'on ait découvert une statue ancienne.
• Ils perdraient la finale de la coupe d'Europe ? Il y a un risque ?
— Ils risquent de perdre la finale de la coupe d'Europe.

■ *EXERCICE 2. — Écoutez !*
• Vous croyez qu'il viendra ?
— Non, il n'y a aucune chance pour qu'il vienne.
■ *A vous !*
• Vous croyez que nous pouvons encore être à l'heure ?
— Non, il n'y a aucune chance pour que vous puissiez être à l'heure.
• Vous pensez qu'on découvrira encore des vestiges ?
— Non, il n'y a aucune chance pour qu'on découvre encore des vestiges.
• Vous croyez qu'il comprendra cette langue ?
— Non, il n'y a aucune chance pour qu'il comprenne cette langue.
• Vous pensez que vous vous souviendrez de votre itinéraire ?
— Non, il n'y a aucune chance pour que je me souvienne de mon itinéraire.
• Vous croyez qu'ils pourront traverser la forêt tropicale ?
— Non, il n'y a aucune chance pour qu'ils puissent traverser la forêt tropicale.

EXERCICES

EX. 1, p. 192
Travail par deux. Mise en commun. Utilisation de l'expression de la possibilité, p. 190.
Exemples :
a) P. Martin a visité son secteur de ventes. Il commente ses résultats :
- Il se pourrait que le magasin Stéréo Service achète 60 chaînes (chaînes haute fidélité) DBE 73.
- Il y a peu de chance que nous obtenions des commandes de HI-FI Centre, car les contacts ont été plutôt négatifs.

b) Une tempête risque de se produire dans le Nord-Ouest. Les vents pourraient atteindre 180 km/h. Il y aura des risques d'avalanches en montagne.

c) Il est possible qu'il soit nommé à Paris. Il se pourrait qu'il prenne son poste le 1er mars. Son déménagement pourrait avoir lieu dans la deuxième quinzaine de février.

EX. 2, p. 192

Travail par deux. Mise en commun. Utiliser le dictionnaire. L'expression de la possibilité : les adjectifs en -able et -ible.

a) *Verbes* → *adjectifs*
- *blâmer* (= porter une opinion défavorable) → blâmable. Ex. : une conduite blâmable.
- *endommager* (= causer du dommage, mettre en mauvais état) → dommageable. Ex. : une erreur dommageable.
- *régler* (= mettre en état de fonctionnement correct) → réglable. Ex. : Le siège réglable d'une voiture.
- *boire* → buvable. Ex. : Cette eau n'est pas buvable.
- *repérer* (= trouver, reconnaître, situer) → repérable. Ex. : Ce petit village n'est pas repérable sur cette carte.
- *enflammer* (= prendre feu, brûler) → inflammable. Ex. : L'essence est facilement inflammable.
- *élire* (= choisir, désigner par vote) → éligible. Ex. : Il n'est pas assez âgé pour être éligible.
- *rire* → risible. Ex. : Un défaut risible.
- *corrompre* (= décomposer, provoquer le pourrissement, rendre mauvais) → corruptible. Ex. : Un juge corruptible (qu'on peut acheter).
- *fondre* (= rendre liquide) → fusible. Ex. : Le plomb est un métal très fusible.
- *perfectionner* (= rendre parfait) → perfectible. Ex. : Un travail perfectible.
- *croire* → crédible. Ex. : Une histoire tout à fait crédible.

b) - Un plat immangeable
- une action impardonnable
- une assiette jetable
- une lettre illisible
- un objet visible
- un champignon comestible.

Exercice d'écoute à faire avec la cassette

EX. 3, p. 193

1. *Première écoute :*
— les élèves ont le livre ouvert p. 193.
— Identifier les statues décrites. (Elles sont décrites de droite à gauche.)

2. *Deuxième écoute. Écoute fractionnée :*
— Travailler successivement sur les trois commentaires.
— Expliquer le vocabulaire :
- *identifier* = reconnaître
- *disproportionné* = démesuré
- *s'établir* = se fixer
- *une offrande* = ce qu'on offre à un dieu
- *joindre les mains* = (mime)
- *la coupe* = (dessin - image)
- *la rigidité* (→ rigide = dur, sévère)
- *dramatique* = qui contient une tension
- *encadré* = entouré
- *l'éternité* = durée qui n'a ni commencement ni fin
- *récent* = qui n'existe que depuis peu de temps (≠ ancien)
- *le marbre* (traduire)
- *le calcaire* (traduire)
- *dater de* = avoir commencer à exister à, remonter à
- *l'ovale*
- *le triangle* } (dessin)
- *le cylindre*
- *une idole* = une statue représentant un dieu qu'on adore
- *taillé* = coupé court
- *le motif* = le thème décoratif
- *le trèfle* = (dessin)
- *(les yeux) bridés* = (dessin)
— Relever les informations. Rédiger une légende détaillée pour chaque statue.

• **Sumer** : *civilisation d'origine mal déterminée, implantée au IVe millénaire avant J.-C. en basse Mésopotamie. Les Sumériens fondèrent les premières Cités-États. Ils introduisirent en Mésopotamie le travail du cuivre, l'habitation de briques, inventèrent l'architecture (temples, ziggourats : énormes tours de forme pyramidale) et l'écriture cunéiforme. Leur culture littéraire et religieuse a survécu dans toutes les cultures du Moyen-Orient.*
• **Le Tigre et l'Euphrate** *sont des fleuves d'Asie occidentale. Ils se jettent dans le golfe Persique.*
• **Les Cyclades** *sont des îles de la mer Égée qui appartiennent actuellement à la Grèce. Les plus connues sont Paros, Santorin, Milo et Mikonos. Elles furent dès le IIIe millénaire avant J.-C. le foyer d'une brillante civilisation. Les statues et les idoles de marbre se caractérisent par leur schématisme géométrique.*
• **Mohenjo-Daro** : *cette cité s'épanouit de 2500 à 1500 avant J.-C. à peu de distance du cours inférieur de l'Indus. Ses habitants vivaient dans des maisons de briques où l'on retrouvait souvent un puits et des toilettes reliées à un système d'égouts. Le site se trouve actuellement au Pakistan.*

Archéologue (voix masculine) : De ces trois sculptures, c'est sans doute celle-ci la plus ancienne. Il y a quelque chose qui permet de l'identifier, ce sont ces yeux immenses, disproportionnés par rapport au visage. Je suis sûr que c'est une statue de l'époque sumérienne et qu'elle date du troisième millénaire avant Jésus-Christ. La civilisation de Sumer, c'est une des plus anciennes que nous connaissions. Elle s'était établie au confluent de deux fleuves du Moyen-Orient, le Tigre et l'Euphrate, dans un pays qui s'appelle actuellement l'Irak... Nous sommes sans doute en présence d'un personnage en train de faire une offrande. Remarquez les mains jointes sur la coupe qu'il va offrir, remarquez aussi la rigidité du corps, l'expression dramatique du visage encadré par la longue chevelure et la longue barbe... et surtout ces grands yeux qui semblent ouverts sur l'éternité. Il est vraiment impressionnant, non ?... [photo de droite]

La deuxième sculpture est un peu plus récente. Elle vient des Cyclades, un groupe d'îles qui se trouvent entre la Grèce et la Crète. Elle est en marbre, alors que la statue sumérienne était en calcaire et elle doit dater de 2500 ans avant Jésus-Christ. C'est vraiment très typique et très original comme style. Vous voyez, toute la tête a été traitée à partir de formes stylisées : l'ovale, le triangle et le cylindre. Ça peut paraître très primitif comme représentation mais il faut savoir qu'à l'époque, le visage était peint et en particulier les yeux. D'ailleurs, si vous regardez bien, vous apercevrez quelques traces de peinture qui restent encore... Ça représente une idole et ce qui est extraordinaire, c'est que ça nous paraît très moderne peut-être parce que certains sculpteurs ou peintres contemporains se sont inspirés de ces formes géométriques... [photo du centre]

Venons-en à la troisième statue qui représente un personnage à la barbe taillée et qui porte un vêtement décoré de motifs qui ressemblent à des trèfles. Elle vient de Mohenjo-Daro, une civilisation de la vallée de l'Indus au Pakistan qui s'est développée entre 2300 et 1700 ans avant Jésus-Christ. A Mohenjo-Daro, on a découvert des vestiges de grandes villes qui comptaient plusieurs dizaines de milliers d'habitants et qui étaient dirigés par des rois-prêtres. C'est sans doute un de ces rois-prêtres que nous avons ici. Remarquez comment le visage a un aspect oriental. On dirait même qu'il a les yeux bridés... [photo de gauche]

EX. 4, p. 193

Travail par deux. Mise en commun. Utilisation du dictionnaire : le corps et les expressions imagées.

- *à vue de nez* = approximativement
- *nez à nez* = face à face
- *à l'œil* = gratuit
- *ça saute aux yeux* = c'est évident
- *je donne ma langue au chat* = j'avoue mon ignorance
- *ils ont les dents longues* = ils sont avides et ambitieux
- *il a une dent contre moi* = il m'en veut, il me reproche quelque chose.

EX. 5, p. 193

Travail par deux. Préparation écrite conseillée. Mise en commun. Utilisation du vocabulaire « Les parties du corps », p. 191.

1. Chaque groupe de deux élèves choisit trois ou quatre personnages. Trouver les consignes de placement pour les acteurs.
2. Exemples :
a) Groucho Marx (le personnage à la moustache, aux lunettes et au cigare entre les doigts) et la jeune femme : « Prenez votre partenaire par la taille comme si vous dansiez. Inclinez tous deux votre corps vers l'avant. Relevez la tête en souriant à la caméra. Appuyez-vous contre la paroi. Placez votre main gauche sur celle de votre partenaire. Mais attention ne vous brûlez pas les doigts à son cigare ! »
b) La jeune femme au chapeau, à genoux sur un meuble : « Mettez vous à genoux sur un meuble. « Portez le récepteur téléphonique à votre oreille avec votre main gauche. Placez l'autre main contre l'appareil. Tournez la tête et regardez la scène d'un œil critique. »
3. Dans quel film situeriez-vous cette scène ? Pourquoi ? Imaginez ce qui s'est passé avant. Ce qui va se passer.

EX. 6, p. 194

Travail par deux. Utilisation du vocabulaire du corps.

1. Lecture.
2. Chercher un équivalent des mots ou expressions suivants (écrire les mots au tableau) :

- *analyser avec une grande précision*	= décortiquer
- *visible*	= sensible
- *la personne qui a perdu ses cheveux*	= le chauve
- *l'être vivant qui présente des caractères nouveaux*	= le mutant
- *prudent(e)*	= précautionneux
- *disparaître*	= s'évanouir
- *diminuer*	= s'estomper
- *une personne qui annonce un changement*	= un précurseur
- *amener une personne à un comportement sans qu'elle en soit consciente*	= manipuler
- *l'augmentation, le développement*	= l'accroissement.

3. Réponses aux questions.
4. Imaginer d'autres modifications qui pourraient intervenir chez l'homme dans l'avenir. Justifier. Exemples :
   - L'homme deviendra un être cérébral : grosse tête avec des membres atrophiés (diminués) parce qu'ils deviendront inutiles.
   - L'homme traitera de plus en plus d'informations. Ses yeux se développeront et deviendront énormes.
   - Les bras deviendront des tentacules pour devenir plus souples.
   - Sur sa tête pousseront des antennes pour qu'il puisse recevoir directement les émissions radio ou télévision.

❏ DEUXIÈME SÉQUENCE

OBJECTIFS

Vocabulaire	Grammaire

• L'exotisme (p. 191)
• les attitudes (p. 191)
• *la canicule, un pressentiment, le prophète, la vigilance,*
  le Bédouin, pèlerin, un bouc, le grès, l'entassement,
  l'autel
• *accablant, déchiqueté*
• *surplomber, sacrifier, s'engager, écarquiller, se dresser*
• *farouchement*
	• Les formes impersonnelles (p. 190)

Communication	Civilisation
• La surprise et l'indifférence (p. 190)	• Les civilisations disparues (p. 189, 196-197) • les cultures en voie d'extinction (pp. 198-199)

DIALOGUES ET DOCUMENTS

• *Découverte du voyage de John Burckardt, p. 189*

1. *Lecture*
2. *Explication des mots inconnus du texte*

- *accablant(e)*	=	pénible, difficile à supporter
- *surplomber*	=	dominer
- *braver*	=	affronter
- *la canicule*	=	la très forte chaleur
- *un pressentiment*	=	sentiment vague qui fait prévoir quelque chose
- *périlleux*	=	dangereux
- *un indice*	=	signe qui indique l'existence d'une chose
- *déchiqueté*	=	découpé
- *le prophète*	=	homme qui est inspiré par son dieu et parle en son nom
- *la vigilance*	=	la surveillance
- *le Bédouin*	=	nomade du désert au Moyen-Orient
- *farouchement*	=	avec violence et hostilité
- *en puissance*	=	possible
- *se faire passer pour*	=	simuler que l'on est quelqu'un d'autre
- *le pèlerin*	=	personne qui fait un pèlerinage, qui se rend dans un lieu saint
- *sacrifier*	=	offrir une victime (un animal) à son dieu
- *un bouc*	=	mâle de la chèvre
- *s'engager dans*	=	entrer dans
- *un défilé*	=	passage étroit entre deux montagnes
- *un détour*	=	parcours plus long que la voie directe
- *la gorge*	=	le défilé
- *une embuscade*	=	une attaque, un piège
- *écarquiller les yeux*	=	ouvrir les yeux tout grands
- *le grès* (traduire)		
- *se dresser*	=	s'élever
- *un entassement*	=	un grand nombre
- *prodigieux*	=	extraordinaire
- *un autel*	=	table destinée à offrir les sacrifices au dieu
- *la ruine*	=	construction en partie détruite, destruction progressive d'une construction.

3. Réponses aux questions (p. 194)

Travail de groupes. Préparation écrite. Mise en commun. Élaboration d'un scénario en trente séquences, voir consigne, p. 194.
— Diviser le scénario en trois parties de dix séquences.
— Demander à chaque groupe de réaliser l'une de ces parties (dix séquences).
Exemples : Titres de séquences
S.1 à S.10. 1. La bibliothèque. 2. Critiques de ses amis. 3. Inquiétude de sa mère. 4. Vision d'une cité lointaine enfouie dans les sables. 5. La traversée. Le bateau. La cabine du capitaine. Conversation avec le capitaine : il lui raconte son passé. 6. Découverte de Baalbek. 7. Découverte de Palmyre. 8. La caravane dans le désert : rencontre de nomades pillards. 9. Le chef, fasciné par le rêve de l'étranger et sa maîtrise de la langue arabe, le libère. 10. Scène d'adieu : le chef offre un talisman à Burckardt : une pierre noire incrustée d'un soleil.
S.11 à S.20. 11. Le déguisement. 12. Arrivée en Arabie. 13. Le mystère des femmes voilées. 14. Le mystère des maisons aux volets clos. 15. Un vieux mendiant parle de Pétra, la ville du soleil enfouie dans les montagnes. 16. Agression d'une jeune femme. Intervention de Burckardt. 17. Remerciements du père, riche marchand qui lui vient en aide. 18. Préparatifs et recherche d'un guide. 19. Burckardt aperçoit le visage de la jeune femme et entrevoit une ville. 20. Départ avec le guide.
S.21 à S.30. 21. Paysages désertiques et montagneux. 22. Rencontre d'une tribu de Bédouins armés. 23. Le talisman est un signe sacré qui sauve Burckardt. 24. Le tombeau du prophète Aaron. 25. Vision d'une cité entourée par la nuit. Entassement de temples. 26. Le défilé et l'obscurité. 27. Appréhension : crainte d'une embuscade. 28. Fatigue et découragement. Épuisement de la réserve d'eau. 29. Découverte de Pétra. 30. Burckardt et le guide s'éloignent : vision du temps qui passe : Pétra noyée dans les sables. Le sourire éphémère d'une jeune fille qui s'efface dans le sable : « Je pleure quand j'aperçois les ruines de Pétra. »

> • *Baalbek. Actuellement ville du Liban, située dans la plaine de la Bekaa. Cette cité antique subit successivement l'influence des Phéniciens, puis celle des Grecs avant de devenir colonie romaine sous le règne d'Auguste. Des temples y furent élevés à la gloire du soleil. (Temple de Jupiter, de Mercure, de Bacchus.)*
> • *Palmyre. Oasis du désert de Syrie. Son nom signifie « cité des palmiers ». Elle subit l'influence grecque après la conquête d'Alexandre, puis devint colonie romaine. Après la chute de Pétra (106), elle s'assura le monopole du commerce avec l'Inde. On y trouve d'impressionnants vestiges hellénistiques et romains.*
> • *Pétra. Ville de l'Arabie ancienne, située au sud de la mer Morte. Capitale du royaume des Nabatéens, elle fut un important centre caravanier et commercial. Les Romains l'occupèrent en 106 et son influence déclina. Elle est célèbre par son site au milieu des falaises où sont sculptés des temples et des tombeaux. « Pétra » qui signifie « Rocher » est le nom gréco-romain de la cité. Aujourd'hui, elle est située en Jordanie et s'appelle Al-Batrâ.*
> • *Aaron : frère de Moïse.*

— **Relevé des formes impersonnelles** (voir GRAMMAIRE ET VOCABULAIRE).

• *Illustrations, p. 189*

Façade du temple décrit dans l'avant-dernier paragraphe du texte. Il s'agit du Khaznet Firaoun (Trésor des pharaons) que l'on date du règne de l'empereur Hadrien.
Utiliser les illustrations pour introduire le vocabulaire des monuments (p. 191).

GRAMMAIRE ET VOCABULAIRE

• **Les formes impersonnelles (p. 190).**

1. Relever les formes impersonnelles dans le texte p. 189.
- il faisait une chaleur accablante...
- il s'agissait pour lui de visiter ... ces fabuleuses cités.
- il lui était arrivé quelques aventures périlleuses...
- il lui restait à découvrir une ville...
- il y avait de fortes chances pour qu'elle soit toute proche.
- il était indispensable de tromper la vigilance des Bédouins.

2. Les verbes impersonnels.
— Opposer : a) il entre dans Pétra — b) il pleut.
a) *Il* est un pronom personnel qui remplace J. Burckardt.
b) *Il* est une forme grammaticale qui sert à présenter le verbe *pleuvoir* qui ne se conjugue pas aux autres personnes. C'est un verbe impersonnel.
— Présenter les autres verbes impersonnels, p. 190 (traduire). Ils désignent souvent des phénomènes atmosphériques.
— Ces verbes peuvent dans certains cas avoir un sujet concret (sauf « il faut »).
Ex. : Les élèves sont turbulents, les punitions pleuvent.

3. La forme impersonnelle.

Il s'agissait de temples anciens.

‿‿‿‿‿‿‿‿‿‿‿‿‿‿   ‿‿‿‿‿‿‿‿‿‿‿‿‿‿

Sujet grammatical   sujet logique

(sujet apparent)   (sujet réel)

Le sujet grammatical *il* n'est pas un pronom qui remplace un nom. C'est un simple indice grammatical qui introduit la construction.

Le verbe s'accorde avec le sujet grammatical.

Fonctionnement de la tournure impersonnelle : Un grave accident est arrivé (flèche) il est arrivé un grave accident.

4. La forme *il est* + adjectif + *de* + infinitif (ou *que* + subjonctif)

— Présenter la construction à partir d'un exemple (voir p. 190).

— Exercice de réemploi à partir de la situation suivante : Un accident vient de se produire. Que faut-il faire ?

  - il faut que...   - il est indispensable de/que...

  - il est nécessaire de/que...   - il est urgent de/que...

5. Faire les exercices : Mécanismes B1 et 2 p. 195, 7 p. 195, 9 p. 197.

• « La surprise et l'indifférence », p. 190

Utiliser les situations suivantes pour introduire le vocabulaire.

1. La surprise de Buckardt devant Pétra → être surpris - étonné, etc.

2. Je gagne au Loto → expression de la surprise.

3. Monsieur Dupont est enthousiasmé par la victoire de l'équipe X.

    Ça laisse Madame Dupont indifférente   } → expression de l'indifférence.

4. L'attitude du malfaiteur → surprendre quelqu'un, etc.

5. Faire l'exercice 8, p. 195.

• « L'exotisme », p. 191

— Introduire le vocabulaire avant les exercices 10 p. 198, 11 p. 199.

— Conversation dirigée sur des peuples exotiques connus des élèves. (Eskimos, Indiens d'Amérique, peuples d'Afrique, etc.)

• « Les attitudes », p. 191

Animation lexicale à partir des thème suivants :

  - Alexandre le Grand, chef fier et orgueilleux...

  - La personne qui demande 500 F au passant : l'assurance...

  - Le vieillard qui est devenu un sage : la modestie.

  - Le nouvel élève : la timidité.

▓ *ACTIVITÉS*

MÉCANISMES B

• Exercice de transformation : utilisation des verbes *événementiels* à la forme impersonnelle.

• Exercice de transformation : utilisation de *il est* + adjectif + *que* + subjonctif.

■ **EXERCICE 1. —** *Écoutez !*

• Un accident est arrivé à Patrice.

— Il lui est arrivé un accident.

■ *A vous !*

• Un tremblement de terre s'est produit dans le Caucase.

— Il s'est produit un tremblement de terre dans le Caucase.

• Une importante manifestation s'est déroulée à Paris.

— Il s'est déroulé une importante manifestation à Paris.

• Une réunion générale s'est tenue à Bruxelles.

— Il s'est tenu une réunion générale à Bruxelles.

• Un parti des défenseurs de la nature s'est créé.

— Il s'est créé un parti des défenseurs de la nature.

• Une commission de contrôle des sites archéologiques existe.

— Il existe une commission de contrôle des sites archéologiques.

■ **EXERCICE 2. —** *Écoutez !*

• Passe ton bac ! C'est important.

— Il est important que tu passes ton bac.

■ *A vous !*

• Documentons-nous ! Ce serait utile.

— Il serait utile que nous nous documentions.

• Tu ne fais aucun commentaire ! C'est curieux !

— Il est curieux que tu ne fasses aucun commentaire.

• Ce peuple vit dans le désert. C'est surprenant !

— Il est surprenant que ce peuple vive dans le désert.

• Tu dors douze heures par jour. C'est anormal !

— Il est anormal que tu dormes douze heures par jour !

• Il a survécu dans des conditions très difficiles. C'est étonnant !

— Il est étonnant qu'il ait survécu dans des conditions très difficiles.

EXERCICES

EX. 7, p. 195

Travail par deux. Mise en commun après chaque activité. Utilisation de la forme impersonnelle (p. 190).

a) Préparation écrite avant le jeu de rôle.

— Imaginer toutes les circonstances : le réquisitoire de l'avocat général et la plaidoirie de l'avocat de la défense. Utiliser les expressions :

- Il a été reproché à mon client de...
- Il a été noté...
- Il a été admis que...
- Il a été établi...
- Il a été découvert que...
- Il a été démontré que...
- Il a été constaté...

Donc ma cliente est innocente.

- *Le tribunal est le lieu où se déroule le procès.*
- *L'avocat général : il représente le ministère public. Il demande l'application de la loi envers l'accusé. Le discours dans lequel il rappelle les accusations portées contre l'accusé s'appelle le réquisitoire.*
- *L'avocat de la défense : il conseille, assiste et représente l'accusé. Il est chargé de sa défense. L'exposé par lequel il défend son client s'appelle la plaidoirie.*
- *Le juge est le magistrat chargé de rendre la justice en appliquant les lois. Il existe différents types de tribunaux en fonction du type et de la gravité de l'affaire.*

b) Utiliser les formes suivantes pour le compte rendu du conseil municipal :

- Il a été décidé de/que...
- Il a été souligné que...
- Il a été reconnu que...
- Il a été démontré que...
- Il a été admis que...

EX. 8, p. 195

Travail par deux. Préparation écrite.

Mise en commun après chaque activité.

Utilisation de l'expression de la surprise et de l'indifférence, p. 190.

Exemples :

a) *Jeanne et Robert Martin.* La surprise.

- *Jeanne* : Ah ça alors ! Je ne m'y attendais pas. Viens voir la police emmène Raphaël Dumont !
- *Robert* : Oh oui, ça alors, ce n'est pas possible ! Un garçon si tranquille, si gentil !
- *Jeanne* : Je n'arrive pas à croire ça. Hier encore, etc.

b) *Gilberte et Raymond.* La surprise et l'indifférence.

- *Gilberte* : Oh, le gouvernement va augmenter le salaire des fonctionnaires !
- *Raymond* : Mais, qu'est-ce que tu veux que ça me fasse !
- *Gilberte* : Écoute un peu la suite, il paraît que les contrôleurs aériens vont encore se mettre en grève. Tu te rends compte !
- *Raymond* : Mais, à moi, ça ne me fait ni chaud ni froid, etc.

EX. 9, p. 197

Travail par deux. Mise en commun. Utilisation des formes impersonnelles.

1. Phase de recherche collective : faire proposer le plus grand nombre de phrases en appliquant les formes impersonnelles à la situation :

- Il existe une mine d'or. Pour la trouver, il suffit de suivre les conseils suivants.
- Il faut longer les monts perdus.
- Il est conseillé d'être prudent lorsqu'on approche de la rivière des crocodiles.
- Près du village des coupeurs de têtes, il est facile de traverser la rivière. Mais il est préférable d'attendre la nuit, etc.

2. Chaque groupe de deux rédige son texte. Lecture de quelques listes de conseils.

EX. 10, p. 198

Introduire le vocabulaire de la rubrique Exotisme, p. 190.

1. Lecture.

2. Explication des mots inconnus :

- *un ustensile* = objet quotidien
- *un objet manufacturé* = objet produit en usine

- *la machette* = grand couteau
- *le khôl* = poudre utilisée pour le maquillage des yeux
- *clinquant* = brillant
- *(un bâton) fourchu* = qui a la forme d'un Y (dessin)
- *la fournaise* = lieu extrêmement chaud
- *la gourde* = récipient servant à conserver la boisson
- *la flûte* = instrument de musique à vent (dessin)
- *le 4 x 4* = véhicule automobile à quatre roues motrices
- *se griffer* (de griffe = ongle de corne, pointu) (mimer)
- *convalescent* = qui est en voie de guérison
- *sédentaire* = qui reste fixé dans une région (≠ nomade)
- *le pasteur* = homme qui garde le troupeaux.

2. Travail par deux. Mise en commun après l'activité. Relever des informations (voir p. 198, a, b, c).

3. Conversation : connaissez-vous d'autres peuples dont la culture est menacée par la civilisation moderne ?
- Les Aborigènes d'Australie.
- Les Eskimos du Groenland.
- Les Indiens d'Amazonie (Brésil), de la Terre de Feu (Argentine et Chili).
- Les Indiens d'Amérique du Nord.
- Les Mélanésiens et les Polynésiens des îles du Pacifique.

Expliquer les raisons de cette menace : adaptation au monde moderne, abandon de la langue ancestrale, contact avec la culture scientifique et technique, introduction des médias (radio, télévision, cinéma, vidéo, presse), fréquentation du système scolaire, utilisation des objets de la vie « moderne », oubli des traditions, des coutumes, de la religion, destruction du cadre de vie traditionnel, émigration, etc.

Exercice d'écoute à faire avec la cassette

EX. 11, p. 199

1. *Première écoute* : faire la liste des thèmes abordés : territoire, organisation sociale, mode de vie, coutume, langue, histoire.

2. Expliquer les mots :
- *aride* = sec, privé d'humidité
- *la caravane* = groupe de voyageurs, de marchands, de nomades qui traversent le désert à dos de dromadaires
- *asservir* = transformer en esclave
- *l'oasis* = une région fertile dans le désert grâce à la présence de l'eau
- *la menace* = le danger
- *paradoxal* = bizarre, impensable
- *le dromadaire* = animal qui s'adapte bien au désert. Il peut porter un homme ou une charge. Il a une bosse
- *s'écrouler* = tomber, être détruit
- *la hiérarchie* = l'organisation sociale du haut vers le bas
- *un esclave* = une personne qui n'a aucune liberté
- *particulier* = caractéristique
- *le voile* = l'étoffe servant à cacher le visage
- *la tunique* = long vêtement qui couvre tout le corps
- *ancestral* = qui appartient aux ancêtres, très ancien.

3. *Deuxième écoute* : relever les informations correspondant aux thèmes abordés.

Le présentateur : Xavier Dupuis, vous avez vécu parmi les Touaregs. Et vous avez écrit un livre, *Les Seigneurs du désert*. Pourquoi ce titre ?

Xavier Dupuis : Eh bien, autrefois, les Touaregs étaient les maîtres du désert. Ils régnaient sur les espaces arides et montagneux qui s'étendent du Sud algérien à la Libye, du Niger jusqu'au Mali. Et puis c'étaient de redoutables guerriers. Ils conduisaient et protégeaient les caravanes. Ou bien ils les attaquaient. Le désert leur appartenait. Ils avaient même asservi les cultivateurs des oasis. Et en plus, ils contrôlaient l'exploitation du sel... Mais ça, c'est le passé. La civilisation du désert a tendance à se transformer rapidement.

Le présentateur : Vous dites que ce peuple sera vaincu par la vie moderne. Pourquoi le progrès serait-il une menace pour eux ?

Xavier Dupuis : Oui, c'est effectivement très paradoxal. Mais facile à comprendre. Vous savez, on exploite de plus en plus les richesses du désert. On trace des routes. On crée des lignes aériennes. On utilise de moins en moins la piste et le dromadaire. Et bien sûr, beaucoup d'entre eux se fixent. Ils abandonnent ainsi la vie nomade et inévitablement leurs coutumes...

Le présentateur : Et leur mode de vie a beaucoup changé ?

Xavier Dupuis : Oui, surtout leur organisation sociale. Par exemple leur chef, l'Aménokal, a perdu toute importance politique. Et cela, depuis la colonisation française. D'ailleurs, toute leur hiérarchie sociale s'est écroulée. Avant, ils avaient des esclaves d'origine noire. Eh bien, à l'indépendance des pays africains, ils ont été libérés...

Le présentateur : Et comment se fait-il qu'un peuple ait choisi de vivre dans le désert ?

Xavier Dupuis : On suppose que tout s'est joué au XIVe siècle. Les Touaregs seraient les descendants de tribus berbères. Les Arabes les auraient repoussés vers le centre du Sahara. Ils ont ainsi vécu protégés par les montagnes et le désert. Et voilà comment ils ont réussi à conserver leur langue et leurs coutumes.

Le présentateur : Et ces coutumes, qu'ont-elles de particulier ?

Xavier Dupuis : Eh bien, par exemple, très curieusement, ce sont les hommes qui portent le voile chez les Touaregs. Les femmes ne le portent pas. Ce voile et la tunique de coton bleu qu'ils portent les protègent du soleil... Par ailleurs, chez eux, ce sont les femmes qui apprennent la langue ancestrale aux enfants.

Le présentateur : Leur langue maternelle n'est donc pas l'arabe ?

Xavier Dupuis : Non, contrairement à ce qu'on pourrait attendre ! Ils ont leur propre langue, le tamacheq. Et pour écrire, ils utilisent un étrange alphabet d'origine libyque. Mais, vous savez, l'arabe tend à devenir la langue de communication. Notamment avec le monde extérieur...

Le présentateur : Et qu'est-ce qui vous a le plus frappé dans leur vie ?

Xavier Dupuis : Écoutez, ce sont des gens qui mènent une vie très simple. Ils élèvent des chèvres, des moutons ou des dromadaires. Ils savent se contenter de l'essentiel. De peu de choses et de liberté.

CIVILISATION

• *Les civilisations perdues, pp. 196-197*

1. Les statues de l'île de Pâques, les Nazcas du Pérou, l'Atlantide, p. 196

a) — Diviser la classe en deux parties.
— Écrire au tableau le nom des trois civilisations perdues :
  - l'île de Pâques,
  - les Nazcas du Pérou,
  - l'Atlantide.
— Les élèves de la première partie sont répartis en groupes. Il s'agit de constituer une liste de questions pour s'informer sur les trois civilisations.
— Les élèves de la deuxième partie travaillent individuellement. Chacun va repérer les informations essentielles en vue de répondre aux questions qui seront posées sur les trois civilisations.
b) Conversation. Connaissez-vous des vestiges d'autres civilisations disparues ?
c) Travail de groupes. Mise en commun. Rédaction d'un article de présentation des Atlantes (voir consigne, p. 196).

2. Lecture du texte de J.-Y. Cousteau p. 197

a) Expliquer :
- *la fascination* = la séduction
- *en deçà* ≠ au-delà
- *la fraction* = la partie
- *ésotérique* = ici, cachée
- *engloutir* = avaler
- *s'enraciner* = se fixer
- *la muraille* = mur épais et élevé
- *envoûté* = séduit, fasciné.
- *l'orichalque* = métal fabuleux des anciens
b) Faire les questions p. 197.

- Tassili : *massif au nord du Sahara. On y a découvert en 1956 des peintures et gravures rupestres.*
- Jacques-Yves Cousteau *(né en 1910). Océanographe (spécialiste de l'étude des océans) et cinéaste français. Il est connu pour avoir révélé au grand public les beautés du monde marin et sous-marin. Il a aussi pris position pour la défense de la nature.*

• *La poésie symboliste, p. 199*

Deux « chansons » de M. Maeterlinck

- M. Maeterlinck : *écrivain belge d'expression française (1862-1949). On retrouve dans ses œuvres une atmosphère de mystère et d'étrangeté. Il se montre curieux de la diversité des formes de la vie et de ses incessantes métamorphoses (prix Nobel, 1911).*

1. Lecture individuelle de la première chanson.
2. Explication des mots inconnus :
   - *la grotte* = la caverne
   - *clos(e)* = fermé(e)
   - *la fente* = l'ouverture.
3. Résumer l'histoire racontée.
   Les sept filles d'Orlamonde, après la mort de la fée, cherchent le chemin pour sortir d'un lieu obscur qui ressemble à un immense château. Elles montent aux tours, puis descendent dans les grottes. Sur une porte fermée, elles trouvent une clef d'or. Elles aperçoivent l'océan. Elles frappent à la porte mais n'osent pas l'ouvrir.
4. Exercice collectif d'interprétation : les élèves proposent des hypothèses pour expliquer les éléments mystérieux. Le professeur se contente d'animer la classe. Les hypothèses contradictoires sont acceptées.

Exemple d'interprétation de la première chanson

Éléments mystérieux	Interprétations
La fée	- Est-ce une bonne fée ? Est-ce une mauvaise fée ? - La fée est un être surnaturel qui détient des pouvoirs magiques. Pourquoi est-elle morte ? Une fée ne meurt pas. Elle se transforme en oiseau, en serpent avant de réapparaître...
Les sept filles **Orlamonde**	- Le chiffre sept apparaît souvent dans les textes sacrés (la Bible, l'Apocalypse), dans les contes de fées (le petit Poucet a sept frères, L'ogre a sept filles, Blanche-Neige rencontre les sept nains), etc. - Ce sont peut-être les sept filles de la fée Orlamonde. - « Orlamonde » signifierait « hors la/le monde », c'est-à-dire « qui appartient à un autre monde ». - La mère tiendrait ses filles prisonnières dans un monde caché. - Il peut aussi s'agir des filles du roi Orlamonde. La fée leur aurait jeté un sort. Elle les retiendrait prisonnières.
Le lieu	- C'est un lieu labyrinthique, hors du temps. Il comporte des tours, des salles sans nombre, des grottes. Le lieu est plongé dans l'obscurité. Il n'y a pas de lumière. C'est dans les profondeurs qui résonnent que se trouve une issue.
La clef d'or **La porte close** **L'océan** **L'itinéraire**	- Elle ouvre une porte mystérieuse. Il s'agit peut-être d'une clé interdite (voir Barbe-Bleue). Cette clé est à la fois convoitée et redoutée. Prendre cette clé, c'est peut-être choisir d'être libre et responsable, vaincre les craintes qui limitent le monde de l'enfance ? - Il faut surmonter ses craintes pour devenir adulte. La porte est peut-être la frontière entre le monde de l'enfance et celui de la vie adulte. Les filles frappent sans oser l'ouvrir. Peut-être manquent-elles de courage ? - Peut-être ont-elles atteint l'océan, origine de toute vie. Elles aperçoivent le monde espéré à travers des fentes. Mais ce monde est peut-être dangereux. - Les filles suivent un itinéraire initiatique. Elles montent, descendent, se trouvent face à un obstacle, face à elles-mêmes.

LEÇON 4

❑ PREMIÈRE SÉQUENCE

OBJECTIFS

Vocabulaire	Grammaire
• *Anodin, miniaturisé* • *exclure, tapoter*	• L'imparfait et le plus-que-parfait du subjonctif (p. 202) • *c'est* (p. 202) • la place de l'adjectif (p. 202)
Communication	Civilisation
• Raconter • juger, exprimer une opinion	• Les Français vus par les étrangers (p. 205) • les étrangers vus par les Français (p. 206)

DIALOGUES ET DOCUMENTS

• **Découverte de la première partie de l'histoire, p. 200**

1. Lecture

2. Rechercher dans le texte les équivalents des expressions suivantes :

- *rendre impossible* (= exclure)
- *sans importance, inoffensif* (= anodin)
- *la volonté, le désir de domination* (= l'ambition)
- *être appliqué, entrer en application* (= entrer en vigueur)
- *le nom* (= la dénomination)
- *réduit à de petites dimensions* (= miniaturisé)
- *le nom* (= l'appellation)
- *dégagé et autorisé* (= débloqué)
- *l'accord, l'entente, l'union* (= l'harmonie)
- *tapoter* (= frapper doucement).

3. Expliquer les mots :

- *le dialecte* : variante régionale d'une langue. Ex. : En Alsace, on parle un dialecte germanique.
- *le patois* : langue locale employée de façon orale par une population peu nombreuse souvent rurale.
- *l'argot* : vocabulaire particulier à un groupe social, à une profession (école, armée, prisons). Langage des malfaiteurs.
- *le jargon* : langage propre à une profession. Ex. : le jargon médical, philosophique.

4. Questions, p. 204

— **Relevé des termes qui montrent qu'il s'agit d'un récit de science-fiction.** Utiliser la grille ci-dessous.

Date	Lieux imaginaires	Évolution			
		technique	politique	sociale	culturelle
2 juillet 2090	- transeuropéenne B45 - Hugolie (France) - Cervantie (Espagne) - Shakespearie (Angleterre) - Hégélie (Allemagne) - Machiavelie (Italie) - Platonie (Grèce)	- rouler à 500 km/h - pilotage automatique de la voiture gérée par l'ordinateur central de l'autoroute - balladeur miniaturisé effectuant la traduction automatique des langues	- la Communauté européenne est une véritable entité politique - Harmonie complète depuis cent ans - Libre circulation des personnes, des animaux et des capitaux	- apparition de l'homo europeanus	- il existe des psycho-politologues - les pays ont changé de nom - reconstruction de la tour de Pise

    • La Transylvanie : *région de la Roumanie actuelle.*

— **Conversation.** Que s'est-il passé entre la fin du XXᵉ siècle et l'an 2090 ?
L'Europe unie est réalisée. La paix règne. Les anciens pays rivaux vivent en harmonie.
— **Imaginer d'autres scénarios d'évolution.**
  - Système de gouvernement mondial.
  - Renaissance de l'Europe, nation jeune.
  - Éclatement de toutes les structures politiques nationales.
  - Invasion.
  - Déclin de l'Europe.
— **Noms des autres pays d'Europe.** Exemples :
  - La Suède   →   La Nobélie
  - La Russie   →   La Dostoyie
  - La Pologne   →   La Miloszie.
— **Informations originales pour chaque pays.** Exemples :
  - *Nobélie :* Le professeur Gustav Olgerson vient de tenter la première greffe cérébrale.
  - *Dostoyie :* Le vaisseau spatial du capitaine Nicolas Kapriski a atteint la planète Mars. Le débarquement sera retransmis en direct sur Canal Bleu à 00 h 15, le 3 juillet 2090.
  - *Miloszie :* Le nouveau champion du monde d'échecs est originaire de Miloszie. Il n'a que 12 ans.
— **Relevé des verbes à l'imparfait du subjonctif** (voir GRAMMAIRE ET VOCABULAIRE).

• *Illustration, p. 200.* Travail par deux.

— Imaginer et décrire les performances techniques du véhicule.
— Décrire cinq autres illustrations susceptibles d'illustrer le texte.
— Imaginer et décrire les nouveaux drapeaux que se sont donnés les différents pays.

GRAMMAIRE ET VOCABULAIRE

• L'imparfait du subjonctif (p. 202)

1. Relever les verbes à l'imparfait du subjonctif dans le texte, p. 200.
  - qu'elle roulât
  - leur passé fût oublié (oublier : voix passive)
  - fût-il
  - qui inspirât.

2. Conjugaison de l'imparfait du subjonctif

a) *Formation :* on obtient le radical du subjonctif imparfait à partir de la troisième personne du singulier du passé simple.
  Ex. : Passé simple : *il fut* → subjonctif imparfait : *qu'il fût.*

b) *Conjugaison*

être	avoir	aimer (voix active)	aimer (voix passive)
que je fu-sse	que j'eu-sse	que j'aima-sse	que je fusse aimé(e)
que tu fu-sses	que tu eu-sses	que tu aima-sses	que tu fusses aimé(e)
qu'il fû-t	qu'il eû-t	qu'il aimâ-t	qu'il/elle fût aimé(e)
que nous fu-ssions	que nous eu-ssions	que nous aima-ssions	que nous fussions aimé(e)s
que vous fu-ssiez	que vous eu-ssiez	que vous aima-ssiez	que vous fussiez aimé(e)s
qu'ils fu-ssent	qu'ils eu-ssent	qu'ils aima-ssent	qu'ils/elles fussent aimé(e)s

3. Emploi : généralités
— D'une façon générale, il est rarement employé en français moderne.
— On le trouve aujourd'hui, à la troisième personne du singulier et du pluriel dans la langue soutenue (textes littéraires, discours, conférences).
4. *Employé seul,* il indique une idée de supposition dans des expressions figées comme : « fût-il » (voir texte, p. 200).
5. *La concordance des temps en français classique.* Comparer :

Proposition subordonnée	Proposition principale
Bien qu'elle *roule* à 500 km/h. (présent du subjonctif) ◄	elle *est* détendue (présent de l'indicatif)
Bien qu'elle *roulât* à 500 km/h. (imparfait du subjonctif) ◄	elle *était* détendue (imparfait de l'indicatif)
idée de simultanéité : utilisation d'un temps simple dans la subordonnée.	

• L'utilisation du présent de l'indicatif dans le principe entraîne l'emploi du présent dans la subordonnée au subjonctif.
• L'utilisation de l'imparfait du subjonctif dans la principale entraîne l'emploi de l'imparfait du subjonctif dans la subordonnée au subjonctif.
En français classique, le temps du verbe de la proposition principale commande le temps du verbe de la proposition subordonnée.

• **Le plus-que-parfait (p. 202)**

1. *Formation*

Imparfait des auxiliaires être ou avoir	+	participe passé

Exemples : a) - que j'eusse aimé
            - que je fusse tombé(e)

2. *Concordance des temps en français classique.* Comparer :

Proposition subordonnée	Proposition principale
Bien qu'elle *ait mangé* (subjonctif passé) ◄	elle *a* toujours faim (présent de l'indicatif)
Bien qu'elle *eût mangé* (subjonctif plus-que-parfait) ◄	elle *avait* toujours faim (imparfait de l'indicatif)
idée d'antériorité : utilisation d'un temps composé dans la subordonnée.	

• L'utilisation du passé composé dans la proposition principale entraîne l'emploi du subjonctif passé dans la subordonnée au subjonctif.
• L'utilisation du plus-que-parfait de l'indicatif dans la principale entraîne l'emploi du plus-que-parfait dans la subordonnée au subjonctif.
— Faire l'exercice 1, p. 204.

• **C'est p. 202**

— Présenter les emplois de C'est à partir du tableau, p. 202.
— Faire l'exercice 2, p. 204.

• **La place de l'adjectif, p. 202**

— Présenter la question à partir du tableau, p. 202.
— Faire l'exercice 3, p. 204.

ACTIVITÉS

MÉCANISMES

- Exercice de transformation : mise en valeur d'un complément à l'aide de la structure *c'est ... que*.

- Exercice de transformation : mise en valeur du sujet, du COD ou du COI avec les structures *c'est ... qui* ou *c'est ... que*.

■ *EXERCICE 1. — Écoutez !*
- Rémi a apporté ce cadeau pour les enfants ?
—Oui, c'est pour les enfants que Rémi a apporté ce cadeau.

■ *A vous !*
- Paul montera dans la voiture de Marc ?
—Oui, c'est dans la voiture de Marc que Paul montera.
- Tu as fait une farce à Robert ?
—Oui, c'est à Robert que j'ai fait une farce.
- Il a raconté l'histoire avec humour.
—C'est avec humour qu'il a raconté l'histoire.
- Ils ont écouté l'histoire sans rire.
—C'est sans rire qu'ils ont écouté l'histoire.
- Elle prend ses vacances en hiver.
—C'est en hiver qu'elle prend ses vacances.

■ *EXERCICE 2. — Écoutez !*
- Qui prépare le dîner ? C'est vous ?
—Oui, c'est moi qui prépare le dîner.

■ *A vous !*
- Vous faites quoi comme sport ? Du tennis ?
—Oui, c'est du tennis que je fais.
- Tu regardes quoi comme film ? Des films comiques ?
—Oui, ce sont les films comiques que je regarde.
- Vous parlez à qui ? A mon voisin ?
—Oui, c'est à votre voisin que je parle.
- Ça ressemble à quoi ? A une caricature ?
—Oui, c'est à une caricature que ça ressemble.
- Tu as reçu une lettre de qui ? De ton cousin ?
—Oui, c'est de mon cousin que j'ai reçu une lettre.

EXERCICES

EX. 1, p. 204
Exercice d'apprentissage. Travail collectif. Le subjonctif imparfait ou plus-que-parfait, p. 202.
- *qu'il ne vînt pas* : imparfait du subjonctif (simultanéité)
- *que ... il m'eût rapporté* : plus-que-parfait du subjonctif (antériorité)
- *que la campagne fût chaude* : imparfait du subjonctif (simultanéité)
- *fussent-ils, continssent-ils* : imparfait du subjonctif (supposition)
- *j'eusse été* : subjonctif plus-que-parfait (supposition dans le passé + fait non réalisé qui donne lieu à un regret). J'eusse été correspond à j'aurais été.

EX. 2, p. 204
Exercice de révision. Travail collectif. *C'est*, p. 202.
   C'est l'un de mes meilleurs amis. *Il est* professeur à l'université ! - *C'est* lui *qui* m'a donné le goût de l'histoire - *C'est* un excellent pédagogue et *c'est* un spécialiste du Moyen Âge - Ah, le Moyen Âge ça, *c'est* intéressant - Le dernier livre de G. Duby, *il est* très bien écrit et *c'est* un ouvrage passionnant.

EX. 3, p. 204
Travail par deux. Mise en commun. La place de l'adjectif, p. 202.
- *une maison ancienne* = qui a été construite à une autre époque
- *un ancien collègue* = connu dans mon passé
- *des livres chers* = qui coûtent cher
- *ses chers livres* = qu'il aime beaucoup
- *un enfant curieux de tout* = ouvert
- *un curieux personnage* = étrange, bizarre
- *des assiettes propres* = lavées
- *ses propres assiettes* = personnelles
- *une conférence très drôle* = amusante
- *un drôle d'accent* = étrange, bizarre
- *des artistes pauvres* = qui ne sont pas riches
- *Pauvre Patrick !* = malheureux.

EX. 4, p. 205

Travail par deux. Mise en commun après chaque activité.

1. Lecture individuelle.
2. Expliquer :
   - *s'en remettre à* = faire confiance à
   - *la performance de pointe* = d'avant-garde, très moderne
   - *un morceau de bravoure* = une réalisation brillante
   - *sage* = modeste
   - *la savate, la pantoufle, la charentaise* = chaussure d'intérieur qui symbolise un esprit casanier et passif
   - *l'engueulade* = (familier) la dispute
   - *incivil* = impoli
   - *grossier* = impoli, qui manque d'éducation
   - *vitupero, ergo sum* = allusion à la fameuse phrase de Descartes : « Cogito ergo sum » = « je pense donc, je suis ». Pour se moquer des Français et de leur goût de la querelle, l'auteur la transforme en « Vitupero, ergo sum » = « je me querelle, donc je suis ».
   - *le swahili* = langue bantoue parlée dans l'est de l'Afrique. C'est la langue officielle du Kenya et de la Tanzanie.
   - *le déluge* = une pluie torrentielle
   - *l'invective* = l'insulte
   - *« Allez vous faire soigner ! »* = vous êtes fou ! (sous entendu : allez vous faire soigner dans un hôpital psychiatrique)
   - *faire partie de la tribu* = faire partie d'un groupe reconnu
   - *la frénésie* = la fièvre
   - *malodorant* = qui sent mauvais. Les Français fument un tabac brun.
3. Faire les questions, p. 205.
a) Relever les aspects du comportement des Français dont ils se moquent.
   - *Der Spiegel* : le journal allemand critique le chauvinisme français, l'orgueil national, la vanité, la tendance « mégalomaniaque » au cocorico. A certaines réalisations dont les Français sont très fiers, il oppose le record du monde de la production de pantoufles. Cette chaussure d'intérieur symbolise l'esprit casanier, le goût du confort bourgeois par opposition à l'esprit d'aventure et d'entreprise qui pourrait caractériser une grande nation.
   - *The Key* : critique l'esprit de querelle et l'agressivité des Français. Cette attitude est jugée grossière et impolie.

• René Descartes *(1596-1650), philosophe, mathématicien et physicien français. Dans* Le Discours de la méthode *(1637) il énonce les principes d'une méthode rigoureuse.*

Panorama : critique la politique des grands projets nationaux. Aucun des derniers chefs d'État français n'aurait échappé à la « frénésie urbaine », à la « folie urbaine », comme si la recherche de la seule gloire personnelle animait l'initiateur des projets.

The Washington Post constate un fait curieux. Malgré leurs différents excès (tabac, nourriture, boisson) les Français ont un taux de maladies cardio-vasculaires plutôt faible. Le mystère resterait entier.

b) Présenter avec humour ce qui vous a frappé dans le comportement des Français.

Exercice d'écoute à faire avec la casssette

EX. 5, p. 206

1. *Première écoute.*
Dans les propos de chaque personnage, relever les nationalités dont il est question.
2. Expliquer les mots :
   - *infatigable*   = qui ne se fatigue jamais
   - *réglo*   = (familier) régulier, qui ne triche pas
   - *rouler quelqu'un*   = tromper un acheteur
   - *mal tourner*   = mal évoluer
   - *le préjugé*   = opinion trop rapide qu'on adopte
   - *le pourboire*   = somme d'argent donnée par un client satisfait
   - *royal*   = digne d'un roi
   - *se débrouiller*   = trouver, seul, une solution à un problème
   - *marchander*   = discuter le prix de quelque chose
   - *une course*   = ici, l'itinéraire parcouru par le taxi
   - *le pacha*   = gouverneur de province au Moyen-Orient.
3. *Deuxième écoute.* Relever les impressions positives et les impressions négatives laissées par chaque nationalité.

Un homme d'affaires : Vous savez, tous les peuples ont leurs qualités et bien sûr leurs défauts. Tenez, les Allemands par exemple, ce sont des travailleurs infatigables. Et en plus, ils ont le sens de l'ordre et de l'efficacité. On dit souvent qu'ils sont ennuyeux. Eh bien, moi, j'ai trouvé qu'ils étaient bons vivants. Et, ils savent faire la fête ! Évidemment, si vous les comparez aux Italiens, ce n'est pas pareil. Je suis toujours émerveillé par le sens du contact de mes amis Romains. Et en plus quelle capacité d'imagination ! Quel sens de la création ! Quelle fantaisie ! Bien sûr, ils parlent, ils parlent. Mais ne croyez pas ceux qui disent qu'en Italie on est paresseux. Non ! Est-ce que vous saviez qu'un Italien sur cinq exerce un deuxième emploi !... J'ai aussi fréquenté des Américains. Alors, eux, ils sont très décontractés. Mais un peu sûrs d'eux-mêmes. Et toujours persuadés d'être les meilleurs. Mais attention ! Ils sont clairs et méthodiques et ne s'embarrassent pas de ce qui est inutile. Et puis, ils sont réglos !... Ah... et dernièrement, j'ai traité avec des Japonais. Ah, ces Asiatiques. Ils sont surprenants. Ce qui m'a frappé, c'est leur discrétion... et aussi leur compétence.

Une jeune femme : Moi, j'ai découvert l'Amérique du Sud. C'est vraiment le rêve ! Vous savez le Brésil, l'Argentine et le Mexique, ce sont des terres de contraste et de vie. J'ai été fascinée par le tango. On y retrouve le cœur même des Argentins. Leur amour de la vie et leur sens du tragique. Et au Mexique aussi, quel sens de la vie, de ce qui est essentiel ! Nous, on a perdu tout ça ! Et les Brésiliens, quelle joie de vivre ! C'est merveilleux ! Il faut aller en Amérique latine pour recevoir une leçon de vie. Au lieu d'aller voir un psychanalyste, offrez-vous un séjour en Amérique du Sud !... Et j'ai aussi visité l'Espagne. Je m'attendais à trouver des gens orgueilleux. En fait non. Ils ont simplement le sens de l'honneur. Et croyez-moi leur amitié est fidèle. Ils sont parfois excessifs. Mais, moi, j'aime ces caractères passionnés... Et il faut aussi que je vous dise que je n'ai jamais rencontré des gens aussi hospitaliers qu'au Maroc... Et, dernièrement, je me suis rendue au Sénégal. Les Africains adorent parler. Parfois trop. Mais ils sont chaleureux et serviables. J'ai été agacée par un marchand de souvenirs qui voulait me rouler. Ça allait mal tourner. Eh bien des tas de gens sont venus pour prendre ma défense !

Un routier : Alors moi, j'ai pas d'préjugés, hein ! C'est d'après les actes que je juge les gens ! Ouais ! J'suis tombé en panne en Angleterre. C'était grave. On m'a aidé. On m'a traité comme un ami. Ça t'marque, ça. Non ? Alors les Anglais, c'est sacré. Et puis y'a aussi tous ceux qui viennent du Nord. D'abord y sont froids, un peu rudes. Mais si tu creuses, c'est du solide !

Un chauffeur de taxi : Alors, je vais vous dire, des étrangers et dans mon métier, on en rencontre 50 à 60 par semaine ! Ah, mais attention ! Il y a client et client ! Les Américains et les Japonais, ils sont généreux. Ils vous laissent des pourboires, comment dire, c'est le roi ! Mais ils parlent rarement français. C'est pas comme les Italiens et les Espagnols, eux, ils se débrouillent toujours. Et alors, hier matin, je prends un Monsieur. Il venait d'un pays arabe. Il a essayé de marchander la course ! Vous vous rendez compte ! Ah mais attention, l'été dernier, j'ai fait un voyage en Algérie. J'ai été accueilli dans la famille d'un collègue. Mais attention, comme un prince d'Orient. Y'a pas d'mots pour le dire. Comme un pacha ! Vous vous rendez compte !

EX. 6, p. 206

Travail par deux. Mise en commun.
1. Lecture individuelle.
2. Expliquer :

- *mettre en route*   =   lancer
- *au premier chef*   =   d'abord.

     • La C.E.C.A. : *Communauté Européenne du Charbon et de l'Acier créée en 1951 en vue de l'établissement du marché commun du charbon et de l'acier.*
     • C.E.E. : *Communauté Économique Européenne créée par le traité de Rome en 1957 en vue de l'établissement progressif d'une union économique et douanière et d'un marché commun.*
En 1986, les pays européens signent « l'acte unique européen » dans le but de réaliser au 31 décembre 1992 un véritable « espace sans frontières intérieures dans lequel la libre circulation des marchandises, des personnes, des services et des capitaux est assurée ».

3. Faire les questions, p. 206.
a) Relever les regrets d'A. Minc.
b) Discussion. Les suggestions qu'il fait vous semblent-elles réalistes ou utopiques ?

     • Alain Minc *(né en 1949), inspecteur des Finances, directeur financier du groupe Saint-Gobain (1990), il a publié plusieurs ouvrages à succès :* L'Avenir en face, La Machine égalitaire.

❏ DEUXIÈME SÉQUENCE

▦ OBJECTIFS

Vocabulaire

- La parole (p. 203)
- le rire (p. 203)
- l'honneur (p. 203)
- *le détour, le phénomène, la caricature, le dénuement, la survie, l'euphorie, la grimace, la convulsion, la rate*
- *hilare*
- *succéder, secouer, s'esclaffer*

Communication	Civilisation
• Demander, donner, couper la parole, faire taire, etc.	• Le rire (p. 207) • le sentiment de l'honneur (p. 210) • la bande dessinée (pp. 208-209)

▦ DIALOGUES ET DOCUMENTS

• *Découverte de la deuxième partie de l'histoire (p. 201)*

1. Le discours du président

a) Introduire les mots suivants :

- *le détour*	=	chemin plus long que la voie directe
- *le phénomène*	=	fait observable
- *succéder*	=	suivre
- *le jeu de mot*	=	plaisanterie fondée sur l'association de deux mots
- *la caricature*	=	dessin présentant une image déformée d'une personne
- *(l'article) satirique*	=	qui attaque les vices et le ridicule de la société, d'une personne
- *le dénuement*	=	la pauvreté
- *la survie*	=	prolongement de l'existence

2. Questions, p. 206

— **Analyse du discours du président.** Travail par deux. Étapes de l'argumentation. Mots ou expressions de liaison.

	Étapes	Mots ou expressions de liaison
1	Faire taire	Mesdames et Messieurs, un peu de silence, s'il vous plaît.
2	Souligner l'importance du problème	Le problème dont nous avons à débattre mérite d'être examiné avec le plus grand sérieux.
3	Intention de s'exprimer directement et franchement	Aussi parlerai-je sans détour.
4	Attirer l'attention	Une grande menace pèse sur nous.
5	Énoncé du problème	... le rire a disparu.
6	Énoncé d'une explication erronée	On a pu croire qu'il s'agissait de...
7	Énoncé des objections ; ce sont des exemples	*Mais* - plaisanteries 　　　　- jeux de mots 　　　　- caricatures 　　　　- articles satiriques 　　　　- 1er avril 　　　　- le dénuement des humoristes.
8	Introduction d'un autre point de vue (thèse)	*Or* - le rire est indispensable.
9	Conclusion	*Donc* - il faut réagir
10	Justification du congrès	*C'est pourquoi...*
11	Invitation à la prise de parole	Mesdames, Messieurs, vous avez la parole. Toutes les suggestions seront prises en compte.

2. La prise de parole de l'intervenant

a) Introduire le vocabulaire :
- *l'euphorie* = sensation de grande joie intérieure
- *hilare* = qui manifeste une joie un peu stupide
- *la grimace* = mouvement exagéré des parties du visage
- *secouer* = agiter
- *la convulsion* = un mouvement désordonné
- *s'esclaffer* = rire bruyamment
- *la rate* (traduire)
- *se dilater* = augmenter de volume.

b) Montrer que son argumentation est erronée.

Retrouver les expressions (ou images) mal interprétées. Utiliser le dictionnaire.

• Les manifestations du rire

« Nos ancêtres hilares (à quels tableaux, films, statues fait-il allusion ?) », « horribles grimaces », « bouches tordues », « corps secoué de convulsion » flèche interprété comme une atteinte pathologique (discuter cette interprétation).

• Expressions interprétées « au pied de la lettre » :
- *s'esclaffer* = rire bruyamment
- *rire à se décrocher les mâchoires* = rire très fort
- *se tenir les côtes* = rire beaucoup
- *rire aux larmes* = rire très fort
- *dilater la rate* = faire rire
- *c'est à mourir de rire* = c'est très drôle.

• *Illustration, p. 201*

Conversation dirigée. Voici une jeune Hugolienne. Le rire a disparu. Faire la liste de ce qu'elle ne fait plus. Expliquer sa tristesse.
Introduire le vocabulaire du rire, p. 203 (voir GRAMMAIRE ET VOCABULAIRE)..

GRAMMAIRE ET VOCABULAIRE

• Le rire (p. 203)

Introduire le vocabulaire de la rubrique « Rire » à partir des situations suivantes :
- image p. 203 → « le rire »
- la caricature politique, satire p. 49 → l'ironie
- l'acteur comique, le personnage comique → le comique.

Faire l'exercice 10, p. 207

• La parole (p. 203)

1. Les expressions de la prise de parole :
- Demander la parole
- Donner la parole
- Faire taire
- Réagir aux paroles de quelqu'un.

Examiner des situations où sont utilisées les expressions proposées, p. 203. Faire l'exercice 7, p. 206.

2. Le vocabulaire de la parole

Animation lexicale à partir des thèmes suivants :
- le menteur
- le bavard
- la mauvaise langue (= celui qui médit, dit du mal des autres)
- la langue et les façons de parler
- la langue et ses aspects (dialectes, patois)
- la voix
- la description du vocabulaire (sens propre / sens figuré, etc.).

Faire les exercices 8, 9, p. 206.

• Le vocabulaire de l'honneur (p. 203)

Introduire le vocabulaire à partir des situations suivantes :
- les duels de chevaliers → l'honneur
- la vendetta → l'honneur, le déshonneur
- la trahison → le déshonneur
- la réputation d'une bonne marque → la réputation
- l'accident → la responsabilité
- la réussite du fils → la fierté du père.

Faire l'exercice 12, p. 210.

ACTIVITÉS

EXERCICES

EX. 7, p. 206

Travail par deux. Mise en commun. La prise de parole, p. 203.

Expression	Signification	Situation
Ne me coupez pas !	On refuse d'être interrompu par un interlocuteur alors qu'on parle.	L'un des deux participe à un débat politique.
Je peux placer un mot ?	On demande à intervenir dans une conversation animée.	Conversation avec des amis.
Occupez-vous de vos affaires !	On conseille à une personne de ne pas intervenir dans une question qui ne la concerne pas. Conseil de neutralité.	Une querelle entre deux voisins. Une personne extérieure au conflit essaie d'intervenir.
Je crois que j'ai mal entendu.	On essaie de faire rectifier une parole jugée peu acceptable.	Un enfant emploie un « gros mot » (mot vulgaire) ou insulte. Sa mère intervient pour lui faire corriger le mot employé.
Qu'est-ce que vous avez derrière la tête ?	On essaie de faire préciser à quelqu'un des intentions qu'il hésite à révéler.	Des amis préparent une farce. Et on juge leur comportement suspect.
A vous !	On cède la parole à une autre personne.	Lors d'une communication radio entre un pilote et la tour de contrôle.

EX. 8, p. 206

Travail par deux. Mise en commun. Le vocabulaire de la parole, p. 203.
- Elle adore *médire* de ses voisins.
- Il lui *a chuchoté* : « Je t'aime. »
- Ils *bavardèrent* pendant le cours.
- Toute la soirée, il a *raconté* ses souvenirs d'enfance.
- Elle *murmurait* des reproches.
- Il lui *a hurlé* des injures.

EX. 9, p. 206

Travail par deux. Mise en commun.

Situation	Conseils	Paroles possibles
Situation de rupture	Parle-lui ouvertement, franchement.	J'ai quelque chose d'important à te dire. Il faut que je te parle franchement. Voilà...
Résolution d'un conflit à l'amiable	Va le voir... Garde ton calme. Ne crie pas. Ne hurle pas.	Je peux vous déranger un instant... Eh bien, c'est à propos du violon qu'on entend...
Présentation de produits	Ce n'est pas très difficile. Mais il faut surtout préparer votre intervention. Soyez organisé, clair et précis. Et n'oubliez pas de les faire rire. Insistez sur la nouveauté de nos produits. N'utilisez jamais de mots négatifs ou déplaisants. Montrez aux clients qu'ils sont notre seule préoccupation.	Comme d'habitude, vous êtes venus nombreux... Il faut donc croire que le succès des produits X va grandissant... Pour élaborer notre nouvelle gamme de produits, nous avons tenu compte de toutes vos suggestions, de toutes vos remarques.

EX. 10, p. 207

Utilisation du vocabulaire du rire, p. 203.

1. Travail par deux :

a) **Phase préparatoire** : travail individuel. Chaque élève ne lit que deux paragraphes (les deux premiers ou les deux derniers) et prend des notes pour présenter les caractéristiques et les fonctions du rire dans les pays ou zones découverts.

Expliquer le vocabulaire :

- *dérider* = (faire disparaître les rides), ici, faire sourire
- *le générique* = liste des participants et réalisateurs d'un film, d'une émission
- *un ethnologue* = un scientifique qui étudie les peuples, leur mode de vie et leur culture
- *(chanson) gaillarde* = pleine d'une gaieté un peu libre
- *ripailleur* = personne qui mange beaucoup et bien
- *rougeaud* = qui a le teint trop rouge
- *se taper* = se frapper
- *guilleret* = vif et gai.

b) **Phase d'échange** : chacun à tour de rôle présente le résultat de ses recherches à son partenaire. Celui-ci peut poser des questions.

2. Présenter le rire dans votre pays. Travail par deux. Mise en commun.

Les circonstances où l'on rit	Ce qu'on dit ou fait pour faire rire	Comment on juge le rire	Les personnages qui font rire	les mots, les proverbes sur le rire	les circonstances où le rire est exclu

3. Compléter l'analyse en parlant d'autres pays.

• Bambara : *peuple africain présent au Mali et au Sénégal.*

Exercice d'écoute à faire avec la cassette

EX. 11, p. 210

1. Expliquer le vocabulaire :
   - *engendrer* = provoquer
   - *l'émotion* = le sentiment
   - *stimuler* = augmenter l'énergie, l'activité
   - *le massage, de masser* = frotter avec les mains
   - *l'anxiété, l'angoisse* = inquiétude physique et psychique.

2. *Première écoute.* Faire la liste des influences positives du rire sur le physique et le moral.

3. *Deuxième écoute.* Relever les mots qui permettent d'enchaîner les parties du discours du Docteur A. Ribera.

Le Docteur Aurélia Ribera (voix féminine) : Nous n'avons, jusqu'à présent, pas assez développé la recherche sur les effets positifs engendrés par certaines émotions. Et plus particulièrement par le rire. En effet, le rire est d'abord un exercice physique stimulant. Il mobilise la plupart des muscles de l'organisme. Du visage jusqu'aux membres en passant par les muscles abdominaux... Et c'est un exercice physique doux et profond qui stimule tout le corps. Savez-vous que quelques minutes de rire dans une journée valent une heure de sport ou quarante-cinq minutes de relaxation ? Après avoir ri, on se sent calme et léger. Le rire supprime les tensions nerveuses, les crispations de toutes sortes. Il chasse la colère. Oui, tout cela, parce que le rire favorise la circulation des énergies internes. Eh oui, lorsqu'on rit on fait baisser sa tension artérielle ! Mais le rire a encore bien d'autres vertus que nous ignorons. Il a aussi une action bienfaisante sur la digestion. Parce qu'il permet un massage en profondeur de l'appareil digestif. Et ce n'est pas tout !

Il faut souligner que le rire combat chimiquement les états dépressifs ! Je dis bien chimiquement ! Oui, car nous avons établi que l'état d'hilarité libère une molécule qui entraîne l'optimisme ! Le rire s'opposerait donc aux états d'anxiété. D'ailleurs, si on considère les gens angoissés, on remarque qu'ils ont perdu la faculté de rire. Et donc le pouvoir de se guérir eux-mêmes...

Et puis, il ne faut pas oublier non plus que le rire a toujours été un facteur d'intégration sociale. Je m'explique. Autrefois, on appréciait les gens qui faisaient rire. Et on se sentait bien dans un groupe gai et joyeux. Enfin, de nombreuses études sur la créativité rappellent que la détente, le rire, l'humour d'un groupe facilitent la rupture avec la routine, avec les attitudes rigides et conformistes. Et cela a bien sûr, pour effet de libérer l'imagination et de favoriser la création. Eh oui, le rire c'est tout simplement la vie...

Nous préparons d'ailleurs une thérapie par le rire. Elle devrait permettre de lutter contre le vieillissement précoce, les pertes de mémoire, le manque de curiosité et les états de tristesse injustifiés.

Alors, je pose la question : « Faut-il se priver de rire ? » Et... je lance un cri d'alarme : « Sauvons le rire, si nous ne voulons pas mourir de tristesse ! »

EX. 12, p. 210

Introduire le vocabulaire de l'honneur, p. 203, avant de faire l'exercice.
Travail par deux. Mise en commun.

• Pierre Corneille *(1606-1684), auteur dramatique français. Il a écrit de nombreuses tragédies dans un style puissant et rigoureux. Le héros cornélien fait passer son devoir avant tout. On appelle situation cornélienne un conflit entre le sentiment (par exemple l'amour) et le devoir (par exemple le respect de l'honneur).*
• Edmond Rostand *(1868-1918), auteur dramatique français. Le sens du courage gratuit, plein d'élégance caractérise son théâtre.*

EX. 13, p. 210

1. Introduction du vocabulaire scientifique.

Actuellement, on admet que deux théories contradictoires mais complémentaires expliquent la lumière :
- La théorie ondulatoire : la lumière est constituée d'ondes électromagnétiques.
- La théorie corpusculaire : la lumière est considérée comme un flux de particules d'énergie sans masse, les photons.

- *corpusculaire, de corpuscule* = petit corps
- *électron* = particule de charge négative qui tourne autour du noyau. C'est l'un des constituants universels de la matière.
- *une particule* = partie élémentaire de la matière
- *le rayonnement* = la lumière
- *une onde* = mouvement
- *le granule* = petit grain
- *le méson* = particule plus petite que l'atome.
2. Expliquer les mots :
   - *l'errement* = manière d'agir négative, erreur
   - *triompher* = vaincre
   - *la chimère* = l'illusion
   - *(le partisan) acharné* = fanatique.
3. Quels sont les défauts critiqués par l'auteur ?
L'auteur fait une satire de toutes les formes de fermeture d'esprit : intolérance, fanatisme, sectarisme, étroitesse d'esprit.

• Le manichéisme : *c'est un défaut qui consiste à aborder toute chose, tout problème en le divisant en deux parties. L'une considérée très favorablement, représente le bien et la vérité. L'autre jugée négativement, est rejetée sans nuance.*

4. Montrer que l'auteur critique les visions « manichéennes » du monde.
5. Quelle vision du monde futur nous propose-t-il ?
6. Travail par deux. Imaginer un monde divisé en deux écoles de pensée d'un autre type. Utiliser l'humour.
a) Recherche d'idées au tableau :
   - les partisans de la nourriture crue / ceux de la nourriture cuite
   - les partisans du rock / ceux de la valse
   - les partisans de la télévision / ceux de la méditation
   - les partisans de l'eau gazeuse / ceux de l'eau plate
   - les partisans du chien / ceux du chat
   - les partisans de l'aspirateur / ceux du balai.
b) Rédaction.
c) Mise en commun.

CIVILISATION

• *Trois auteurs de bandes dessinées, p. 208*

1. Greg, Achille Talon

Achille Talon s'exprime en un langage ampoulé et souvent précieux. Pourtant le personnage reste simple et sympathique.
- On ne s'adresse jamais à la personne qui tient un guichet en l'appelant « préposé ».
- Le préposé ne s'adresse jamais au client en l'appelant « client ».
- J'ai dû mal ouïr = j'ai dû mal entendre (ouïr = archaïsme).
- Vous êtes auditivement normal = vous entendez très bien.
- Désopilante méprise ! cher ami = erreur ridicule.

2. Claire Bretecher, *Les Frustrés*

Dans ses albums, C. Bretecher fait la satire des « intellectuels de gauche », des anciens de Mai 68. Elle souligne la contradiction, le décalage existant entre leur propos et leurs actes quotidiens.

Les personnages regrettent la disparition du sens de la fête chez les gens. Ils évoquent une mythique fête païenne où règneraient truculence et paillardise.

Ce rêve de fêtes pleines d'ivresse et de plaisirs extrêmes est en contradiction avec le comportement des personnages. Ils sont réunis pour « une petite fête ». Mais, paradoxalement, ils ont l'air triste et abattu. Ils ressemblent curieusement aux gens qu'ils critiquent.

L'un des personnages mentionne *La Kermesse* de Rubens. C'est une façon ironique de désigner les scènes mythologiques représentées par le peintre qui avait souvent un regard sensuel très prononcé.

> • Rubens : *peintre et dessinateur flamand (1577-1640). Il représente des scènes religieuses et mythologiques. On retrouve chez lui un goût pour les formes opulentes et les nus plantureux.*

Expliquer les mots :

- *paillard*   =   grivois et libertin (tout au moins en paroles)
- *truculent* =   qui exprime les réalités de l'amour de façon directe et pittoresque
- *trousser*   =   (familier) posséder une femme.

Comparaison des trois bandes dessinées

	Les personnages	le décor	le graphisme la couleur	les cadrages	la narration	le texte
Greg	Les personnages sont caricaturaux (nez exagérés) Aspect clownesque	Décor réduit à l'essentiel	Utilisation de la couleur, sans souci de réalisme	Diversité des cadrages : plans rapprochés - gros plan - plan panoramique + travelling arrière	L'image participe à l'histoire : la colère du préposé occupe l'emplace- de trois vignettes	Les paroles banales sont « reformulées » de façon littéraire et ampoulée Utilisation d'un code graphique pour exprimer la surprise
Tardi	Personnage très particularisés	Décor rendu avec une grande minutie Réalisme	Souci du détail et de la précision	Très grande variété de cadrage, de découpage et de dimensions de la vignette	La mise en page constitue la narration	Peu de texte Intervention du narrateur pour donner la situation de départ (encart dans la première vignette)
Bretecher	Des attitudes plus que des personnages Personnages faiblement individualisés C'est la satire d'un groupe social : intellectuels de gauche, anciens de Mai 68	Absence de décor Présence des éléments strictement indispensables	Absence de couleur Personnages stylisés	Plan général sur le groupe	Succession de plans identiques qui contribue à l'impression de monotonie qui se dégage de la fête	Le texte est très important. De la contradiction entre les propos et le comportement naît l'humour Absence de bulles

LITTÉRATURE

Humour. Extrait de R. Devos, p. 211

> • R. Devos *(né en 1922). Artiste de variété français. Dans ses dialogues et ses histoires, le personnage principal est toujours le langage. L'humour de R. Devos se caractérise par le non-sens verbal, les jeux de mots et les calembours.*

Mettre en valeur les passages humoristiques.

- « Ceux qui n'ont rien à dire et qui le gardent pour eux » → En général ce sont les secrets que l'on garde pour soi.
- « Rien... ce n'est pas rien » → « Ce n'est pas rien » : expression qui signifie que c'est une grosse affaire.
- « Rien moins rien = moins que rien » → Un « moins que rien » est quelqu'un d'insignifiant dans une hiérarchie.
- « Trois fois rien » → Cette robe m'a coûté trois fois rien (pas cher).
- Jeu de mot sur *neuf* (= 9 et nouveau).

BILAN

UNITÉ 4

■ 1.

• Vous réussissez à obtenir ce poste en préparant un dossier.

• En se faisant passer pour un employé modèle, le comptable est parvenu à détourner un million de francs.

• En effectuant des travaux de réfection, les maçons ont découvert des pièces d'or cachées dans le mur.

• Ma voiture étant en panne, je ne peux pas vous reconduire chez vous.

• Le ciel s'étant dégagé, nous avons décidé de sortir.

■ 2

a) Il est possible qu'il ait manqué son train. Mais comme il est très fantaisiste et rêveur, il se pourrait qu'il se soit trompé de jour. Je crois qu'il est peu probable qu'il refuse le prix. Jean-François Olivier affirme dans l'un de ses ouvrages qu'il ne portera jamais de montre et qu'il vivra toujours hors du temps. Alors, probablement arrivera-t-il en retard. Et il se peut qu'il nous dise, comme l'un de ses personnages dans *Les Yeux Noirs* : « Mais vous êtes en avance sur moi, il ne fallait pas m'attendre ».

b) C'est probablement un Gauguin qui n'est pas signé. Il se pourrait que le tableau ait été offert à un ami. Mais il se peut aussi que l'artiste ait payé ses dettes en le donnant. Il est très probable qu'ensuite, il ait été mis dans une cave par une famille négligente et qu'il soit tombé dans l'oubli jusqu'à aujourd'hui.

■ 3.

• Christine n'est jamais d'accord avec moi. Quoique je fasse, quoique je dise, elle s'y oppose.

• Qui que ce soit, il doit me le rapporter immédiatement. Je vous ai dit de ne jamais prendre un de ces livres quel qu'il soit.

• Quiconque passe par cette porte est immédiatement repéré par les caméras.

• Pour expliquer votre retard, donnez une raison quelconque mais surtout excusez-vous !

■ 4.

La plupart descendent du car. *Certains* s'allongent dans l'herbe. *Plusieurs* amateurs de photographies en profitent pour prendre *quelques* clichés. *Quelques-uns* ont soif et vont boire à la source. *Chacun* prend plaisir à contempler un paysage extraordinaire. Tous les bruits de la civilisation ont disparu. *Nul* n'est pressé de quitter cet endroit magique. *On* ne remarque *aucune* trace de l'homme. *Même* les touristes, respectueux de cette qualité de silence inattendue, ne disent pas une parole.

Presque *tous* reconnaissent que l'argent ne fait pas le bonheur. Mais *la plupart* placent l'amour bien avant. Certains affirment même que *trop* d'argent empêcherait de devenir heureux. D'après eux, il serait bon que *chacun* conserve une petite insatisfaction, donc une part de rêve. *Quelques-uns* très rares sont persuadés qu'on peut atteindre le bonheur sans argent. Ils citent l'exemple des sages orientaux qui renoncent à tout. Mais *un grand nombre* souhaiterait posséder plus d'argent pour aider *quelques* personnes proches qui sont endettées ou dans le besoin. Toutefois, *aucune* personne interrogée n'accepterait de brûler un billet de 500 F. *Pas une* seule personne ne refuserait d'empocher le billet gagnant du loto. *Même* nos sages orientaux. *Nul* n'est parfait.

■ 5.

- Il l'avertit de ne pas aller plus loin car c'est interdit.
- Il accepte et lui assure qu'il signera le contrat demain.
- Elle lui propose de manger quelque chose.
- Elle leur demande de cesser de bavarder.
- Il décline l'invitation à manger en la remerciant.
- Il raconte sa soirée chez les Lacroix.

■ 6.

a) - Il a été prouvé que la vie existe sur d'autres planètes.

- Il a été décidé de limiter la consommation d'eau.

- Il a neigé sur la Côte d'Azur.
- Il faut sauver nos monuments historiques.
- Il suffit de presque rien pour faire des miracles !
b) - Il faut préparer son voyage.
- Il est conseillé d'être bien équipé.
- Il est recommandé d'emporter de bonnes réserves d'eau.
- Il est utile d'avoir une boussole.
- Il est souhaitable de partir à plusieurs.

■ 7.

- L'Eskimo vit au Groenland. Il y fait très froid surtout quand souffle le vent. La moitié de l'année il fait jour. L'autre, c'est la nuit. Il a abandonné son igloo pour habiter une petite maison aux couleurs vives. Mais chaque jour, il continue d'aller à la pêche ou à la chasse aux phoques. C'est moins difficile qu'autrefois. Le matériel a été amélioré depuis l'arrivée des Danois. Mais il regrette les coutumes et les chants d'autrefois. Les jeunes oublient le passé...
- Il vit en Amazonie dans la grande forêt. Pas loin de la rivière. D'une seule flèche, il peut abattre un singe parce que le bout est empoisonné. Il habite dans une hutte de paille. Il se sent libre dans la forêt. Il regrette que le grand Serpent noir dévore la forêt. Ce soir, il dansera et chantera pour le chasser...
- Ils vivent sous la tente dans le désert. Les nomades n'ont que leur troupeau de chèvres et de moutons. Ils se déplacent souvent à la recherche de nouveaux pâturages. Il faut parfois aller très loin car les pluies sont rares...

■ 8.

a) un homicide volontaire, un crime, un hold-up, un empoisonnement, un kidnapping, un viol.
b) le jeu d'échecs, le billard, le bowling, les mots croisés, le scrabble, le jeu de cartes.

c) ouvrir un compte en banque, verser une somme, payer par carte bancaire, payer par virement bancaire, faire un chèque à l'ordre de, placer son argent.
d) être paralysé, être infirme, être sourd, être aveugle, être myope, être impotent.
e) casser, endommager, démolir, détruire, dérégler, détraquer, se délabrer.

■ 9. Test culturel

1. *L'Humanité* (communiste), *Libération* (gauche libérale), *Le Figaro* (droite).
2. *Ouest-France* (735 000 exemplaires/jour).
3. La Sécurité sociale prend en charge les dépenses de santé des Français.
4. Le pont du Gard - Les arènes de Nîmes - Le théâtre antique d'Orange (époque romaine).
5. Notre-Dame de Paris - Le palais des Papes d'Avignon - La cathédrale de Chartres.
6. Les rois de France avaient choisi la Touraine comme lieu de résidence favori.
7. Le « nouveau roman » rejette les notions de personnage et de récit (histoire) qui sont les fondements du roman classique. Il refuse également l'engagement politique de la littérature.
8. La tour Eiffel a été construite à l'occasion de l'exposition universelle de 1889.
9. Le troisième âge correspond à la vieillesse. On entre dans le troisième âge lorsqu'on prend sa retraite.
10. La police et la gendarmerie sont chargées de maintenir l'ordre. La police relève du ministère de la Défense alors que la gendarmerie dépend du ministère des Armées. En fait, la police s'occupe surtout des villes alors que la gendarmerie couvre le milieu rural.

Maquette - Composition P.A.O. : Nicole PELLIEUX
Édition : Michèle GRANDMANGIN

N° d'éditeur : 10017462 - IV - (14) - (OSB - 80) - Composition Nicole Pellieux — Dépôt légal : août 1993
Imprimé en France par Pollina, 85400 Luçon - n° 63465